Margarete Mitscherlich und
Christa Rohde-Dachser (Hg.)

Psychoanalytische Diskurse über die Weiblichkeit von Freud bis heute

Dieser Band erscheint anläßlich des fünfzigsten
Geburtstages der *Psyche* und dokumentiert
mit ausgewählten Beiträgen aus den zurückliegenden
Jahrgängen der Zeitschrift die ein halbes Jahrhundert
während Anstrengung von Herausgeberschaft und
Redaktion, eine „Zeitschrift für Psychoanalyse und ihre
Anwendungen" zu machen.

Die Herausgeber der *Psyche* 1947—1996

Hans Kunz, Alexander Mitscherlich,
Felix Schottlaender 1947—1954/55

Wolfgang Hochheimer, Alexander Mitscherlich
1955/56—1968

Alexander Mitscherlich 1969—1982

Margarete Mitscherlich-Nielsen, Helmut Dahmer,
Lutz Rosenkötter 1983—1991

Margarete Mitscherlich, zusammen
mit Werner Bohleber, Karola Brede, Alfred Krovoza,
Christa Rohde-Dachser, Rolf Vogt, Mechthild Zeul
seit 1992

Margarete Mitscherlich und
Christa Rohde-Dachser (Hg.)

Psychoanalytische Diskurse über die Weiblichkeit von Freud bis heute

Verlag Internationale Psychoanalyse
Stuttgart

Verlag Internationale Psychoanalyse
© J. G. Cotta'sche Buchhandlung Nachfolger GmbH, gegr. 1659,
Stuttgart 1996
Alle Rechte vorbehalten
Fotomechanische Wiedergabe
nur mit Genehmigung des Verlags
Printed in Germany
Umschlag: Klett-Cotta-Design
Im Bleisatz gesetzt aus der 9 Punkt Aldus
von Alwin Maisch, Gerlingen
Auf säure- und holzfreiem Werkdruckpapier
gedruckt und gebunden von
Clausen & Bosse, Leck

Die Deutsche Bibliothek — CIP-Einheitsaufnahme
Psychoanalytische Diskurse
über die Weiblichkeit von Freud bis heute /
Margarete Mitscherlich und Christa Rohde-Dachser. —
Stuttgart: Verl. Internat. Psychoanalyse, 1996
ISBN 3-608-91784-5
NE: Mitscherlich, Margarete; Rohde-Dachser, Christa

Inhalt

Margarete Mitscherlich und Christa Rohde-Dachser

Einleitung:
Die Entwicklung des psychoanalytischen
Diskurses über die Weiblichkeit von Freud
bis heute

I n diesem Band, der zum 50. Geburtstag der *Psyche* erscheint,
werden Aufsätze über die weibliche Entwicklung präsentiert,
die im Verlauf dieses Zeitraums in der *Psyche* publiziert wurden
und den Wandel dokumentieren, den der psychoanalytische
Diskurs über die Weiblichkeit in dieser Zeit genommen hat. Der
Wandel erstreckt sich auch auf das Bild der Frau, das diesem
Diskurs zugrunde liegt. Wo Freud noch im Penisneid und der da-
mit verknüpften Hinwendung des Mädchens zum Vater den
Angelpunkt der weiblichen Entwicklung sah, wird heute die Rolle
des Loslösungs- und Individuationsprozesses für die Entwicklung
der weiblichen Identität betont und der Einfluß insbesondere der
Mutter auf die Entwicklung des Mädchens hervorgehoben. Auch
der Dreiecksbeziehung Vater–Mutter–Tochter, die lange vor dem
Eintritt des Mädchens in die ödipale Phase entsteht, wird stärkere
Aufmerksamkeit gewidmet. Die Phantasien, über die unsere
Patientinnen in der psychoanalytischen Behandlung berichten,
scheinen andere geworden zu sein, oder — dies ist wahrscheinlicher — sie werden anders als früher interpretiert. Dies zeigt, wie
der im Zuge der Modernisierung stattfindende Wandel der
Frauenrolle über den Umweg der psychoanalytischen Behandlung
auch in die Theorie der Psychoanalyse Eingang gefunden hat und
andere Sichtweisen der weiblichen Entwicklung bedingt als noch
zur Gründerzeit der Psychoanalyse. Die vorliegende Sammlung
von Aufsätzen aus den Veröffentlichungen der *Psyche* über den
Zeitraum der letzten 50 Jahre soll es ermöglichen, diese Entwicklung nachzuvollziehen.

Wir haben zu diesem Zweck die Aufsätze chronologisch nach
ihrem Erstveröffentlichungsjahr geordnet, auch wenn einige von

ihnen in der *Psyche* erst später (meist unter der Rubrik „Aus dem Archiv der Psychoanalyse") erschienen sind. Eines der Auswahlkriterien war, daß die Artikel die Entwicklung des psychoanalytischen Diskurses über die Weiblichkeit während der letzten 50 Jahre einigermaßen zuverlässig nachzeichnen sollten. Diese Entwicklung ist keine lineare. Wir haben die Auswahl der Aufsätze deshalb auch unter dem Gesichtspunkt vorgenommen, möglichst unterschiedliche Facetten dieses Diskurses sichtbar zu machen. Die Qualität der in diesem Band versammelten Aufsätze ist also nur eines von mehreren Auswahlkriterien. Eine Reihe wichtiger Aufsätze aus den letzten fünfzig Jahrgängen der *Psyche* konnten von daher nicht in die engere Wahl gezogen werden (so z. B. die Aufsätze von Z. Odes Fliegel [1973], Carol Hagemann-White [1978] und Shahla Cherahzi [1986]).

Auch eine noch so sorgfältige Selektion kann aber nicht verhindern, daß in einer solchen Aufsatzsammlung immer nur Ausschnitte aus der Auseinandersetzung über die psychoanalytische Theorie der Weiblichkeit wiedergegeben werden können. Wir halten es von daher für sinnvoll, in dieser Einleitung zunächst einen allgemeinen Überblick über die Entwicklung des psychoanalytischen Weiblichkeitsdiskurses von Freud bis heute zu vermitteln, der es dem Leser erleichtern soll, die in diesem Band versammelten Aufsätze entsprechend einzuordnen. Unter dieser Zielsetzung werden wir als erstes die Freudsche Weiblichkeitstheorie in ihren Grundzügen darstellen und uns dann der Kontroverse zuwenden, die sich schon in den zwanziger Jahren zwischen den Verfechtern dieser Theorie und ihren Gegnern (insbesondere Karen Horney und Ernest Jones) entspann. Anschließend werden wir die Weiterentwicklung dieses Diskurses seit dem Bestehen der *Psyche* nachzuzeichnen versuchen und uns dabei vor allem auf die in diesem Band versammelten Aufsätze beziehen. Wir werden dabei auch zeigen, wie sich die Diskussionen um dieses Thema nicht zuletzt unter dem Einfluß der Frauenbewegung zu einem relativ eigenständigen Gebiet der Psychoanalyse entwickelt haben, das lange Zeit hindurch vorwiegend (wenn auch keinesfalls ausschließlich) von weiblichen Psychoanalytikern bestritten wurde, bis es heute allmählich auch Eingang in den Mainstream-Diskurs der Psychoanalyse findet.

Freuds Theorie der Weiblichkeit

Freud (1925 a, 1931, 1933 a) ging davon aus, daß die weibliche Entwicklung erst mit der Entdeckung des Geschlechtsunterschieds durch das Mädchen beginnt. Vorher ist das kleine Mädchen für ihn ebenso wie der Junge ein „kleiner Mann". Wenn das Mädchen später entdeckt, daß es im Gegensatz zum Jungen keinen Penis hat, fühlt es sich kastriert. Die tiefe narzißtische Kränkung, die damit verbunden ist, wird der Mutter angelastet. Nach Freud kennt das Mädchen in dieser Entwicklungsperiode — genau so wie der Junge — nur *ein* Genitale, den Penis (sog. „phallischer Monismus"); aus diesem Grunde führt die Entdeckung des Geschlechtsunterschieds beim Mädchen gleichzeitig zu einem intensiven Penisneid. Die Kenntnis eines eigenen, weiblichen Genitales wird — so Freud — frühestens mit der Pubertät erworben, so wie für ihn auch die Libido „gesetzmäßig männlicher Natur" ist, „ob sie nun beim Manne oder beim Weibe vorkomme" (1905, S. 120). Die Entdeckung seiner „Kastration" führt dazu, daß das Mädchen sich von der Mutter ab- und dem Vater zuwendet (sog. „Objektwechsel"). Vom Vater erhofft sich das Mädchen nunmehr einen Penis und später, wenn es erkennt, daß diese Hoffnung vergeblich ist, ein Kind. Die ödipale Situation, in die das Mädchen damit lumlrgoum lhwrgoum lheau mlheiauml heiatumlhw umlrkhgmf eintritt, ist eine *Folge* dieser bereits *erlebten* Kastration, die es durch die Hinwendung zum Vater zu bewältigen sucht — anders als beim Jungen, der im Ödipuskomplex seine Mutter liebt und auf diese inzestuösen Wünsche erst durch die Angst vor der Rache des Vaters mit Kastrationsangst reagiert, die für ihn schließlich zum Untergang des Ödipuskomplexes führt.

Freud stellt ausdrücklich fest, daß der Ödipuskomplex des Knaben am Kastrationskomplex zugrunde geht, während der des Mädchens durch den Kastrationskomplex ermöglicht und eingeleitet wird (Freud 1925 a, S. 28). Für Freud hat das Mädchen deshalb auch keinen triftigen Grund, diese ödipale Situation wieder zu verlassen. „Beim Mädchen entfällt das Motiv für die Zertrümmerung des Ödipuskomplexes. Die Kastrationsangst hat ihre Wirkung bereits früher getan, und diese bestand darin, das Kind in die Situation des Ödipuskomplexes zu drängen" (Freud

1925 a, S. 29). Es läuft in den Ödipuskomplex (d. h. in eine in-
zestuös getönte Beziehung zum Vater) sozusagen ein „wie in
einen Hafen" (Freud 1933 b, S. 138). Für eine Individuation des
Mädchens, die auch die Vater-Tochter-Beziehung einbezieht, gibt
es bei Freud deshalb wenig Ansätze. Die weitere weibliche Entwicklung ist für ihn dadurch gekennzeichnet, daß das Mädchen
sich vom Vater (und später von einer väterlichen Ersatzfigur) ein
Kind wünscht, das den Penismangel ausgleichen soll; mit der Geburt eines Kindes, insbesondere eines Knaben, geschieht im späteren Leben diese narzißtische Restitution.

Der „Männlichkeitskomplex" der Frau, der auf ihren Penisneid
zurückgeht und mitunter auch noch im erwachsenen Leben wirksam ist, kann diese weibliche Entwicklung beeinträchtigen. Noch
1937 schreibt Freud in „Die endliche und die unendliche Psychoanalyse": „Man hat oft den Eindruck, mit dem Peniswunsch und
dem männlichen Protest sei man durch alle psychologische Schich-
tung hindurch zum ‚gewachsenen Penis' durchgedrungen und so
am Ende seiner Tätigkeit. Das muß wohl so sein, denn für das
Psychische spielt das Biologische wirklich die Rolle des unter-
liegenden gewachsenen Felsens. Die Ablehnung der Weiblichkeit
kann ja nichts anderes sein als die biologische Tatsache, ein Stück
jenes großen Rätsels der Geschlechtlichkeit" (S. 69). Damit wiederholt er indirekt seine Feststellung über die weibliche Entwicklung, die er bereits 1924 traf, daß nämlich Anatomie Schicksal sei
(S. 400).

Da das Über-Ich der Frau — anders als das des Jungen — nicht
unter dem Druck der Kastrationsangst errichtet wurde (das Mädchen empfindet sich ja bereits beim Eintritt in den Ödipuskomplex
als „kastriert"), bescheinigt Freud der Frau vor diesem Hintergrund auch ein schwächeres Über-Ich. Mit der präödipalen Beziehung des Mädchens zur Mutter hat er sich kaum auseinandergesetzt. „Die Einsicht in die präödipale Vorzeit des Mädchens"
— so Freud 1931 — „wirkt als Überraschung, ähnlich wie auf anderem Gebiet die Aufdeckung der minoisch-mykenischen Kultur
hinter der griechischen" (Freud 1931, S. 519).

Freuds Theorie der Weiblichkeit, die hier lediglich in ihren
Grundzügen wiedergegeben wird, ohne auf die von Freud selbst
bis zum Schluß immer wieder geäußerten Zweifel einzugehen,

hat bereits in den zwanziger und dreißiger Jahren eine heftige Kontroverse ausgelöst (eine gute Darstellung dieser Kontroverse findet sich bei Fliegel [1973, ausführlicher 1986]). Ihre wichtigsten Vertreter waren auf der einen Seite Freud und Helene Deutsch, auf der anderen Seite Karen Horney (1923, 1926) und Ernest Jones (1927, 1933). Karen Horney unterschied u. a. einen *primären Penisneid*, den sie als normales Stadium der weiblichen Entwicklung ansah, von einer späteren Abwehrformation, die aus der Enttäuschung des Mädchens am Vater hervorgeht und zu einer „Flucht aus der Weiblichkeit" (1926) führt. Dabei verzichtet das Mädchen auf seine ödipalen Wünsche an den Vater und ersetzt sie durch eine Identifikation mit ihm. Die ödipalen Wünsche des Mädchens an den Vater entstehen für Karen Horney aus der *angeborenen Weiblichkeit* des Mädchens, die spezifischen Reifungsprozessen unterliegt. Ernest Jones schloß sich dieser Auffassung an, die er 1935 wie folgt zusammenfaßte: „Diese Ansicht scheint mir den uns zugänglichen Tatsachen besser zu entsprechen und ist auch im wesentlichen wahrscheinlicher, als eine, die die Weiblichkeit des Mädchens als das Resultat eines äußeren Erlebnisses (Erblicken des Penis) ansieht. Meiner Ansicht nach entwickelt sich die Weiblichkeit fortschreitend aus dem Antrieb einer triebhaften Konstitution. Kurz gesagt, ich sehe die Frau als ein geborenes Weibchen und nicht — wie die Feministen es tun — als *un homme manqué*, als ein ewig enttäuschtes Geschöpf, das sich mit sekundären Surrogaten zu trösten sucht, die ihrer wahren Natur fremd sind. Die letzte Frage ist also, ob man zur Frau geboren oder gemacht wird" (S. 341).

Im folgenden wollen wir zeigen, wie der hier eingeleitete Diskurs über die weibliche Entwicklung sich fortsetzte und sich dabei immer weiter vom Freudschen Konzept der Frau als *homme manqué* entfernte. Die in diesem Band versammelten Aufsätze geben davon ein beredtes Zeugnis.

Die Fortsetzung des Diskurses über die weibliche Entwicklung bis zum Jahr 1937 und sein Verstummen unter dem Einfluß des Nationalsozialismus

Warum — so fragt *Lampl-de Groot* in ihrem 1927 veröffentlichten Aufsatz „Zur Entwicklung des Ödipuskomplexes der Frau" — schätzt das Mädchen den Penis, also einen Körperteil, den es selbst nie besaß und dessen Wert es deshalb auch nicht aus Eigenerfahrung kennt — so hoch ein, wie Freud dies behauptete und wie sich dies auch in der Behandlungspraxis immer wieder zeigt? Um diese Frage zu beantworten, wendet sich Lampl-de Groot der *Mutter-Tochter-Beziehung* zu. Dabei geht sie — ähnlich wie Freud — von der Auffassung aus, daß sich Mädchen und Jungen bis zur Entdeckung des Geschlechtsunterschieds *gleich* entwickeln (d. h., daß beide die *Mutter* lieben). Für Lampl-de Groot heißt das, daß das Mädchen beim Erreichen der „phallischen Phase" zunächst auch genauso wie der Junge in die ödipale Situation eintritt: beide — das Mädchen ebenso wie der Junge — wollen „die Mutter erobern und den Vater beseitigen" (Lampl-de Groot, S. 36). Das Mädchen kommt sich aber beim Vergleich mit dem Knaben, der ein größeres, mächtigeres, sichtbareres Genitale hat, mit seinem eigenen Organ minderwertig vor. *Es zieht daraus die Konsequenz, daß sein Geschlechtsorgan einmal wie das des Knaben gewesen sei, ihm jedoch als Strafe für das verbotene Liebesverlangen gegenüber der Mutter genommen worden sei.* Erst danach akzeptiert es seine Kastration als endgültig vollzogene Tatsache und wendet sich dem Vater zu. Der Verzicht auf das erste Liebesobjekt, der damit verbunden ist, bedeutet für das Mädchen einen großen Schmerz. Erst jetzt — so Lampl-de Groot — tritt auch der Wunsch nach einem Kind an die Stelle des Peniswunsches. Das eigene Kind bekommt für das Mädchen dabei eine ähnliche narzißtische Bedeutung wie der Penis für den Knaben, denn — so Lampl-de Groot nicht ohne einen gewissen Stolz — „nur die Frau kann ein Kind bekommen, niemals der Mann" (S. 37).

Ebenso wie Freud geht also auch Lampl-de Groot davon aus, daß es erst die Entdeckung seines Penismangels ist, die das Mädchen von der Mutter weg und zum Vater hinführt, von dem es sich zunächst einen Penis und später ein Kind erhofft. Was sie im

Gegensatz zu Freud aber besonders betont, ist die Liebe des Mädchens zur Mutter, die in den Ödipuskomplex hineinragt. Der Penismangel des Mädchens ist vor diesem Hintergrund dann nicht mehr nur ein Ausdruck seiner „Minderwertigkeit", den es unhinterfragt seiner Mutter anlastet. Der Penismangel führt hier dazu, daß das Mädchen die Mutter aufgeben muß, die es auch im ödipalen Kontext genau so aktiv lieben möchte wie der Mann. Eingeführt wird damit eine auch von sexuellen Wünschen getönte Mutter-Tochter-Beziehung, die von der Tochter erst mit der Erfahrung ihrer Kastration unter großem Schmerz aufgegeben wird. Gleichzeitig wird damit ihr Weg zur Heterosexualität geebnet.

Lampl-de Groot berichtet vom Traum einer Patientin, in dem diese im Bett liegt, neben ihrer Mutter, und ein Gefühl von großer Glückseligkeit empfindet. Die Mutter sagt im Traum, das sei so richtig, daß dürfe so sein. Damit nimmt Lampl-de Groot aber bereits Argumente vorweg, die eine primäre, erst später verdrängte Homosexualität der Mutter-Tochter-Beziehung andeuten (vgl. Eisenbud 1982, 1986). Lampl-de Groot befaßt sich bereits 1932 auch mit der Geschlechtsspezifität der Übertragung. Sie glaubt, daß es Patientinnen oft schwer haben, im Sinne des negativen Ödipuskomplexes mit einem männlichen Vater-Analytiker in Konkurrenz zu treten. Die Behandlung kann dann nicht über die Bedingungen des positiven Ödipuskomplexes hinausgelangen. Das bedeutet aber auch, daß homosexuelle Tendenzen der Patientin leicht ausschließlich als Reaktion auf die am Vater-Analytiker erlebten Enttäuschungen interpretiert werden, so wie bereits Freud dies tat. Für Lampl-de Groot gibt es daneben auch die Regression auf die vorangehende Phase des negativen Ödipuskomplexes, in dem die frühe Liebe des Mädchens zur Mutter in nunmehr sexualisierter Form in Erscheinung tritt.

Lillian Rotter, eine ungarische Analytikerin, deren Aufsatz „Zur Psychologie der weiblichen Sexualität" nur wenige Jahre nach der Arbeit von Lampl-de Groot erschien, enthält aus damaliger Sicht revolutionäre Ansichten über den Penisneid und den Objektwechsel des Mädchens. Die Autorin räumt auch der weiblichen Aggression einen anderen Stellenwert ein als Freud. Sie spricht von der *Verachtung der Mutter*, die diese der Tochter (im

Vergleich zum Sohn) zuteil werden läßt. Das Mädchen habe — so Lillian Rotter — die Klagen über den Penismangel oft *zuerst* von der Mutter gehört. Sie berichtet von einer Mutter, die beim Baden ihrer Tochter immer lamentierte, wie klein, schwarz und häßlich das Mädchen doch sei, während sie ihren Sohn stets bewunderte. Der *ambivalente Charakter der Mutter-Tochter-Beziehung* und der *begründete* Haß des Mädchens auf die Mutter tritt damit stärker in den Vordergrund.

Das Mädchen bemerkt aber auch — so Rotter — ein anderes Phänomen, nämlich die Erektion des Penis (bei Vater oder Bruder) und entwickelt die Phantasie, daß es diese Veränderung am Körper eines anderen verursacht habe. Die weitergehende Phantasie des Mädchens ist dann die, daß der Penis, den sie zur Erektion veranlassen kann, auch ihr gehöre. „Das kleine Mädchen kann sich also unter gewissen Umständen vorstellen, daß ein Organ, welches zwar an einer anderen Person zu erblicken ist, doch in seinen Wirkungskreis, in sein Ich hineingehört" (Rotter, S. 52). Der Penis wird auf diese Weise zu einem sichtbaren Vollstrekkungsorgan ihrer Gefühle oder ihres Willens. Aus der Sicht der sehr viel später entwickelten psychoanalytischen Selbstpsychologie kann man einen solchen Penis auch als „Selbstobjekt" (Kohut 1971) verstehen, das für die Aufrechterhaltung des eigenen Selbst notwendig ist. Die regelmäßig beobachtete Sexualisierung des Verhaltens hysterischer Patientinnen, denen es vor allem um ihre Wirkung auf Männer (und nicht um die Einlösung eines angeblich gegebenen sexuellen „Versprechens") geht, ließe sich durchaus in diesem Kontext interpretieren. *Indirekt* wird die Frau damit gleichzeitig zur Urheberin einer Handlung, die von einem anderen vollzogen wird. Man könnte auch sagen: Das Mädchen oder die Frau ist die *Anstifterin*, der Knabe oder Mann der *Vollstrecker* (eine in unserer Kultur weitverbreitete Vorstellung, die bereits im biblischen Mythos von Adam und Eva ihren Ausgang nimmt).

Für Lillian Rotter sind auch die Verführungsklagen des Mannes auf diesem Hintergrund verständlich. „Der kleine Knabe fühlt zweifellos, daß mit ihm ohne sein Dazutun, ja oft gegen seinen Willen, etwas geschieht. Das Weib, das mit seiner Berührung, seiner Nähe, ja durch sein bloßes phantasiertes Bild eine Erektion erregen kann — das ist die zauberhaft-unheimliche Wirkung, die im Märchen und Mythos, in Dichtung und Geschichte immer wiederkehrt: die Hexen und Nixen, Feen, Sirenen, das dämonische Weib" (S. 55). *Der weibliche Exhibitionismus ist aus dieser Sicht nicht mehr die Reaktion auf die erlittene Kränkung der Penislosigkeit — es ist das Ausagieren der Phantasie, den Mann (als Selbstobjekt) in Erregung zu versetzen.* Erst das Mädchen, das sich den Beweis seiner Anziehungskraft nicht verschaffen kann, fühlt sich kastriert und kehrt zur Mutter zurück oder versucht, selbst Mann zu werden. „Die Frau aber, die sich ihrer Wirkung auf die Männer sicher fühlt, diese Frau, der doch im sexuell-generativen Leben eine so große Rolle zukommt (Schwangerschaft, Geburt, Laktation, Kinderversorgung und Erziehung) kann sich schwerlich kastriert und minderwertig fühlen" (Rotter, S. 57).

Edith Jacobson („Wege der weiblichen Über-Ich-Bildung", 1937) war es, die innerhalb des Diskurses über die weibliche Entwicklung zum erstenmal den *sozialen Wandel* der weiblichen Geschlechtsrolle thematisierte, der sich aus ihrer Sicht mit einem Wandel der seelischen Struktur der Frau verbindet, der sowohl in ihrem Liebesleben als auch in ihrer Ich- und Über-Ich-Struktur zum Ausdruck kommt. Die damit verbundene Loslösung der Frau aus alten Gebundenheiten kann deshalb aus ihrer Sicht auch nicht einfach mit dem Schlagwort „Vermännlichung" bezeichnet werden, so wenig, wie man sagen kann, daß die Entwicklung der Frau in eine „phallische Richtung" führe. Jacobson glaubt, daß man statt dessen bei der Beschreibung der weiblichen Entwicklung die „Uneinheitlichkeit des weiblichen Persönlichkeitsbildes unserer Zeit zu berücksichtigen" (S. 59) habe.

Jacobson geht auch ausführlich auf die Bedingungen ein, die zur Ausbildung des weiblichen Über-Ich führen, und auf den Wandel, dem diese Bedingungen unterliegen. Sie spricht vom „erschrockenen kleinen Mädchen", das mit der Entdeckung des Geschlechtsunterschieds an seiner normalen Genitalität zu zweifeln beginnt. Die narzißtische Wunde, die beim Mädchen in diesem Zusammenhang entsteht, kann durch die libidinöse Verschiebung auf andere Körperteile, die Ausbildung einer „weiblichen Tugendhaftigkeit" oder auch durch die Entwicklung

„männlicher" Vorzüge erfolgen. Die immer wieder zu beobachtende weibliche Frigidität läßt sich aus dieser Vorgeschichte und der mit ihr verbundenen genitalen Angst allein aber nicht erklären. Sie geht nicht nur auf die grundsätzliche Höherschätzung des Männlichen in unserer Kultur zurück, sondern insbesondere auch auf *weibliche Schwangerschaftsängste*. 1937 gab es noch keine wirksame Geburtenverhütung. Allein von daher komplettiert der Aufsatz von Jacobson eine wichtige Lücke in der psychoanalytischen Sicht der weiblichen Entwicklung, die den Kinderwunsch der Frau in den Mittelpunkt stellte, ohne bis dahin die damit verbundenen häufig oft ganz realen Ängste mit zu thematisieren.

Das weibliche Über-Ich — so Jacobson — ist nur insofern schwächer als das des Mannes, als es auf den Vater projiziert wird, der damit zum personifizierten Über-Ich erhoben wird. Für das Mädchen bekommen auf diese Weise die Ansichten und Urteile des Vaters Über-Ich-Funktion. Hinzu kommt die Neigung, im Vater (Mann) das eigene Ich-Ideal zu lieben. Von hieraus ergeben sich interessante Verbindungen zu der Theorie von Jessica Benjamin (1988), die in den achtziger Jahren die Auswirkungen dieser „idealen Liebe" des Mädchens zum Vater eingehend beschrieben hat (vgl. auch S. 218 ff. in diesem Band).

Jacobson spricht darüber hinaus von einem „weiblichen Zukunftstyp": einem weiblichen „vaginalen" Frauencharakter mit selbständigem Über-Ich, starkem affektivem Ich und gesunder, expansiver weiblicher Sexualität. Diese „Zukunftsfrauen" wissen sich im Besitz eines vollwertigen Genitales, dessen genitale Beschädigungsangst der männlichen Kastrationsangst (mit ihrer positiven Funktion für die Über-Ich-Bildung) analog ist. Ihr Ich-Ideal ist dem mütterlichen Vorbild nachgebildet, in das Züge des Vaters einbezogen werden können, ohne daß man deshalb von einem „männlichen Über-Ich" sprechen muß. Der Unterschied zur traditionellen Frau besteht vor allem in einer anderen Form der Libido-Organisation, in der fehlenden Rivalität zum Manne, in einem gesunden Liebesverhalten und in der Herausbildung eines vom Mann qualitativ verschiedenen Ich und Über-Ich. Zur Beschreibung dieses neuen Typs von Frauen müssen — so Jacobson — traditionelle Begriffe der Psychoanalyse aufgegeben werden; die psychoanalytische Beschreibung des von ihr umrissenen „weiblichen Zukunftstyps" sieht sie (1937) erst in ihren Anfängen.

Der psychoanalytische Diskurs über die Weiblichkeit nach dem Ende des Nationalsozialismus und dem Erstarken der Frauenbewegung

Zwischen 1937 und dem Jahr 1975, in dem Margarete Mitscherlich-Nielsen die seither gewonnenen wissenschaftlichen Erkenntnisse über die weibliche Entwicklung beschrieb und eine Korrektur bestimmter traditioneller Auffassungen der Psychoanalyse forderte, liegen fast 40 Jahre, in denen der Diskurs über die weibliche Entwicklung weitgehend verstummt war. Die Zerstörung der Psychoanalyse durch den Nationalsozialismus und die schwierige Zeit des Wiederaufbaus einer psychoanalytischen Kultur nach dem Zusammenbruch der Nazi-Ära ließen die damit verbundenen Auseinandersetzungen weitgehend verstummen. In Deutschland begann sie erst wieder zusammen mit dem Erstarken der Frauenbewegung (dazu Hagemann-White 1978). *Margarete Mitscherlich-Nielsen* war eine der ersten Psychoanalytikerinnen, die sich dieser Diskussion anschloß. In ihrem 1975 erschienenen Aufsatz über „Psychoanalyse und weibliche Sexualität" beschreibt sie die Notwendigkeit einer Revision der psychoanalytischen Theorie über die Weiblichkeit, von der hier nur die wichtigsten Argumente wiedergegeben werden sollen:

1. Mit der Entdeckung der Rolle und der Wirkung der Geschlechtshormone kann man — anders noch als Freud — den in der Samenblase des Mannes durch die Produktion von Samenzellen entstehenden Druck nicht mehr als alleinige Ursache des sexuellen Reizes ansehen. Die Einstufung der Libido als „männlich" muß allein von daher neu überdacht werden.

2. Die These Freuds, die Klitoris sei ein verkümmertes männliches Organ, ist unhaltbar. Untersuchungen haben einwandfrei ergeben, daß der Embryo in den ersten Wochen weder undifferenziert noch bisexuell, sondern weiblich ist. Um die ursprünglich weiblichen Fortpflanzungsorgane zu maskulinisieren,

braucht der genetisch männliche Embryo das Hormon Androgen. In ihren ersten embryonalen Entwicklungsstadien sind beide Geschlechter also phänotypisch weiblich. Die Klitoris gehört von Anfang an zum weiblichen Genitale. Embryologisch gesehen, ist der Penis also eine wuchernde Klitoris, und das Scrotum entsteht aus den großen Schamlippen.

3. Es gibt von daher auch keine biologische Grundlage für eine phallische Phase des Mädchens. Mitscherlich-Nielsen schlägt vor, statt dessen beim Mädchen von einer klitoridal-vaginalen Phase zu sprechen. Ebensowenig kann es als Zeichen biologischer Reifung angesehen werden, wenn die Frau im Laufe ihrer Entwicklung die klitoridale Erregbarkeit zugunsten der vaginalen Erregbarkeit aufgibt. Physiologisch gehört zur vollen sexuellen Befriedigung der Frau die Erregbarkeit der Klitoris (Masters u. Johnson 1966). Der rein vaginale Orgasmus ist ein Mythos.

4. Weibliche sexuelle Bedürfnisse unterscheiden sich in ihrer Stärke und Aktivität kaum von denen des Mannes. Freud hat immer wieder festgestellt, daß beide Geschlechter gleichermaßen das Bedürfnis entwickeln, passive Erlebnisse, Eindrücke, Triebeinbrüche etc. aktiv zu wiederholen, um sie schließlich meistern zu lernen. Dies gilt auch für den Bereich der weiblichen Sexualität. Die weibliche Sexualität kann deshalb dort, wo sie sich im Bedürfnis nach Aktivität und Meisterung äußert, nicht einfach als „phallisch-regressiv" abgewertet werden.

5. Die Beobachtungen von Spitz und Mahler legen nahe, daß Mädchen und Jungen nicht — wie von Freud angenommen — am Anfang ihrer Entwicklung männlich identifiziert sind. Beide — Knabe wie Mädchen — gehen vielmehr ursprünglich eine primäre Identifikation mit der bedürfnisbefriedigenden, idealisierten, aktiven Mutter ein (dazu auch Greenson 1968).

6. In der Psychoanalyse geht es um die psychische Verarbeitung von Konflikten, die in verschiedenen biologischen Reifungsstadien mit den primären Objekten bzw. deren verinnerlichten Repräsentanzen ausgetragen werden. Dies kann aber nicht bedeuten, alle späteren Entwicklungen von Mann und Frau auf die früheste Mutter-Kind-Dyade (bzw. später die Beziehung „Vater-Mutter-Kind") zurückzuprojizieren. Wenn wir die Ein-

wirkungen gesellschaftlicher, insbesondere auch ökonomischer Faktoren auf die Erziehung übersehen, laufen wir Gefahr, uns die Eltern-Kind-Beziehung in einer Art geschlossenem Raum vorzustellen, der in keiner Verbindung mit den vielfältigen Einflüssen der Umwelt steht (vgl. Mitscherlich-Nielsen, S. 86). Etwa zur gleichen Zeit nimmt *Janine Chasseguet-Smirgel* (1964, 1975) den „phallischen Monismus" Freuds aufs Korn. Vielleicht — so sagt sie — ist die weibliche Sexualität gar nicht so sehr der „dunkle Kontinent", von dem Freud sprach; vielleicht ist einfach nur unsere Sicht getrübt (Chasseguet-Smirgel, S. 93). Wenn Psychoanalytiker bis heute fordern, daß Frauen im Zuge ihrer Entwicklung die Besetzung ihrer pseudomännlichen Klitoris aufgeben, heißt dies nicht auch, daß sie letztlich kastriert sein *muß*? „Von dort ist es nur noch ein Schritt, die Frau dazu zu bringen, auch auf eine ganze Reihe von anderen Aktivitäten zu verzichten" (S. 94). Der Wunsch, die Frau zu kastrieren, den Chasseguet-Smirgel hinter diesen Anstrengungen sieht, an der durchaus auch weibliche Analytiker ihren Anteil haben, wird von ihr aber nicht auf die grundsätzliche Überlegenheit des männlichen Genitales zurückgeführt, sondern auf unsere Beziehung zur mächtigen Mutter in der Frühzeit unserer Entwicklung.

Hinter der ubiquitären Entwicklung der Frau liegt für sie eine mächtige Mutterimago verborgen, von der wir als Kinder — gleich ob Jungen oder Mädchen — in extremer Weise abhängig waren. Der Wunsch, über diese Mutter zu triumphieren, kann für das Mädchen den Wunsch nach einem Penis annehmen, dem einzigen Organ, das die Mutter nicht besitzt, wo ihre „Macht" also eine Lücke hat. Der Penis erlangt in dieser Argumentation einen symbolischen Wert, der weit über seine Bedeutung als Sexualorgan hinausgeht. Die Hartnäckigkeit bestimmter psychoanalytischer Auffassungen über die Sexualität der Frau spiegelt aus der Sicht Chasseguet-Smirgels „den uns allen gemeinsamen Wunsch wider, aufgrund unserer primitiven Hilflosigkeit Rache an der Mutter zu nehmen, von der wir einst völlig abhängig waren, und sie endlich ans Gängelband zu nehmen" (S. 96). Dabei ist der Wunsch bei beiden Geschlechtern um so stärker, je mächtiger die Mutterimago ist. Das, was wir gemeinhin „Phallokratismus" nennen, kann als Ausweg aus dem Konflikt mit der Mutter unserer frühen

Kindheit angesehen werden. Daß dabei der Mann sich seine Stärke und Unabhängigkeit bestätigen muß und häufig zu zwanghafter Untreue neigt, bedeutet dann nichts anderes als den Versuch, die kindliche Situation umzukehren. Die *Realität* des Geschlechtsunterschieds schließt auch die Erkenntnis der mütterlichen Vagina (und nicht nur die Erkenntnis vom Fehlen des Penis) ein, „und zwar einer Vagina, die der kleine Junge im Alter des ödipalen Wunsches unmöglich ausfüllen kann. Zu einem bestimmten Zeitpunkt seiner Entwicklung muß diese Tatsache ihn dazu bringen, seine eigene Unfähigkeit und gleichzeitig das Bestehen väterlicher Vorrechte anzuerkennen. Die Anerkennung unterschiedlicher Geschlechter, die sich genital ergänzen, impliziert also [auch] die Anerkennung des Generationsunterschieds" (S. 99).

Wie schwer es ist, diese sexuelle Realität zu akzeptieren, beschreibt u. a. *Harriett Lerner* (1976). Denn jede Realität, die anerkannt werden soll, bedarf zunächst einmal einer Bezeichnung. *Eine korrekte Bezeichnung der Klitoris gibt es für das kleine Mädchen in aller Regel aber nicht.* Ein Organ, das zu seinem Körper gehört, das einen wichtigen Bestandteil seines Genitales ausmacht und mit dem es begeistert spielt, wird von der Mutter bei der Liebkosung seines Körpers in aller Regel ausgeblendet, so als ob es nicht vorhanden sei. Eine Patientin Lerners beschreibt dies so: „Was ich hatte und sich gut anfühlte, hatte keinen Namen. Es durfte nicht vorhanden sein" (S. 105) — wie eine unbewußte Botschaft, sich sexuelle Lust und genitale Erfüllung zu versagen. Lerner selbst stellte in den Interviews, die sie bei ihren Nachforschungen mit Müttern und Vätern durchführte, immer wieder fest, daß allein die bloße Vorstellung einer solchen Mitteilung gegenüber der Tochter eine seltsame Reaktion von Verlegenheit und Unruhe bei den Eltern hervorrief.

Wir glauben, daß die Auswirkungen dieses elterlichen Schweigens auf die sexuelle Entwicklung der Tochter eingreifender sind, als dies von der Psychoanalyse im allgemeinen angenommen wird. Dabei geht es weniger um die Angst vor dem Verlust des eigenen Genitales als um die unbewußte Mitteilung der Mutter an die Tochter, daß dieser unbenannte Teil ihres Genitales für sie nicht liebenswert ist. Auch dies ist Bestandheit der Realität der

Frau, in der wir unerwartet auf offenbar weit verbreitete unbewußte Phantasien stoßen, die der bewußten Intention einer fortschrittlichen Erziehung des Mädchens diametral zuwiderlaufen. Sofern wir hier mit Chasseguet-Smirgel argumentieren wollten, wäre es (aus der Phantasie des Mädchens) die „allmächtige Mutter", die dem Mädchen auf diese indirekte Weise die sexuelle Befriedigung verweigert und es damit auf seine Abhängigkeit ihr gegenüber einschwört. Eine andere Interpretation könnte aber auch lauten, daß die Mutter der Klitoris der Tochter die Zärtlichkeit unbewußt vorenthält, um eine homosexuell getönte Beziehung der Tochter zu vermeiden, die für beide auch als Versuchung verstanden werden kann.

Christa Rohde-Dachser ist in ihrem 1989 erschienenen Aufsatz „Unbewußte Phantasie und Mythenbildung in psychoanalytischen Theorien über die Differenz der Geschlechter" der Frage nachgegangen, wie weit unbewußte Phantasien generell nicht nur unseren Umgang mit Sexualität bestimmen, sondern auch in die psychoanalytische Theoriebildung über die Differenz der Geschlechter eingehen und bewirken, daß die mit den Mitteln der Psychoanalyse geleistete Aufklärung früher oder später wieder in Mythos zurückschlägt. „Wenn die Differenz der Geschlechter verhandelt wird", so formuliert Rohde-Dachser im Anschluß an Irigaray in ihrer Einleitung, „ist es das Unbewußte, welches spricht." In dieser Fragestellung geht es nicht mehr um die biologische oder objektbeziehungstheoretische Verankerung bestimmter psychoanalytischer Thesen über die weibliche Entwicklung, sondern um die Frage nach den unbewußten Wünschen und Abwehrkonstellationen, die in den Theorien über die Geschlechterdifferenz ihren Ausdruck finden. Rohde-Dachser untersucht drei psychoanalytische Theorien über die Geschlechterdifferenz (die „Theorie der Weiblichkeit" von Freud, feministische Theorien über die Geschlechterdifferenz [Chodorow, Olivier] und psychoanalytische Theorien über die grundsätzliche Bisexualität der Geschlechter) und zeigt mit den Mitteln der tiefenhermeneutischen Textanalyse deren jeweiligen latenten Inhalt auf. Dabei wird deutlich, daß hinter den verschiedenen Theorien — entsprechend dem jeweiligen Geschlecht des Autors — intensive Wünsche nach Ungeschiedenheit in einer beglückenden Primärbeziehung liegen, die gleichzeitig das Gefühl einer basalen Sicherheit verleiht. Es gibt männliche und weibliche Versionen der damit verbundenen unbewußten Phantasien, wobei die männlichen Phantasien vor allem den Unterschied zum Primärobjekt, die weiblichen vor allem die Ähnlichkeit mit ihm betonen. Rohde-Dachser zeigt auch die präoperationalen Denkstrukturen auf, nach denen solche Phantasien gebildet sind, und verdeutlicht den Weg, in dem sie über bestimmte Denk- und Wahrnehmungsoperationen unerkannt Eingang in die psychoanalytische Theoriebildung finden.

Im gleichen Jahrgang der *Psyche* ist auch der Aufsatz von *Louise Schmidt-Honsberg* „Zur weiblichen Homosexualität" enthalten, der das Thema der Sehnsucht nach dem Ursprung, der uranfänglichen Einheit aufgreift und mit weiblicher Homosexualität in Verbindung bringt. Denn die „Liebe des Mädchens zur Mutter" — so Schmidt-Honsberg — „ist nicht primär phallisch, sondern primär weiblich; es sind die Liebe zur anderen Frau, der Spiegel im Auge der Mutter, die den Grundstein für die Entwicklung des autonomen weiblichen Selbst bilden; und die Erkenntnis des kleinen weiblichen Wesens des ‚ich bin' und ‚ich bin etwas wert' ist unlöslich damit verknüpft" (S. 143). Die Geschichte des weiblichen Selbst, der Entwicklung der weiblichen Ich-Identität und die Geschichte der sexuellen Identität kann deshalb *nicht* die Geschichte des Phallus sein, wie etwa Grunberger (1971) und Chasseguet-Smirgel (1975) behaupten. „Mütter und Töchter haben immer — jenseits der mündlich überlieferten Kunde weiblichen Überlebens — ein Wissen ausgetauscht, das unterschwellig, subversiv und präverbal ist, das Wissen, das zwischen zwei sich gleichenden Körpern fließt" (Rich, zitiert nach Schmidt-Honsberg, S. 147) und mit der Sehnsucht nach Einssein und nach Erkanntwerden einhergeht.

Virginia Woolf formuliert diese fundamentale Sehnsucht der homosexuellen Liebe in der Beziehung einer jungen Malerin zu Mrs. Ramsay, einer Romangestalt, die autobiographische Züge ihrer Mutter trägt: „... es wir *nicht Erkenntnis,* wonach es sie verlangte, *sondern Einswerden,* nicht Inschriften auf Tafeln, nichts, was sich in irgendeiner den Menschen bekannten Sprache niederschreiben ließ, sondern *Vertrautheit selbst,* die Erkenntnis ist, hatte sie gedacht, als sie den Kopf an Mrs. Ramsays Knie lehnte" (Woolf, zit. nach Schmidt-Honsberg, S. 150 f.) — eine Erkenntnis, die „zurückführt zu den geheimen Kammern . . ., eins mit dem angebeteten Objekt" (Sylvia Plath, zit. nach Schmidt-Honsberg, S. 151), aber auch hin zu dem „Gefühl, eingeschlossen zu sein in einer umklammernden Abhängigkeit, Versuche, sich zu befreien mit panischen Verlustängsten bis hin zum Ende einer Beziehung durch Trennung oder Tod" (Offenbach, zit. nach Schmidt-Honsberg, S. 151).

Schmidt-Honsberg schildert an einer Reihe von literarischen Beispielen, wie in der Suche nach der eigenen Ich- und sexuellen Identität die Liebesbeziehung zu einer Frau, die im Mittelpunkt dieser Suche steht, rettend und heilend wirken kann und das Wieder- bzw. Neufinden verlorener oder nie entwickelter Anteile des Selbst bewirkt, aber auch zu bedrohlichen Zuständen der Ich-Auflösung und Selbstaufgabe führen kann. „Dann wird die Suche nach der eigenen Identität in der anderen Frau zu einem verzweifelten Überlebenskampf des Ich" (S. 156). Schmidt-Honsberg läßt offen, ob eine solche Suche immer nur das Ergebnis einer einmal bereits mißlungenen Liebe der Tochter zur Mutter ist, wie dies etwa Socarides (1968) oder auch Elaine Siegel (1988) behaupten, oder ob es auch das Ideal einer auf der *Erfüllung* der ersten Liebe beruhenden weiblichen Homosexualität gibt, wie dies u. a. Eisenbud (1982) annimmt.

In jedem Falle ist die homosexuelle Liebe aber nicht aus der Enttäuschung am Vater hervorgegangen, sondern entwickelt sich unabhängig (oder auch parallel) zur Vater-Tochter-Beziehung. Im Zentrum der literarischen Schilderungen, auf die Schmidt-Honsberg sich vor allem bezieht, stehen weibliche Sehnsüchte, die einmal auf die Mutter gerichtet waren und nunmehr durch eine Frau, eine idealisierte Frau, gestillt werden sollen. Vielleicht meinte Lampl-de Groot das gleiche, als sie von dem Gefühl der Glückseligkeit sprach, das ihre Patientin im Traum empfand, in dem sie neben ihrer Mutter im Bett lag und die Mutter davon sprach, daß diese Glückseligkeit sein dürfe. Viele der Fragen, die sich an eine homosexuelle weibliche Entwicklung stellen lassen, sind damit allenfalls angedeutet. Wir glauben aber, daß der Aufsatz von Schmidt-Honsberg insbesondere jene Sehnsucht nach Einssein aufzeigt, die der weiblichen Homosexualität zugrunde liegt und immer wieder Erfüllung verspricht, auch wenn das Scheitern oft gleichzeitig vorprogrammiert ist.

Unter einer ganz anderen Akzentsetzung wendet sich *Maya Nadig* (1990) psychoanalytischen Theorien über die *Mutterschaft* zu. Sie vergleicht die Institutionen der Mutterschaft in Mexiko und der Schweiz mit dem Ziel, die psychoanalytische Theorie und Praxis daraufhin zu untersuchen, inwieweit sie Spiegel und Verstärker gesellschaftlicher Verhältnisse sind und auf diese Weise geschlechtsspezifische Herrschaftsmechanismen perpetuieren, anstatt sie aufzudecken. Nadig sieht darin eine Gefahr. Sie geht — wie auch Rohde-Dachser — davon aus, daß die Einbettung der Psychoanalyse in die westliche Kultur eine permanente psychoanalytische Reflexion der psychoanalytischen Theorie notwendig mache, um das darin enthaltene „gesellschaftliche Unbewußte" (Erdheim 1982) aufzudecken.

Vor diesem Hintergrund berichtet sie zunächst über die Institution der Geburt und Mutterschaft in der mittelamerikanischen indianischen Bauerngesellschaft, wo die Frau erst dann, wenn sie Mutter geworden ist, zu einem vollen Mitglied der Gesellschaft wird. Alle Angehörigen der Frau, insbesondere aber der Vater des Kindes, nehmen intensiv an diesem Prozeß teil; es gibt — so Maya Nadig — deshalb auch keine Mutterschaftspsychose in dieser Kultur. Die zur Mutterschaft gehörige Ambivalenz und Aggression werden durch ethnische Erklärungsmuster, die wie Abwehrmechanismen wirken, kanalisiert und aufgefangen (vgl. S. 172). „Nicht das Wohlbefinden des Kindes ist [dabei] ausschlaggebend, sondern das der Gruppe mit dem Kind" (S. 173).

Ganz anders verläuft die Institution der Mutterschaft innerhalb der Schweizer Kultur, wo die Frauen sich, bevor sie Mutter werden, in der Regel mit einer eigenen Erwerbstätigkeit eine einigermaßen autonome Existenz aufgebaut haben, bis sie sich mit dem „Babyschock" plötzlich unerwartet in der alten traditionellen Frauenrolle wiederfinden. „Die Spaltung zwischen Familie und öffentlicher Kultur zwingt die Frau oft, sich zwischen gesellschaftlichen Aktivitäten und Mutterschaft zu entscheiden, auf jeden Fall zu verzichten" (S. 175). Es gibt keine Übergangsrituale, die ihr dabei zur Verfügung stehen. Aggression und Ambivalenz bleiben — anders als in der indianischen Kultur — an der Frau haften und müssen verdrängt oder nach innen gerichtet werden (S. 177). In der psychoanalytischen Theorie wird — so Nadig — diese historisch entstandene Isolierung und Psychologisierung der Mutterschaft wiederholt und gespiegelt. Die meisten Autoren haben die psychologische Reduktion der Mutterschaft fraglos als Prämisse übernommen und in die Metatheorie eingebaut. Isolation und verinnerlichter Verzicht, die so oft mit der Mutterschaft einhergehen, erscheinen vor diesem Hintergrund als Normalität. Störungen und Mängel im sozialen Gefüge werden dann in die Mutter hineinverlagert und kommen „von innen heraus" in Form von Depressionen und anderen psychischen Erkrankungen wieder zum Vorschein. Für Nadig drückt sich im psychoanalytischen Konzept des Penismangels deshalb vor allem auch der *reale Kulturmangel* der Frau aus. Sie fordert von daher einen Paradigmenwechsel, der dazu führen kann, daß auch die der psychoanalytischen Theorie inhärente Produktion von gesellschaftlicher Unbewußtheit aufgeklärt wird.

Wir glauben, daß ein solcher Paradigmenwechsel psychoanalytischer Teorien gerade im Hinblick auf das Verständnis der Mutterschaft immer noch ansteht. Zu einseitig wird Mutterschaft dort bis heute aus der Sicht des Kindes betrachtet und die Mutter gleichzeitig aus ihrem sozialen Zusammenhang herausgehoben. Die Konflikte der Mutter sind dann, sofern sie überhaupt beschrieben werden, Konflikte mit dem Kind, für die die Mutter verantwortlich ist, ohne daß die sozialen Wurzeln dieser Konflikte mitbedacht werden. An vielen anderen Stellen des psychoanalytischen Diskurses über die weibliche Entwicklung hat sich ein solcher Paradigmenwechsel aber mittlerweile bereits angebahnt. Zwei Richtungen dieses in vieler Hinsicht „neuen" Diskurses wollen wir zum Schluß wenigstens kurz noch an den Aufsätzen von Doris Bernstein und Jessica Benjamin demonstrieren.

Doris Bernstein (1990) verbindet in ihrem Aufsatz „Weibliche genitale Ängste und Konflikte und die typischen Formen ihrer Bewältigung" die körperliche Erfahrung des Mädchens eng mit seinen (präödipalen) Objektbeziehungen. Sie zeigt eindringlich, daß man die genitalen Ängste des Mädchens nicht einseitig unter dem Aspekt der „Kastration" (also dem Nichtvorhandensein des Penis) betrachten kann. Die Körpererfahrungen des Mädchens sind von Anfang an anders als die des Jungen. Dies betrifft auch die Erfahrung seines Genitales. Im Anschluß an Stoller (1968) und Money und Ehrhardt (1972) beschreibt sie die Entwicklung der Kern-Geschlechtsidentität (core gender identity) zwischen dem 12. und dem 18. Lebensmonat, also lange vor dem Eintritt des Mädchens in die von Freud beschriebene ödipale Phase. Die Entwicklung der Kern-Geschlechtsidentität fällt mit der analen Phase zusammen, in der es unter anderem um Fragen des Hergebens und Behaltens, der Kontrolle und der Entwicklung von Autonomie geht. Mahler et al. (1975) beschreiben den „Prozeß von Loslösung und Individuation", der sich in dieser Entwicklungsphase vor allem als „Wiederannäherungskrise" bemerkbar macht, in der das Kind zwischen dem Wunsch nach Unabhängigkeit und der Wiederannäherung an die Mutter hin- und herschwankt. Für Doris Bernstein ist die Entwicklung der Geschlechtsidentität des Mädchens einschließlich der Bewältigung seiner genitalen Körperängste eng mit dem Prozeß von Loslösung und Individuation verbunden. Das bedeutet, daß die genitalen Ängste des Mädchens und seine Bewältigungsversuche nicht einzig als Ausdruck seiner Anatomie verstanden werden können, wie etwa Freud dies tat. Sie sind eng mit den Objektbeziehungen des Mädchens zu Mutter und Vater verwoben, und es sind diese Objektbeziehungen, innerhalb derer sich seine Geschlechtsidentität festigt.

Doris Bernstein beschreibt sehr eingehend die weiblichen Ängste vor der *Unbeherrschbarkeit des Zugangs*, der unzureichenden *Kontrolle über das Eindringen in den Körper* und eine befürchtete *Diffusion des Denken*, die eng mit der mangelnden Anschaulichkeit des weiblichen Genitales zusammenhängt. Sie zeigt, wie die Bilder und Symbole, in denen Frauen von diesen Ängsten berichten, leicht dazu verleiten, sie immer erneut als Ausdruck von Kastrationsangst und weiblicher Hilflosigkeit zu deuten. Bernstein betont demgegenüber den Wunsch des Mädchens insbesondere nach *Kontrolle* über seinen eigenen Körper. Das „Loch", vor dem kleine Mädchen sich oft ängstigen, ist dann nicht mehr nur Ausdruck seiner Kastrationsfurcht, sondern des Bedürfnisses, den Zugang zu diesem Loch selbst zu kontrollieren.

Mädchen sind — anders als Jungen — in dieser Phase außerdem auf Erklärungen der Mutter über das Vorhandensein und die Funktion ihres Genitales angewiesen, und zwar in einer Zeit, in der andererseits eine starke Ambivalenz gegenüber der Mutter und das Streben nach Unabhängigkeit von ihr im Vordergrund stehen. Das in der Wiederannäherungsphase typische Schwanken zwischen Unabhängigkeit und vertrauensvoller Hinwendung zur Mutter führt zu einer — wenn auch durchaus ambivalenten — Zuwendung zur Mutter, die diese Objektbeziehung auch in späteren Entwicklungsphasen tönt und zu der Objektverankerung des Mädchens beiträgt, die ein immer wieder beobachtetes Merkmal weiblicher Entwicklung und Identitätsbildung ist. Wichtig ist in diesem Zusammenhang die Möglichkeit des Mädchens, sich mit dem *Vater* zu identifizieren. Väter bekommen aus der Sicht von Bernstein dabei die doppelte Rolle: einmal das Mädchen in ihrer Weiblichkeit zu bestätigen, zum andern seine Identifizierung mit ihm gutzuheißen.

Auch *Jessica Benjamin* (1992) betont die Notwendigkeit für die Entwicklung des Mädchens, sich dem Vater nicht nur als begehrtem Objekt zuzuwenden, sondern sich mit ihm als begehrendem Subjekt zu identifizieren. Der Vater bzw. die Vaterrepräsentanz erfährt während der Wiederannäherungsphase des Loslösungs- und Individuationsprozesses eine starke Idealisierung. Dies hängt unter anderem mit dem Kampf des kleinen Mädchens um *Anerkennung* zusammen, „insbesondere um die schwierige Angelegenheit, von eben jener Person als unabhängig anerkannt zu werden, von der man abhängig gewesen ist" (S. 224). Die Rede ist dabei von der Mutter, mit der das Mädchen um Autonomie kämpft und dabei oft in einen tiefen Konflikt zwischen dem Bedürfnis nach Sicherheit und der Durchsetzung seines Willens gerät, den es als unlösbar empfindet. Das Mädchen sucht dann Zuflucht in einer Geschlechterspaltung, in der die Mutter die *Bindung*, der Vater die *Anerkennung der Unabhängigkeit* verkörpert.

Damit wird gleichzeitig ein phantasierter Vater-Held geschaffen, der die Verbindung zur erregenden Außenwelt verkörpert und die Rolle des begehrenden Subjekts übernimmt. In dieser Rolle wird der Vater dann auch zum Spiegel des Begehrens des Mädchens, mit dem es sich identifizieren muß, wenn es selber in die Rolle des begehrenden Subjekts hineinwachsen möchte.

Die mangelnde Anerkennung durch den Vater und die Verweigerung der Identifikationsbindung beeinträchtigt das Gefühl des Mädchens, ein sexuelles Subjekt zu sein. Frauen müssen dann weiter im Mann nach ihrem eigenen Begehren suchen. Häufig geht dies mit der Entwicklung masochistischer Phantasien einher, in denen sie sich der Macht des idealen Mannes unterwerfen (S. 835). Der wiederkehrende Wunsch des Mädchens, Vaters Sohn zu sein, kann auch auf dem Hintergrund dieser begehrten und oft verweigerten *Identifizierungsliebe* verstanden werden, und keinesfalls nur als Ausdruck von Penisneid.

Jessica Benjamin glaubt, daß es vor allem die narzißtische Kränkung und die damit verbundene Demütigung ist, vom idealisierten Geliebten zurückgewiesen zu werden, die den weiblichen Neid auf Männer veranlaßt und Schuldgefühle verursacht. Benjamin zeigt aber auch, daß die dem idealisierten präödipalen Vater zugeschriebene Rolle später auf Mann *oder* Frau übergehen kann. Der Vater der Identifizierungsliebe entstammt einer Phase, in der die Geschlechtsidentität erst allmählich entsteht. Er ist von daher eine unbeständige Figur, die viele Verkleidungen annehmen kann: die des Bruders, der idealisierten älteren Frau oder des sexuell attraktiven Mannes (S. 244). Sie alle können das Selbst der Frau widerspiegeln und es ihr ermöglichen, sich als losgelöst, unbehindert, begehrend und als Besitzerin von etwas Eigenem zu erleben (a. a. O.). Von daher erscheint für Benjamin auch die Hoffnung berechtigt, daß im weiteren Verlauf der Entwicklung Mütter ebenso wie Väter die Position der Repräsentanz des Begehrens einnehmen können. „Ob es nun der Vater allein ist oder, wie wir hoffen, Vater und Mutter zusammen, die das erste Subjekt des Begehrens verkörpern — wer diese Position auch immer einnimmt, verkörpert auch die Liebe des Kindes zur Welt. Uns als Analytikern obliegt es, diese Liebe in all ihren Verkleidungen zu erkennen" (S. 245).

Schlußbemerkungen

Die Übersicht über die Publikationen zur weiblichen Entwicklung von der Gründung der PSYCHE in den fünfziger Jahren bis heute zeigt, daß wir uns von Freuds Ansicht, Weiblichkeit werde durch die Erkenntnis eines Mangels ausgelöst, in vieler Hinsicht entfernt haben. Auffallend ist, daß Publikationen zu diesem Thema sich in der PSYCHE allerdings erst in den sechziger und siebziger Jahren finden. Auffallend ist auch, daß es sich bei den Autoren dieser Publikationen ausschließlich um Frauen handelt. Freud scheint recht gehabt zu haben, als er darauf hinwies, daß er weiblichen Psychoanalytikern, die bereits früh auf die Bedeutung der präödipalen Phase für die weibliche Entwicklung hinwiesen, einiges zu verdanken hatte. Er selbst hatte die Bedeutung dieser Phase für die Entwicklung des Mädchens zwar erkannt und seine Überraschung darüber mit derjenigen der Archäologen verglichen, als sie hinter der griechischen die minoisch-mykenische Kultur entdeckten. Aber erst die Beiträge weiblicher Psychoanalytiker zeigten im Laufe der Zeit, was diese Entdeckung wirklich bedeutete. In seiner „Neuen Folge der Vorlesungen" (1933 a, S. 140) erwähnt Freud ausdrücklich drei Frauen, denen gegenüber er sich in dieser Hinsicht besonders in der Pflicht wußte, nämlich Dr. Ruth Mack Brunswick, Dr. Jeanne Lampl-de Groot und Dr. Helene Deutsch. Offenbar war es für ihn aber auch notwendig, sich von anderen Psychoanalytikerinnen wie Horney und Klein, deren Ansichten über die Psychologie der Frau zu stark von seiner abwichen, zu distanzieren (dazu Fliegel 1975).

Einen Abschluß der dadurch ausgelösten Kontroverse gab es seinerzeit jedoch nicht. Statt dessen kam die lebhafte und kontroverse Diskussion über die Probleme der Weiblichkeit in den dreißiger Jahren zu einem abrupten Ende. Dies kann nicht allein auf die politischen Umbrüche dieser Epoche, der erzwungenen Emigration Freuds von Wien nach London oder auch seiner schweren Erkrankung zurückzuführen sein, die 1939 zu seinem Tod führte. Die Pause in der Diskussion dauerte bis in die sechziger Jahre. Daß die Theorie Freuds von Männlichkeitsphantasien durchdrungen war, die für den Anfang dieses Jahrhunderts charakteristisch waren, wird heute kaum mehr bestritten. Zu den Auswirkungen des Nationalsozialismus und des Zweiten Weltkrieges, die einen tiefgreifenden soziokulturellen Wandel einleiteten, konnte Freud selbst nicht mehr Stellung nehmen. Wir sehen rückschauend nur, daß seine Beschäftigung mit der Theorie der Weiblichkeit in der Zeit vor seinem Tod zurücktrat und anderen Themen Platz machte, die enger mit Vergänglichkeit und Tod zusammenhingen.

Aber auch im Nachkriegsdeutschland brauchte es längere Zeit, bis die allgemeine Erstarrung nach dem Zusammenbruch der Nazi-Ära so weit wich, daß es auch innerhalb der Psychoanalyse möglich wurde, überkommene Kulturmuster, darunter auch die traditionelle Frauenrolle, in Frage zu stellen. In den sechziger Jahren entstand parallel dazu eine neue und kraftvolle Frauenbewegung. Die von Jacobson beschriebene „Zukunftsfrau" mit autonomem Ich, neu definierten Über-Ich-Inhalten und sexueller und kultureller Genußfähigkeit wurde zu einem von vielen Frauen geteilten Leitbild.

Die weiblichen Analytiker, die mit ihren Publikationen zu dieser Diskussion beitrugen, haben an dieser Entwicklung einen wichtigen Anteil. Daß es bis heute fast nur Frauen sind, die innerhalb der Psychoanalyse diesen Diskurs geführt haben, zeigt aber auch, daß es noch einiger Anstrengungen bedarf, bis die dort vertretenen Ansätze Eingang in den Mainstream-Diskurs der Psychoanalyse finden. Vera King sprach neulich von der Psychoanalyse als von einer „halbierten Aufklärung" — das heißt einer Aufklärung, die bis jetzt vor allem männliche Standpunkte aufnimmt. Wir hoffen, daß dieser Band dazu dienen kann, diese begonnene Aufklärung zu vollenden und einen psychoanalytischen Diskurs in initiieren, an dem Männer und Frauen sich in dem Bewußtsein beteiligen, daß die Aufklärung unbewußter Phantasien über die Geschlechterdifferenz, die bis in die Theorien der Psychoanalyse hineinwirken, ein elementares gemeinsames Anliegen ist.

Frankfurt, Frühjahr 1996   *Margarete Mitscherlich*
Christa Rohde-Dachser

Jeanne Lampl-de Groot

Zur Entwicklungsgeschichte
des Ödipuskomplexes der Frau (1927)

Eine der frühesten Entdeckungen der Psychoanalyse war die der Existenz des Ödipuskomplexes. *Freud* stellte die libidinösen Beziehungen zu den Eltern in den Mittelpunkt der Blütezeit des kindlichen Sexuallebens und erkannte schon bald in denselben den Kernpunkt der Neurosen. Im Laufe von vielen Jahren psychoanalytischer Arbeit bereicherte sich sein Wissen um die Entwicklungsvorgänge dieser Kindheitsperiode in hohem Maße; es wurde ihm allmählich klar, daß es bei Individuen beiderlei Geschlechts sowohl einen positiven wie einen negativen Ödipuskomplex gibt, daß die Libido sich zu dieser Zeit eine körperliche Abfuhr in die Onanie schafft, der Ödipuskomplex also erst in der phallischen Phase der Libidoentwicklung einsetzt, während er mit Abklingen der infantilen Sexualblütezeit untergehen muß, um der Latenzzeit mit ihren zielgehemmten Strebungen Platz zu machen. Auffallend war jedoch, wie viele dunkle und ungeklärte Probleme viele Jahre hindurch bestehen blieben, trotz der zahlreichen Beobachtungen und Studien von *Freud* und verschiedenen anderen Autoren [1].

Ein besonders wichtiger Faktor schien der Zusammenhang von Ödipuskomplex und Kastrationskomplex zu sein, welcher viele Unklarheiten mit sich brachte. Auch war das Verständnis für die Vorgänge beim männlichen Kinde immer etwas weitgehender gediehen als für die analogen beim weiblichen Individuum. Für die Schwierigkeiten bei der Aufklärung der frühinfantilen Liebesbeziehungen macht *Freud* die schwere Zugänglichkeit des diesbezüglichen Materiales verantwortlich; diese sei eine Folge der

[1] Abraham (1922); Alexander (1922); Deutsch (o. J.); Horney (1923; 1926); van Ophuysen (1916/17).

intensiven Verdrängung, welcher diese Regungen unterliegen. Das geringere Verständnis für die Vorgänge beim kleinen Mädchen mag einerseits daran liegen, daß dieselben an und für sich komplizierter sind als die analogen beim Knaben, andererseits daran, daß die Verdrängung der libidinösen Wünsche sich bei der Frau als eine intensivere manifestiert. *Horney* ist der Meinung, es spiele dabei auch die Tatsache eine Rolle, daß die analytischen Beobachtungen bisher hauptsächlich von Männern gemacht worden sind.

In den Jahren 1924 und 1925 brachten zwei Arbeiten von *Freud* weitgehende Aufklärung über das Entstehen des Ödipuskomplexes sowie über dessen Zusammenhang mit dem Kastrationskomplex. Die erste dieser beiden Arbeiten, „Der Untergang des Ödipuskomplexes", zeigt uns das Schicksal desselben beim kleinen Knaben; allerdings war dieses Schicksal schon mehrere Jahre vorher in der „Geschichte einer infantilen Neurose" und im Jahre 1923 neuerdings in „Eine Teufelsneurose im siebzehnten Jahrhundert" für einzelne Fälle beschrieben worden. „Der Untergang des Ödipuskomplexes" jedoch bringt die Verallgemeinerung, die theoretische Würdigung und die weiteren Folgerungen aus dieser Entdeckung. Das Ergebnis dieser Arbeit ist folgendes: Der Ödipuskomplex des männlichen Kindes geht an dem Kastrationskomplex zugrunde, d. h. sowohl bei der positiven wie bei der negativen Ödipuseinstellung muß der Knabe die Kastration vom mächtigeren Vater befürchten, im ersten Falle als Strafe für den unerlaubten Inzestwunsch, im zweiten Falle als Voraussetzung, um dem Vater gegenüber die weibliche Rolle einnehmen zu können. Um der Kastration zu entgehen, das Glied behalten zu können, muß der Knabe also auf die Liebesbeziehungen zu beiden Elternteilen verzichten. Wir sehen, welche besonders wichtige Rolle diesem Körperteil des Knaben zukommt und welche immense psychische Bedeutung er in dessen Seelenleben einnimmt. Die analytische Erfahrung hat außerdem gezeigt, wie außerordentlich schwer es dem Kinde fällt, auf den Besitz der Mutter zu verzichten, die sein Liebesobjekt darstellte, seitdem das Kind zur Objektliebe fähig war. Diese Überlegung legt uns den Gedanken nahe, ob der Sieg des Kastrationskomplexes über den Ödipuskomplex neben dem narzißtischen Interesse an dem hoch eingeschätzten

Körperteil nicht auch noch einem anderen Faktor zu verdanken wäre, und zwar der Zähigkeit dieser ersten Liebesbeziehung. Vielleicht ist auch folgender Gedankengang nicht ganz ohne Bedeutung: Verzichtet der Knabe auf den Besitz seines Gliedes, so wird ihm ein für allemal der Besitz der Mutter (oder deren Ersatzperson) unmöglich gemacht; verzichtet er jedoch, gezwungen durch die Übermacht der viel stärkeren väterlichen Konkurrenz, auf die Erfüllung seines Liebeswunsches, so bleibt ihm der Weg offen, einmal später erfolgreicher mit dem Vater kämpfen zu können und zu dem ersten Liebesobjekt, besser gesagt, zu seiner Ersatzperson zurückzukehren. Nicht unmöglich erscheint es, daß dieses wahrscheinlich phylogenetisch erworbene, natürlich unbewußte Wissen um die zukünftige Möglichkeit dieser Wunscherfüllung seinen Teil dazu beiträgt, den Knaben vorläufig zum Verzicht auf das verbotene Liebesverlangen zu veranlassen. Dies würde uns auch erklären, warum der kleine Mann vor oder im Anfang der Latenzzeit so sehnsüchtig wünscht, „groß", „erwachsen" zu sein.

In der obengenannten Arbeit *Freuds* erklärt dieser uns also weitgehend die Zusammenhänge von Ödipus- und Kastrationskomplex beim kleinen Knaben; über die nämlichen Vorgänge beim kleinen Mädchen bringt diese Arbeit nur wenig Neues. Um so mehr erklärt uns die 1925 erschienene Arbeit „Einige psychische Folgen des anatomischen Geschlechtsunterschiedes" von dem Schicksal der frühinfantilen Liebesregungen des weiblichen Kindes. Bei diesem, meint *Freud*, sei der Ödipuskomplex (gemeint ist der für das Mädchen positive, also die Liebeseinstellung zum Vater, die Konkurrenzeinstellung zur Mutter) eine sekundäre Bildung; er sei erst eingeleitet worden vom Kastrationskomplex, also entstanden, nachdem das kleine Mädchen den Geschlechtsunterschied wahrgenommen und die Tatsache seiner eigenen Kastration akzeptiert habe. Dieser Gedankengang stellt viele bisher dunkle Fragen in ein neues Licht. *Freud* erklärt mit dieser Annahme auch viele spätere Entwicklungszüge, manche Unterschiede in den weiteren Schicksalen des Ödipuskomplexes beim Knaben und beim Mädchen, Differenzen in der Über-Ich-Bildung beider Geschlechter usw.

Trotzdem bleiben auch nach der Aufdeckung dieses Zusammenhanges verschiedene Probleme ungeklärt. *Freud* erwähnt, daß, nachdem der Kastrationskomplex beim Mädchen wirksam wird, letzteres also den Penismangel akzeptiert hat und somit dem Penisneid verfallen ist, „eine Lockerung des zärtlichen Verhältnisses zum Mutterobjekt" einsetzt. *Freud* führt als mögliche Ursache dafür die Tatsache an, daß das Mädchen zuletzt die Mutter für den Penismangel verantwortlich macht, und außerdem als historischen Faktor den, daß oft in dieser Zeit Eifersucht auf ein anderes, von der Mutter mehr geliebtes Kind auftritt. Aber „man versteht den Zusammenhang nicht sehr gut", sagt *Freud*. Eine andere auffallende Wirkung des Penisneides sei nach *Freud* der beim Mädchen viel intensivere Abwehrkampf gegen die Onanie, der sich auch im späteren Alter im allgemeinen noch geltend macht. Das Moment, das diese intensive Aufklärung gegen die phallische Onanie beim kleinen Mädchen erklären soll, sei die mit dem Penisneid verknüpfte narzißtische Kränkung, die Ahnung, daß man es in diesem Punkte doch nicht mit dem Knaben aufnehmen kann und darum die Konkurrenz mit ihm am besten unterläßt. Bei diesem Satz kommt einem unwillkürlich der Gedanke: wieso schätzt das kleine Mädchen diesen Körperteil, den es nie besaß, dessen Wert es also nie aus eigener Erfahrung kannte, so hoch ein? Warum hat die Entdeckung dieses Mangels für dasselbe so weitgehende psychische Folgen, vor allem: warum tritt in einem bestimmten Moment die psychische Wirkung dieser Entdeckung ein, nachdem es wahrscheinlich schon ungezählte Male den körperlichen Unterschied zwischen sich und einem kleinen Knaben ohne psychische Reaktion darauf wahrgenommen hat? Die körperlichen Lustsensationen verschafft sich das Mädchen wahrscheinlich an der Klitoris in ähnlicher Weise und vermutlich auch in ähnlicher Intensität wie der Knabe am Penis, vielleicht außerdem noch in der Vagina, worauf Mitteilungen von *Josine Müller* in der Deutschen Psychoanalytischen Gesellschaft und private von einer mir bekannten Mutter zweier Töchterchen hinweisen würden. Also woher diese psychische Reaktion bei der Entdeckung, das eigene Glied sei kleiner als das des Knaben oder es fehle überhaupt? Ich möchte untersuchen, ob nachfolgende Überlegungen, zu welchen ich durch Erfahrungen der analytischen Praxis, die ich nachher mitteilen möchte, angeregt wurde, einige dieser Fragen ihrer Beantwortung um einen Schritt näherbringen könnten.

Ich glaube, manches wird uns verständlicher werden, wenn wir uns der Vorgeschichte des Kastrationskomplexes beziehungsweise des Penisneides des kleinen Mädchens zuwenden. Bevor wir das tun, wird es aber zweckmäßig sein, erst noch einmal den analogen Vorgang beim männlichen Kinde zu betrachten. Der kleine Knabe nimmt als erstes Liebesobjekt, sobald er zu einer Objektbeziehung fähig wird, die ihn nährende und pflegende Mutter. Beim Durchschreiten der prägenitalen Entwicklungsstufen der Libido behält das männliche Kind ein und dasselbe Objekt; auf der phallischen Phase angelangt, tritt der Knabe in die typische Ödipuseinstellung ein, d. h. er liebt die Mutter, will sie besitzen und den konkurrierenden Vater beseitigen. Das Liebesobjekt ist dabei das gleiche geblieben. Eine Änderung in dieser Liebeseinstellung, und zwar eine für das Geschlecht charakteristische, tritt in dem Moment ein, in welchem der Knabe die Möglichkeit der Kastration als vom mächtigen Vater her drohende Strafe für diese seine libidinösen Wünsche akzeptiert hat. Es ist nicht unmöglich, ja, sogar sehr wahrscheinlich, daß der Knabe auch vor Erreichen der phallischen Phase und der damit zusammenfallenden Ödipuseinstellung den Geschlechtsunterschied bei der Schwester oder bei einer Gespielin einmal gesehen hat; wir nehmen jedoch an, daß diese Wahrnehmung für ihn keine weitere Bedeutung hat. Erfolgt eine solche, wenn das Kind sich schon in der Ödipuseinstellung befindet und die Möglichkeit der Kastration als drohende Strafe anerkannt hat, dann wissen wir, wie groß die psychische Bedeutung dieser Wahrnehmung sein kann. Die erste Reaktion ist die, daß das Kind sich bemüht, die Tatsache der Kastration zu verleugnen und mit großer Zähigkeit sein erstes Liebesobjekt festzuhalten. Nach heftigen inneren Kämpfen jedoch macht sich schließlich der kleine Mann aus der Not eine Tugend, er verzichtet auf sein Liebesobjekt, um das Glied behalten zu können. Vielleicht sichert er sich dadurch außerdem noch die Möglichkeit eines erneuten, erfolgreicheren Kampfes mit dem Vater für eine spätere Zeit, auf welche Möglichkeit ich oben schon hingewiesen habe. In der Reifezeit des jungen Mannes gelingt es ihm aber normalerweise, bei einer Ersatzperson der Mutter den Sieg über den Vater davonzutragen.

Wie geht es nun beim kleinen Mädchen? Auch dieses nimmt

sich als erstes Liebesobjekt die nährende und pflegende Mutter. Auch das Mädchen behält dieses gleiche Objekt beim Durchschreiten der prägenitalen Entwicklungsstufen bei. Dann tritt auch das weibliche Kind in die phallische Phase der Libidoentwicklung ein. Es hat auch einen dem Penis des Knaben analogen Körperteil, die Klitoris, die ihm bei der Onanie Lust spendet; es benimmt sich in körperlicher Hinsicht genauso wie der kleine Knabe. Wir möchten nun vermuten, daß auch im Psychischen die Kinder beiderlei Geschlechtes sich bis dahin vollkommen gleich entwickeln, d. h., daß auch das Mädchen beim Erreichen der phallischen Phase in die Ödipuseinstellung eintritt, und zwar in die für das weibliche Kind negative. Dasselbe will sich die Mutter erobern und den Vater beseitigen. Bis dahin mag auch eine zufällige Beobachtung des Geschlechtsunterschiedes ohne Bedeutung gewesen sein, jetzt aber muß eine solche für das kleine Mädchen folgenschwer werden. Es fällt dem Kinde dabei auf, daß der Geschlechtsteil des Knaben größer, mächtiger, sichtbarer ist als der eigene, daß der Knabe mit demselben zur aktiven Leistung des Urinierens, welches für das Kind eine sexuelle Bedeutung hat, imstande ist. Bei diesem Vergleich muß dem Mädchen das eigene Organ minderwertig vorkommen. Es bildet sich die Vorstellung, sein Organ sei einmal wie das des Knaben gewesen, es sei ihm jedoch genommen worden als Strafe für das verbotene Liebesverlangen gegenüber der Mutter. Zunächst versucht es dann, die Kastration zu verleugnen, wie es der Knabe tut, oder aber sich mit der Vorstellung zu trösten, das Glied werde ihm noch nachwachsen. Die Akzeptierung der Kastration hätte doch für das Mädchen dieselben Folgen wie für den Knaben, nämlich neben der narzißtischen Kränkung der körperlichen Minderwertigkeit auch noch den Verzicht auf die Erfüllung der ersten Liebessehnsucht. Und hier muß nun der Unterschied in dem psychischen Entwicklungsgang bei beiden Geschlechtern einsetzen, anknüpfend, also an die Wahrnehmung des anatomischen Geschlechtsunterschiedes. Für den Knaben war die Kastration nur eine Drohung, der man bei entsprechendem Verhalten entgehen kann; für das Mädchen ist die Kastration eine vollzogene Tatsache, an der nichts zu ändern ist, deren Anerkennung aber das Kind dazu zwingt, endgültig auf sein erstes Liebesobjekt zu verzichten und den Schmerz des Objektverlustes voll auszukosten. Normalerweise muß das weibliche Kind einmal zu dieser Anerkennung gelangen; es wird damit gezwungen, seine negative Ödipuseinstellung völlig aufzugeben und mit dieser auch die sie begleitende Onanie. Die objektlibidinöse Beziehung zur Mutter wird in eine Identifizierung mit derselben umgewandelt, der Vater wird zum Liebesobjekt gewählt, der Feind zum Geliebten gemacht. Jetzt tritt auch der Wunsch nach dem Kinde an Stelle des Peniswunsches, das eigene Kind erhält für das Mädchen eine ähnliche narzißtische Bewertung wie der Penis für den Knaben, denn nur die Frau kann ein Kind bekommen, niemals der Mann.

Das weibliche Kind ist also jetzt in die positive Ödipuseinstellung eingetreten, dieselbe, von der wir die weitgehendsten Nachwirkungen so gut kennen. *Freud* hat wiederholt ausgeführt, daß ein Motiv für die Zertrümmerung des weiblichen positiven Ödipuskomplexes, wie es dem männlichen Kinde in der Kastrationsdrohung gegeben ist, nicht besteht. Daher verschwindet dieser erst allmählich, wird auch weit in die normale Entwicklung des Weibes mit hinein genommen und ist imstande, ein gutes Stück von den Verschiedenheiten im weiblichen und männlichen Seelenleben zu erklären.

Zusammenfassend können wir nun die Meinung äußern: Der Kastrationskomplex des kleinen Mädchens, resp. seine Entdeckung des anatomischen Geschlechtsunterschiedes, welcher nach *Freud* dessen normale positive Ödipuseinstellung einleitet und ermöglicht, hat ebenso wie der des Knaben sein psychisches Korrelat und bekommt erst dadurch die großartige Bedeutung für die seelische Entwicklung des weiblichen Kindes. Letzteres benimmt sich in den ersten Jahren seiner individuellen Entwicklung (von phylogenetischen Einflüssen, die gewiß nicht zu leugnen sind, wird hier abgesehen) nicht nur hinsichtlich der Onanie, sondern auch in seinem Seelenleben genauso wie der Knabe, es ist in seinem Liebesstreben und seiner Objektwahl wirklich ein kleiner Mann. Nach Entdeckung und völliger Akzeptierung der vollzogenen Kastration muß das Mädchen notgedrungen ein für allemal auf die Mutter als Liebesobjekt verzichten und somit die aktive erobernde Tendenz des Liebesstrebens sowie die Onanie an der Klitoris aufgeben. Vielleicht liegt auch hier die Erklärung für die seit langem bekannte Tatsache, daß die vollweibliche Frau keine Objektliebe im wahren Sinne des Wortes kennt, sich nur „lieben lassen kann". Den seelischen Begleiterscheinungen der phallischen Onanie ist es also zuzuschreiben, daß das kleine Mädchen dieselbe normalerweise viel intensiver verdrängt und einen viel stärkeren Abwehrkampf gegen sie führen muß als der Knabe; muß es doch mit derselben die erste Liebesenttäuschung, den Schmerz des ersten Objektverlustes vergessen.

Bekannt ist, wie oft diese Verdrängung der negativen Ödipuseinstellung des kleinen Mädchens gänzlich oder teilweise mißlingt. Der Verzicht auf das erste Liebesobjekt fällt dem weiblichen wie dem männlichen Kinde sehr schwer; in vielen Fällen hält das kleine Mädchen abnormal lange daran fest. Es versucht die Strafe, die Kastration, die es von dem Verbotensein seiner Wünsche überzeugen müßte, zu verleugnen, will seine männliche Position durchaus nicht aufgeben. Erleidet nun später die Liebessehnsucht eine zweite Enttäuschung am Vater, der der passiven Liebeswerbung nicht nachgibt, dann versucht das kleine Mädchen oftmals wieder, zu seiner früheren Einstellung zurückzukehren, die männliche Haltung wieder anzunehmen. In extremen Fällen führt das zur manifesten Homosexualität, von welcher *Freud* in „Ein Fall von weiblicher Homosexualität" eine so schöne und klare Darstellung gibt. Die Patientin, von der *Freud* in dieser Arbeit berichtet, benimmt sich, nachdem sie im Anfang ihrer Pubertätszeit den schwachen Versuch gemacht hat, eine weibliche Liebeseinstellung einzunehmen, in der späteren Pubertätszeit der geliebten älteren Frau gegenüber vollkommen wie ein verliebter junger Mann. Sie ist dabei ausgesprochene Frauenrechtlerin, verleugnet den Unterschied zwischen Mann und Frau, ist also vollkommen zur ersten negativen Phase des Ödipuskomplexes zurückgekehrt.

Ein vielleicht häufiger Vorgang ist der, daß das Mädchen die Kastration nicht vollkommen verleugnet, ihre körperliche Minderwertigkeit jedoch auf nicht sexuellem Gebiet (Arbeit, Beruf) zu überkompensieren versucht, dabei aber das sexuelle Verlangen überhaupt verdrängt, also sexuell unberührt bleibt. Es wäre, als wollte es sagen: Ich darf und kann die Mutter nicht lieben, muß daher überhaupt auf jeden weiteren Versuch zu lieben verzichten.

Der Glaube an den Besitz des Penis ist dann also auf intellektuelles Gebiet verschoben worden, dort kann die Frau männlich sein und mit dem Manne konkurrieren.

Als dritten Ausgang kann man beobachten, daß die Frau zwar Beziehungen zu einem Mann eingeht, innerlich jedoch bei der ersten Geliebten, der Mutter, verbleibt. Sie muß beim Verkehr frigid sein, weil sie eigentlich nicht den Vater oder seinen Ersatz, sondern die Mutter für sich begehrt. Auch die so häufigen Prostitutionsphantasien der Frau rücken vielleicht durch unsere Betrachtungen in ein etwas anderes Licht; sie wären nach unserer Aufassung nicht so sehr ein Racheakt an dem Vater wie einer an der Mutter. Die Tatsache, daß Prostituierte so häufig manifeste oder larvierte Homosexuelle sind, könnte man in analoger Weise erklären: Aus Rache an der Mutter wendet sich die Prostituierte zum Manne hin, jedoch nicht in passiver weiblicher Hingabe, sondern mit männlicher Aktivität; sie erobert sich den Mann auf der Straße, kastriert ihn, indem sie ihm Geld abnimmt, und macht sich so selbst zum männlichen, den Mann zum weiblichen Partner des Geschlechtsaktes.

Ich meine, bei diesen Störungen in der Entwicklung zur vollen Weiblichkeit muß man zwei Möglichkeiten in Betracht ziehen: Entweder das kleine Mädchen hat das sehnsüchtige Verlangen nach dem Besitz der Mutter nie völlig aufgeben können, also nur eine schwache Bindung an den Vater zustande gebracht, oder es hat einen energischen Versuch gemacht, den Vater an Stelle der Mutter zum Liebesobjekt zu nehmen, ist jedoch nach einer neuerlichen Enttäuschung am Vater zur ersten Liebesposition zurückgekehrt.

Freud macht in der Arbeit „Einige psychische Folgen des anatomischen Geschlechtsunterschieds" auf die Tatsache aufmerksam, daß die Eifersucht im Seelenleben der Frau eine weitaus größere Rolle spielt als in dem des Mannes. Er erklärt dieses Phänomen aus einer Verstärkung, welche die Eifersucht aus der Quelle des abgelenkten Penisneides bezieht. Vielleicht darf man hier hinzufügen: Die Eifersucht der Frau ist deshalb stärker als die des Mannes, weil es ersterer nie gelingen kann, das erste Liebesobjekt zu erobern, während dem Manne im erwachsenen Alter diese Möglichkeit geboten ist.

In einem weiteren Abschnitt führt *Freud* die Phantasie „Ein Kind wird geschlagen" zutiefst auf die Masturbation des sich in der phallischen Phase befindenden kleinen Mädchens zurück. Das Kind, das geschlagen, geliebkost wird, sei im Grunde die Klitoris (also der Penis); das Geschlagenwerden sei einerseits die Strafe für die verpönte genitale Beziehung, andererseits der regressive Ersatz für sie. Nun ist aber in dieser Phase die Strafe für die verbotenen libidinösen Beziehungen gerade die Kastration. Die Formel: Ein Kind wird geschlagen, heißt also: Ein Kind wird kastriert. Bei den Phantasien, in denen das geschlagene Kind ein fremdes ist, ist die Vorstellung, es werde kastriert, ohne weiteres verständlich: „Was ich nicht habe, soll auch ein anderer nicht besitzen." Nun wissen wir, daß in den oft sehr verwandelten und umgedichteten Pubertätsphantasien das vom Vater geschlagene Kind auch immer das Mädchen selbst darstellt. Dieses unterwirft sich also immer wieder der Kastration, die ja die Voraussetzung zum Vom-Vater-geliebt-Werden ist, versucht also neuerdings von seiner alten Liebesbeziehung loszukommen und sich mit der Weiblichkeit auszusöhnen. Da die Phantasien trotz der vielen Strafen, Schmerzen und Qualen, die der Held ertragen muß, immer gut ausgehen[2], siegt also die passive weibliche Liebe nach gebrachtem Opfer. Letzteres erlaubt auch manchmal die Rückkehr zur Masturbation, nachdem das erste verbotene Liebesstreben gesühnt worden ist. Öfters jedoch bleibt die Onanie trotzdem verpönt oder wird unbewußt, larviert betrieben, manchmal begleitet von starkem Schuldgefühl. Es scheint, als ob das wiederholte Über-sich-Ergehenlassen der Kastrationsstrafe außer dem Sühnen der Schuldgefühle auch eine Liebeswerbung dem Vater gegenüber bedeutet, wobei außerdem ein masochistischer Lustgewinn stattfindet.

Das Obige zusammenfassend, möchte ich also sagen: Beim kleinen Knaben, der sich im normalen Entwicklungsgange befindet, ist die positive Ödipuseinstellung weitaus bevorzugt, denn in dieser kann das Kind durch momentanen Verzicht auf das Mut-

---

[2] Vgl. Anna Freud (1922).

terobjekt sein Glied behalten und vielleicht sich damit die Möglichkeit einer späteren Erwerbung der mütterlichen Ersatzperson sichern, während es in der negativen Ödipuseinstellung von vornherein auf beides verzichten muß. Das kleine Mädchen jedoch macht normalerweise beide Einstellungen des Ödipuskomplexes durch, zuerst die negative, die unter genau denselben Vorbedingungen einsetzt wie beim Knaben, jedoch notgedrungen und endgültig verlassen werden muß, wenn das weibliche Kind zur Entdeckung und Akzeptierung der bei ihm vollzogenen Kastration gelangt. Jetzt ändert sich das Verhalten des Mädchens, es identifiziert sich mit dem verlorenen Objekt, ersetzt dieses durch den früheren Rivalen, den Vater, und gleitet somit in die positive Ödipuseinstellung hinüber. Die negative Ödipuseinstellung des weiblichen Kindes geht also an dem Kastrationskomplex zugrunde, während letzterer seinerseits den positiven Ödipuskomplex einleitet.

Diese Auffassung bestätigt die Annahme *Freuds:* Der weibliche (positive) Ödipuskomplex werde durch den Kastrationskomplex ermöglicht und eingeleitet. Sie nimmt aber im Gegensatz zu *Freud* an, daß der Kastrationskomplex des weiblichen Kindes schon eine sekundäre Bildung sei und einen Vorläufer finde in der negativen Ödipuseinstellung. Diese letztere verleihe dem Kastrationskomplex erst die große seelische Bedeutung und sei vielleicht imstande, manche späteren Eigentümlichkeiten im Seelenleben des weiblichen Individuums näher zu erklären.

Ich fürchte, man wird gegen die obigen Ausführungen den Einwand erheben, das schaue alles nach Spekulation aus und sei weit entfernt von jeder empirischen Basis. Dazu muß ich bemerken, daß dieser Einwand für einen Teil des Gesagten zutreffen mag, daß jedoch der ganze Gedankengang auf einige, allerdings leider noch recht spärliche praktische Erfahrungen aufgebaut worden ist. Von diesen möchte ich jetzt noch kurz berichten.

Vor einiger Zeit hatte ich ein junges Mädchen in Behandlung, das ich von einem männlichen Kollegen, bei dem es schon einige Jahre in Analyse gewesen war, übernommen hatte, weil sich gewisse Übertragungsschwierigkeiten nicht lösen wollten. Die Analyse des jungen Mädchens, das an einer ziemlich schweren hysterischen Neurose gelitten hatte, war ziemlich weit vorgeschrit-

ten. Der normale positive Ödipuskomplex, die Konkurrenzeinstellung zur Schwester und der Neid auf den jüngeren Bruder
waren eingehend behandelt und von der Patientin verstanden
und akzeptiert worden. Manche Symptome waren verschwunden,
aber trotzdem blieb sie zu ihrem großen Bedauern arbeitsunfähig.
Als die Patientin zu mir kam, spielte die ungelöste, ambivalente
Übertragung auf den männlichen Analytiker eine überragende
Rolle. Was jedoch stärker war, die leidenschaftliche Liebe oder der
ebenso leidenschaftliche Haß, war schwer zu entscheiden. Die Patientin, mit der ich vor der Behandlung persönlich bekannt war,
trat in die Kur mit starker positiver Übertragung auf mich ein.
Ihre Einstellung war ungefähr die eines Kindes, das bei der Mutter Schutz sucht. Nach kurzer Zeit jedoch begann sich diese Einstellung wesentlich zu ändern. Das Benehmen der Patientin wurde
zunächst ein trotzig abweisendes, hinter welchem sich schon bald
eine sehr intensive, durchaus aktive Liebeswerbung aufdecken
ließ. Die Patientin benahm sich genauso wie ein verliebter Jüng-
ling, zeigte z. B. eine heftige Eifersucht auf einen jungen Mann,
in dem sie im realen Leben ihren Rivalen vermutete. Eines Tages
kam die Patientin, mit dem Gedanken, sie wolle sämtliche Bücher
Freuds lesen und auch Analytiker werden. Die erst versuchte
nächstliegende Deutung, sie wolle sich mit mir identifizieren, er-
wies sich als unzureichend. Eine Reihe von Träumen zeigte die
unverkennbare Tendenz, meinen Analytiker zu beseitigen, „zu
kastrieren", sich an seine Stelle zu setzen, um mich analysieren =
besitzen zu können. Patientin erinnerte sich dabei an verschiedene
Situationen aus ihrer Kindheit, in denen sie bei Streitigkeiten
zwischen ihren Eltern immer eine die Mutter verteidigende und
beschützende Rolle ergriffen hatte, an Zärtlichkeitsaustausch der
Eltern, wobei sie den Vater verabscheute und die Mutter für sich
zu haben wünschte. Die Analyse hatte eine starke positive Bindung an den Vater längst aufgedeckt, auch das Erlebnis, mit
welchem diese endete. Die Patientin schlief als Kind neben dem
elterlichen Schlafzimmer und hatte die Gewohnheit, nachts die
Eltern zu rufen, wenn sie urinieren mußte, selbstverständlich mit
der Tendenz, die Eltern zu stören. Zuerst verlangte sie meistens
die Mutter, in späterer Zeit den Vater. Im Alter von fünf Jahren
sei das wieder einmal geschehen, der Vater sei zu ihr gekommen

und habe ihr ganz unerwartet eine Ohrfeige gegeben. Von diesem Moment an habe das Kind beschlossen, den Vater zu hassen. Die Patientin brachte jedoch noch eine andere Erinnerung. Mit vier Jahren hatte sie folgenden Traum: *Sie liegt im Bett, ihre Mutter ist neben ihr, Patientin hat ein Gefühl von großer Glückseligkeit. Die Mutter sagt: Das sei richtig so, das dürfe so sein.* Die Patientin erwacht und bemerkt, daß sie ins Bett uriniert hat, ist dabei sehr enttäuscht und fühlt sich sehr unglücklich.

Patientin hatte verschiedene Erinnerungen aus der Zeit, in der sie noch im Schlafzimmer der Eltern schlief. Sie sei damals öfters in der Nacht erwacht und habe sich im Bett aufrecht hingesetzt. Diese Erinnerungen weisen ziemlich überzeugend auf Beobachtungen des elterlichen Geschlechtsverkehres hin. Der Kindheitstraum mag wohl im Anschluß an eine solche geträumt worden sein und stellt deutlich den Koitus mit der Mutter dar, der mit dem Glückseligkeitsgefühl einhergeht. Die Harnerotik spielt auch im späteren Leben der Patientin eine besonders große Rolle. Die Enttäuschung beim Erwachen zeigt, daß unsere Patientin sich ihrer eigenen Unfähigkeit, die Mutter zu besitzen, damals schon bewußt war; die Entdeckung des männlichen Genitales hatte sie bei dem jüngeren Bruder schon längst gemacht. Das Bettnässen kann als Ersatz oder als Fortsetzung der Masturbation aufgefaßt werden, der Traum zeigt uns, wie intensiv die Gefühlsbeziehung zur Mutter damals gewesen sein muß. Es wird also klar, daß unsere Patientin nach der Enttäuschung am Vater (der Ohrfeige) zu dem früheren Objekt, das sie zur Zeit des Traumes geliebt hatte, also zur Mutter zurückzukehren versuchte. Im erwachsenen Alter machte sie einen ähnlichen Versuch. Nach einer mißlungenen Verliebtheit in einen jüngeren Bruder des Vaters ging sie eine kurzdauernde homosexuelle Beziehung ein. Eine weitere Wiederholung dieser Situation fand dann in ihrer Analyse statt, indem sie sich vom männlichen Analytiker zu mir begab.

Eine besondere Form von Schlagephantasie hatte unsere Patientin zu berichten, und zwar aus der Zeit ihres 8. bis 10. Lebensjahres. Sie bezeichnete dieselbe als „Die Krankenhausphantasie". Der wesentliche Inhalt der Phantasie war folgender: Sehr viele Kranke begeben sich ins Krankenhaus, um gesund zu werden. Sie müssen aber die schrecklichsten Schmerzen und Folterqualen erdulden. Eine der meistgeübten Prozeduren ist die, daß einem Kranken die Haut abgezogen wird. Unsere Patientin hatte ein schauriges Wollustgefühl bei der Vorstellung der schmerzenden blutenden Wunden. Die Assoziationen brachten ihr ihren jüngeren Bruder in Erinnerung, wie er manchmal die Vorhaut seines Gliedes zurückschob, wodurch Patientin etwas Rotes, wie eine Wunde ihr Imponierendes zu sehen bekam. Die Heilungsmethode in ihrer Phantasie war also deutlich eine Darstellung der Kastration. Sie identifizierte sich einmal mit den Kranken, die zum Schluß immer gesund wurden und in großer Dankbarkeit das Krankenhaus verließen, meistens jedoch spielte sie eine andere Rolle. Sie war der schützende, mitleidige Christus, der im Krankensaal über den Betten herumflog, um den Kranken Erleichterung und Trost zu bringen. In dieser Phantasie, die im Herumfliegen ihren sexualsymbolischen Charakter zeigt, ist Patientin also der Mann, der seine Mutter allein besitzt (ist doch Christus ohne Vater gezeugt worden), der aber schließlich, um die Schuld zu sühnen und um zum Gottvater kommen zu können, das Opfer der Kreuzigung = Kastration bringt. Die Patientin hat diese Phantasie, nachdem wir die Analyse abbrachen, welche sie aus Reaktion auf die Liebesenttäuschung in einer negativen Übertragung verließ, in die Realität umzusetzen versucht, indem sie sich entschloß, Krankenpflegerin zu werden. Nach einem Jahr jedoch tauschte sie diesen neuen Beruf wieder gegen ihren früheren, männlicheren und ihrem Wesen viel adäquateren ein. Allmählich verschwanden auch ihre gegen mich gerichteten Haßgefühle.

Bei einer zweiten Patientin konnte ich hinsichtlich der Übertragung ähnliche Vorgänge aufdecken. Diese Patientin produzierte in den ersten zwei Monaten der Behandlung sehr intensive Widerstände. Sie spielte das schlimme, trotzige Kind, äußerte nur monotone Klagen über ihre Verlassenheit und die schlechte Behandlung von seiten ihres Mannes. Nachdem wir als Ursache ihres Widerstandes auf mich gerichtete Haßgefühle in Folge von Neid und Eifersucht aufdecken konnten, entwickelte sich allmählich ihre ganze positive weibliche Ödipuseinstellung, sowohl die Liebe zum Vater wie auch der Wunsch nach dem Kinde. Bald zeigte sich auch der Penisneid. Patientin brachte eine Erinnerung aus dem 5. oder 6. Lebensjahr. Sie habe sich einmal die Kleider des älteren Bruders angezogen und habe sich stolz überall damit gezeigt. Außerdem hatte Patientin wiederholt versucht, wie ein Knabe zu urinieren. In späterer Zeit fühlte sie sich immer sehr dumm und minderwertig, glaubte sich auch von den anderen Familienmitgliedern in diesem Sinne behandelt. In der Pubertät trat eine auffallend starke Ablehnung gegen alles sexuelle Interesse auf. Von allem Geheimnisvollen, das ihre Kameradinnen miteinander zu besprechen hatten, wollte Patientin nichts hören. Sie zeigte nur Interesse für Geistiges, für Literatur usw. In der Ehe war sie frigid. In der Analyse kam ihr der Wunsch, einen Beruf zu haben, was für sie bedeutete, männlich zu sein. Ihre Minderwertigkeitsgefühle verboten jedoch jeden realen Versuch, zu einem solchen zu gelangen. Die Analyse war bis dahin glänzend vorwärts gegangen. Patientin hatte eine Eigentümlichkeit, sie erinnerte wenig, agierte dafür um so mehr. Neid und Eifersucht, der Wunsch, die Mutter zu beseitigen, wiederholten sich in der Übertragung auf die mannigfaltigste Weise. Nachdem diese Position durchgearbeitet war, trat ein neuer Widerstand auf; hinter diesem ließen sich intensive homosexuelle Liebeswünsche aufdecken, die sich auf meine Person bezogen. Jetzt fing auch diese Patientin an, auf recht männliche Weise um meine Liebe zu werben. Die Perioden dieser Liebeserklärungen, in denen sie sich in Träumen und Tagesphantasien immer mit einem männlichen Gliede ausstattete, fielen immer zusammen mit einer aktiven Haltung im realen Leben. Sie wechselten aber ab mit Perioden eines völlig passiven Benehmens. Dann konnte Patientin wieder gar nichts, alles mißlang ihr, sie litt unter ihrer Minderwertigkeit und wurde von Schuldgefühlen gequält. Sie mußte sich also jedesmal, nachdem sie sich die Mutter erobert hatte, selbst kastrieren, um ihre Schuldgefühle loszuwerden. Bemerkenswert war auch das Verhalten der Patientin in bezug auf die Masturbation. Vor der Analyse hatte sie bewußt nie onaniert, während derselben fing sie an, an der Klitoris zu masturbieren; anfänglich war diese Onanie von starken Schuldgefühlen begleitet. In späteren Zeiten, in welchen ihre auf den Vater gerichteten Liebeswünsche am intensivsten geäußert wurden, ließen die Schuldgefühle nach; dafür trat dann die Befürchtung auf, die Onanie könnte sie körperlich schädigen, dieselbe „schwäche ihre Genitalien". In dem Stadium ihrer Verliebtheit in mich trat das Schuldgefühl von neuem auf, die Masturbation wurde unterlassen, denn die obengenannte Befürchtung wurde ihr zur Gewißheit. Diese Schwächung des Geschlechtsorganes war ja eben die Kastration. Die Patientin schwankte also wiederholt zwischen einem hetero- und homosexuellen Verliebtsein hin und her, tendierte zur ersten Liebesbeziehung, zur Mutter, zurück und versuchte in diesem Stadium die Kastration zu verleugnen; dafür mußte sie aber auf die Onanie und auf sexuelle Befriedigung überhaupt verzichten. Beim Manne war sie unbefriedigt, weil sie eigentlich Mann sein wollte, um die Mutter besitzen zu können.

In den beiden angeführten Fällen war es also klar, daß hinter der positiven Ödipuseinstellung der Frau eine in der Analyse später sich zeigende, also in der Entwicklung früher erlebte negative Ödipuseinstellung mit der Mutter als Liebesobjekt aufzudecken war. Ob dieser Entwicklungsgang ein typischer ist, läßt sich aus der Beobachtung zweier Fälle natürlich nicht mit Sicherheit behaupten. Ich wäre geneigt, auch bei anderen Patientinnen eine ähnliche Vorgeschichte des positiven Ödipuskomplexes anzunehmen, habe jedoch aus deren Analysen noch nicht genug Material sammeln können, um das einwandfrei feststellen zu können. Das weit zurückliegende Stadium der negativen Ödipuseinstellung wird natürlich erst nach weit fortgeschrittener Analyse erreicht. Bei einem männlichen Analytiker mag sich vielleicht diese Periode sehr schwer aufdecken lassen. Die weibliche Patientin kann doch die Konkurrenz mit dem Vater-Analytiker sehr schwer aufnehmen, so daß möglicherweise eine Behandlung unter diesen Bedingungen nicht über die Analyse der positiven Ödipuseinstellung hinausgehen kann. Die homosexuelle Tendenz, die wohl in keiner Analyse vermißt wird, mag dann bloß als späte Reaktion auf die am Vater erlebte Enttäuschung imponieren. In unseren Fällen jedoch war dieselbe deutlich eine Regression auf eine frühere Phase, welch letztere uns die großartige psychische Bedeutung des Penismangels für das Liebesleben der Frau verständlicher machen konnte.

Ich weiß nicht, ob sich in Zukunft herausstellen wird, daß meine obigen Ausführungen bloß die Erklärung für den Entwicklungsgang des Liebeslebens meiner beiden Patientinnen geben. Unmöglich erscheint es mir nicht, daß ihnen eine allgemeinere Bedeutung zugeschrieben werden könnte. Nur die Sammlung weiteren Materials wird in dieser Frage eine Entscheidung bringen können.

Lillian Rotter

Zur Psychologie der weiblichen Sexualität (1934)

Neuerlich wurde die weibliche Sexualität von *Freud* und auch von anderen, hauptsächlich weiblichen Analytikern, zum Gegenstand ihrer Forschung gemacht. Während man aber früher vor allem die Analogien zu dem aus Männeranalysen erbrachten Material herauszufinden sich bemühte, scheint jetzt eher der Unterschied in der Entwicklung der beiden Geschlechter im Mittelpunkt des Interesses zu stehen.

Freud hat in seiner letzthin erschienenen Mitteilung „Über die weibliche Sexualität" über das Ergebnis der bisherigen Forschungen berichtet und seinen Standpunkt hierzu formuliert. Nach *Freud* sind für die Entwicklung der weiblichen Sexualität besonders zwei Momente von großer Bedeutung:

Erstens: Warum und wie wechselt das Mädchen ihr erstes Liebesobjekt?

Zweitens: Wie wechselt die weibliche Libido ihre Richtung, d. h. wie und warum wird aus der aktiven, auswärts gerichteten Klitorisphase das passive, zum Aufnehmen geeignete vaginale Stadium?

Meine Beobachtungen zu diesem Fragenkreis liefern vielleicht einen kleinen Beitrag zur Klärung einiger noch dunkler Punkte.

Warum und wie wechselt das kleine Mädchen ihr erstes Liebesobjekt, d. h., wie verläßt sie die Mutter, und was führt sie zum Vater und damit zum anderen Geschlecht?

Wie stark auch immer die erste Bindung an die Mutter ist, und mag diese auch noch so lange aufrechterhalten werden, so ergibt sich doch im Leben des kleinen Mädchens oft Gelegenheit, in seiner Liebe zur Mutter enttäuscht zu werden: so bei der Entwöhnung, bei der Reinlichkeitserziehung; auch der Neid auf die Geschwister und das Verbot der Masturbation geben Grund zur Auflehnung, doch spielen alle diese Momente auch beim Knaben dieselbe Rolle, ohne aber die Liebe zur Mutter so stark zu trüben oder gar den Haß gegen die Mutter zu entfachen, wie es doch beim Mädchen so oft der Fall ist. *Freud* erklärt dies so, daß der

Knabe die Haßkomponente seiner Ambivalenz bei dem Vater unterbringt und so die Mutter unambivalent lieben kann; doch liegt die Frage nahe, warum dies beim Mädchen nicht ebenso der Fall ist. Das spezifisch weibliche Trauma des Geschlechtsunterschiedes, auf das das Mädchen oft mit der Anklage reagiert, die Mutter habe sie verkürzt, trägt zur Abwendung von der Mutter sicher viel bei.

Ohne auf diese oft beschriebenen und viel umstrittenen Momente weiter einzugehen, will ich das Interesse auf eine viel weniger gewürdigte Erscheinung lenken: auf den *Unterschied im Betragen der Mutter gegen ihre Tochter und ihren Sohn*.

Auf Schritt und Tritt bekommen wir den flehentlichen Wunsch gravider Frauen zu hören: ihr Kind möge doch ein Junge werden! Dieselben Frauen pflegen zumeist ihre Enttäuschung — ja oft sogar Kränkung —, wenn es doch *nur* ein Mädchen geworden ist, gar nicht zu verheimlichen. Nun ist es ganz unwahrscheinlich, daß bei solchen Müttern bei der Kinderpflege und beim Erziehen des Kleinkindes — diesem großen Geduldspiel — die Enttäuschung bei der Geburt eines Mädchens, oder im Falle eines Knaben der Stolz und das Vergnügen nicht zum Ausdruck kommen sollte. Vielleicht sind unsere weiblichen Kranken oft im Recht mit ihren, wenn auch manchmal paranoid betonten Anklagen: die Mutter hätte sie nicht oder weniger geliebt als den Bruder. Vieles, was ich in dem Kinderambulatorium gehört habe, sowie Erfahrungen aus Analysen haben meine Aufmerksamkeit in diese Richtung gelenkt. Doch habe ich auch in der analytischen Literatur vergeblich Fälle zur Bestätigung einer so auffallenden Verwöhnung — besonders analer Natur — des Mädchens gesucht, wie ich sie aus den Analysen männlicher Patienten erfahren konnte, besonders im Falle des einzigen Kindes oder in der Geschichte des Sohnes einer Witwe oder der sonstwie verlassenen Frau. Ein 18jähriger Patient z. B. erzählte mir, daß er bis zum 10. Jahre nicht aufs Klosett gehen durfte; da die Mutter ihn vor Erkältung schützen wollte, erledigte er seine Notdurft nur im Zimmer auf dem Nachtgeschirr. Ein anderer Kranker, der einzige Sohn einer in der Ehe unglücklichen Mutter, schlief bis zum achten Jahre bei der Mutter im Bett und die Mutter schien der Umstand gar nicht zu stören, daß der Knabe Bettnässer war. Dies wurde vor dem Vater verheimlich und kam zwischen Mutter und Sohn nie zur Sprache. Der Sohn fand es ganz natürlich, daß die Mutter mit ihm im nassen Bett schlief. Bei demselben Patienten fand die Defäkation auch recht umständlich, zumeist auf dem ins Bett gestellten Nachttopfe statt, wobei die Mutter ihm Märchen oder Witze erzählte.

Ähnliches haben wir bei Knaben oft gehört, bei Mädchen aber scheint eine derartige Verwöhnung nicht vorzukommen.

Die Selbstanklagen und der gegen die eigene Person gerichtete Tadel der weiblichen Kranken — die Kranke findet sich häßlich, klein, schwach — hängen meistens mit dem Penismangel zusammen, doch stellt es sich oft heraus, daß die Kleine diese Klagen *zuerst* von der Mutter gehört hatte, wie das bei einer Kranken der Fall war, deren Mutter beim Baden der kleinen Tochter immer lamentierte, wie klein, schwarz und häßlich ihr kleines Mädchen doch sei! Ihren Sohn aber bewunderte sie stets.

Die Verachtung, so wie das aggressive, ungeduldige Benehmen dieser Mütter ihrem Töchterchen gegenüber — dessen vielfache Determinierung ich jetzt nicht besprechen will —, kann viel dazu beitragen, im Kinde gleichfalls aggressive, haßerfüllte Gefühle gegen die Mutter zu erwecken und so die Bindung an die Mutter zu lockern.

Das kleine Mädchen bemerkt früher oder später beim Bruder, Gespielen oder Vater das männliche Genitale und verfällt dem Penisneid. *Freud* bespricht in seiner oben erwähnten Mitteilung den Penisneid, sowie dessen verschiedene Folgen. Neben dem Penisneid, vielleicht noch vor demselben, verläuft eine andere, weniger auffallende Erscheinung, die ich ausführlicher beschreiben möchte, da ich glaube, daß sie auf die weitere Entwicklung des Weibes einen großen Einfluß übt. Diese Erscheinung klärte sich im Verlaufe gemeinsamer Arbeit (Kontrollanalysen) mit *Dr. I. Hermann* und dabei wahrgenommener Beobachtungen, zu deren weiterer Verfolgung mich Doktor *Hermann* ermunterte.

In der Zeit der infantilen sexuellen Neugier nehmen die Kinder an exhibitionistischen Spielen teil, deren Zweck in erster Linie unzweifelhaft das gegenseitige Beschauen und Untersuchen der Genitalien ist. Das Doktorspiel oder Papa-Mama-Spielen führt die Kinder dann oft zur mutuellen Onanie, und so kann das kleine Mädchen in die Lage kommen, ein neues Phänomen zu bemerken,

d. i. die Erektion des Penis bei ihrem Bruder oder Kameraden, und das nicht selten unter Umständen, die es folgern läßt: *Diese Veränderung = Erektion hätte es selbst verursacht.*

Im Laufe der Analyse tauchte bei einer Patientin eine längst vergessene Erinnerung auf, die für derlei Situationen vielleicht typisch ist. Diese Erinnerung lautete: sie sieht sich mit ihrem Brüderchen im Bette liegen, sie sind allein im Zimmer, die Mutter ist ausgegangen. Sie berührt im Spiele den Penis ihres Bruders; plötzlich befällt sie große Angst, sie weint und schreit, doch kommt niemand zu Hilfe, da kriecht sie aus dem Bette und klettert auf einen Stuhl, um mit der Hand die an den Türpfosten genagelte heilige Rolle (die Mesuse der Juden) zu berühren. Ihr Vater hat sie manchmal dazu hochgehoben und behauptet, daß die Berührung dieser heiligen Schrift alles heile. Das wäre also eine Verführungsszene, die aber diesmal nicht der Verführte, sondern die kleine Verführerin selber berichtet. Diese Kranke hatte ihr ganzes Leben lang großes Schuldgefühl dem Bruder gegenüber; sie behauptete immer wieder, ihren Bruder zur Sünde verleitet und verdorben zu haben — doch rationalisierte sie diese Selbstanklagen immer nur mit den späteren, vollkommen asexuellen Wiederholungen dieser ersten Verführung, z. B. mit Verleitung zum Schulschwänzen, Herumstreichen usw.

Kinder, die viel alleingelassen werden, vielleicht auch solche unter Aufsicht, können oft in ähnliche Lage kommen. Schon das von der Mutterbrust kaum entwöhnte Mädchen kann sich vom Penis des Bruders oder Gespielen vielleicht in gleicher Weise angezogen fühlen, wie ich das bei einem kleinen Knaben beobachten konnte. Dieser war gerade in der Entwöhnungszeit und sehr übel gelaunt. Die Mutter zeigte mir, wie das Kind aufzuheitern sei; sie trug es zu der hängenden Klingelschnur, nach der der Kleine gleich lachend haschte. Die Mutter erzählte, er greife nach jedem hängenden oder baumelnden Gegenstand; sicherlich sucht er die Mutterbrust. Möglicherweise kann das Interesse des kleinen Mädchens auch schon sehr früh von ähnlichen Gefühlen geleitet zum Penis geführt werden und es so zur Verführerin machen.

Das kleine Mädchen reagiert nun auf diese von ihm verursachte Erektion in einer ganz unvorhergesehenen Weise. Da die Kleine am Penis diese Veränderung hervorgebracht hatte — durch

Berührung, magische Gebärden = Exhibition, oder was noch zauberhafter ist, durch ihr lediglichstes Dasein —, phantasiert sie nun: *Der Penis gehöre ihr.* Wahrscheinlich verspürt sie gleichzeitig selber auch die Erektion der Klitoris und vielleicht mag eben dies den Anlaß dazu geben — daß nämlich ihr eigenes Gefühl an einem Stück Außenwelt eine so auffallende Veränderung hervorbringt —, daß die Kleine dieses *Stück Außenwelt als etwas zu ihrem Ich Gehöriges betrachtet.* Diese Phantasie stützt sich vermutlich auf die Analogie der Mutterbrust-Säugling-Einheit, ist doch die Penis-Brust-Ähnlichkeit und die Gleichsetzung beider im Unbewußten ein täglicher Befund der Analyse *(Stärcke).*

Das kleine Mädchen kann sich also unter gewissen Umständen vorstellen, daß ein Organ, welches zwar an anderen Personen zu erblicken ist, doch in seinen Wirkungskreis, in sein Ich hineingehört. Der Penis ist eine Art Maschine, die sie steuert, wie sie ja auch ihre Füße in Bewegung setzen kann oder ihre Klitoris in Erregung bringt. Der Penis wäre also eigentlich das sichtbare Vollstreckungsorgan ihrer Gefühle oder ihres Willens.

Aus einer Analyse, bei der ich Gelegenheit hatte, diese Phantasie und ihre Folgen kennenzulernen, greife ich den Traum heraus, der vielleicht geeignet ist, die besagten Umstände näherzubringen.

Die Kranke träumte: *Sie sitze in einem Auto und könne gar nicht vorwärts kommen; endlich bemerkt sie, daß der Vorderteil des Autos, der Motor samt dem Chauffeur fehlt. Sie fühlt große Angst und Hilflosigkeit im Traum.*

Die Analyse der Kranken beschäftigte sich zur Zeit des Traumes mit jenen Ängsten, die in einer früheren Lebensperiode aufgetreten waren als sie, nach dem Bruch einer Liebesbeziehung, zuerst bemerkte, daß die Männer sich nicht mehr um sie bemühten, daß sie keinen Einfluß oder keine Wirkung mehr auf die Männer auszuüben vermochte. Diese Entdeckung hatte auf sie einen überwältigenden Eindruck; das bisher selbständige, fleißige Mädchen fühlte sich jetzt ohnmächtig und schwach, konnte nicht mehr arbeiten und weiterkommen — gerade wie im Auto-Traum: Motor-Chauffeur; das heißt der Mann hatte sich vom Auto — ihrem Körper — abgelöst.

Die Angst und das Gefühl der Ohnmacht hatten bei der Kranken eine eigentümliche, mit ihrer moralischen und ästhetischen Auffassung nicht im Einklang stehende Veränderung des Betragens hervorgebracht. Auf der Gasse oder in der Straßenbahn bekam sie das zwanghafte Bedürfnis, jedem Mann in die Augen zu schauen, und wenn sie einen Bekannten traf, ihn so lange anzustarren, bis er sie grüßte oder ansprach. Trotz hartem innerlichem Kampfe trug der Zwang zumeist den Sieg davon, und sie betrug sich oft wahrhaft dirnenmäßig: das sonst so wählerische Mädchen suchte jetzt ohne individuellen Unterschied *nur den Mann*.

Dieses Zwangs-Dirnentum erinnert stark an jene Zwangs-Don-Juanerie, mit der mit Impotenzfurcht kämpfende Männer sich und der Welt immer wieder beweisen möchten, daß ihrer Potenz nicht das Mindeste fehle, im Gegenteil! Bei meiner Kranken schwanden diese Impotenzgefühle und das hiermit zusammenhängende auffallende Betragen sogleich, als es ihr gelang, einen Mann zu erobern und an sich zu fesseln. Sie selber war in ihn nicht verliebt, doch sie hatte sich ihren Penis verschafft, und dadurch gewann sie ihr Selbstvertrauen und ihre Ruhe zurück.

Die Entdeckung des kleinen Mädchens von ihrer Wirkung auf das andere Geschlecht muß nicht unter so deutlich sexuellen Umständen erfolgen, wie wir es in der Verführungsszene mit dem kleinen Bruder geschildert haben. Schon das 2—3 Jahre alte kleine Mädchen kann aus verschiedenen Zeichen herausfühlen, daß Vater, Großvater oder Bruder sich mit Interesse ihr zuwenden. Da ist z. B. der morgendliche Besuch der Kinder in dem Bette der Eltern, das Sitzen oder Reiten auf den Knien des Vaters und ähnliche Spiele mehr, während denen der Vater, Großvater oder Gespiele wahrscheinlich die *libidinöse* Färbung seiner Liebe oft verraten wird. Die Kleine kann bald beobachten, daß ihre körperliche Nähe beim Vater oder Großvater verschiedene Zeichen der Freude oder Erregung hervorbringt: lautes Lachen, Erröten, leuchtende Augen — all das gilt ihr. Bei gesunden, ungehemmten kleinen Mädchen können wir ja immer sehen, wie offenkundig sie sich darum bemühen, beim Vater oder auch anderen Männern solche Wirkungen zu erzielen.

Ich glaube, daß dies der Weg ist, der das in der Beziehung zur Mutter schon oft enttäuschte kleine Mädchen zum Vater oder Bruder — d. h. zum anderen Geschlecht führt.

Hier ist aber das Verhältnis des kleinen Mädchens zum Vater sicher *nicht passiv*, sondern ausgesprochen *aktiv*. Die Phantasie „mein Penis ist der Vater oder Bruder und ich kann damit tun, was ich will", ist so ähnlich zu verstehen, wie das Verhältnis des Menschen zur Maschine — scheinbar macht die Maschine alles, doch ist der Mensch am Steuer trotz seiner Ruhe der aktive Teil. Das kleine Mädchen bringt schon in dieser Phantasie etwas zum Ausdruck, was es dann im Laufe seines Lebens oft wiederholt: das Weib ist die Anstifterin, der Mann ist der Vollstrecker.[1]

So wäre es vielleicht möglich anzunehmen, daß die weibliche Libido, wie jeder Trieb, immer *aktiv bliebe;* und zwar eine starke Anziehungskraft oder Ansaugkraft auf den Penis ausübe, um ihn in den weiblichen Körper hineinzuziehen und so die Phantasie, daß dieser Penis eigentlich auch zum weiblichen Körper gehöre, endlich im Koitus zu realisieren.

Diese Phantasie ist gut im Einklange mit dem oft beschriebenen analytischen Befunde, daß weibliche Kranke so hartnäckig im Unbewußten daran festhalten, daß sie einen Penis haben. Doch konnten wir nicht klar verstehen, wie und wo sie ihn eigentlich haben? Vielleicht ist die Antwort darauf: mein Penis ist am Vater oder Bruder — gehört aber trotzdem mir. *Der Verlust des Vaters,* oder im allgemeinen *des Mannes, wäre für das Weib die eigentliche Kastration,* wie im Auto-Traum: vom Auto = eigenem Leibe fehlt der Motor-Chauffeur = Penis-Mann.

In dieser Weise wird auch die beim Liebespartner auftretende Impotenz vom Weibe als *eigene* Impotenz aufgefaßt — die Frau kann *ihren* Penis nicht in Erektion bringen. Wahrscheinlich reagieren die meisten Frauen eben darum so außerordentlich narzißtisch auf die Impotenz des Mannes.

Das hier beschriebene Phänomen führt zur *normalen Entwicklung* des Weibes. Das kleine Mädchen sagt sich von der Mutter los und gibt die Klitorisonanie auf, vielleicht nicht nur darum, weil diese es nicht befriedigt (wir sehen ja oft bei pathologischen Fäl-

---

[1] Ich weiß nicht, ob es zu gewagt wäre zu denken, daß das Wort Anstiften: den Stift ansetzen, anstecken — etwa: „den Penis in Erektion bringen" bedeuten könnte. Das ungarische Wort *„fellbujto"* heißt ebenso wie im Deutschen Anstifter, auch Aufreger, Aufwiegler.

len, daß nur die Klitorisonanie volle Befriedigung gewährt) —, sondern weil eine neue und größere Befriedigung, bei manchen Frauen die größte Befriedigung, darin gefunden wird, den Penis in Erektion zu bringen, zum Koitus zu verführen, d. h. Liebe zu erwecken.

Der typische weibliche Tagtraum vom Manne, der für sie zu allem bereit ist, enthält diesen Wunsch verhüllt. Von Mädchen in der Pubertät kann man aber erfahren, daß sie ganz bewußt im geheimen allerhand Versuche anstellen, um bei den Männern Erektion zu erwecken und diese dann zu beobachten.

Das Mittel (oder Zaubermittel?) zur Verführung ist vor allem die *Exhibition*; sie ist das magische Zeichen, welches den Penis-Mann in Erregung versetzen kann — kulturell abgeschwächt ist es die Koketterie.

Ich möchte hier auch etwas darüber sagen, was der Mann eigentlich von alldem fühlt und wie er auf diese Verführung reagiert. Ich glaube, er fühlt es so, wie es ist, er spricht es auch aus, alle Männer-Analysen wimmeln von Verführungsanklagen gegen das Weib, doch wurde dies viel zu oft als Projektion der Wünsche des Kranken gedeutet.

Der kleine Knabe fühlt zweifellos, daß mit ihm ohne sein Dazutun, ja entgegen seinem Willen, etwas geschieht. Das Weib, das mit seiner Berührung, seiner Nähe, ja durch sein bloßes phantasiertes Bild eine Erektion erregen kann — das ist die zauberhaft-unheimliche Wirkung, die im Märchen und Mythos, in Dichtung und Geschichte immer wiederkehrt: die Hexen und Nixen, Feen, Sirenen, das dämonische Weib — kulturell abgeschwächt ist es der Sex-appeal.

Bei Knaben in der Pubertät habe ich in der Analyse erfahren können, mit welcher Wut und Verzweiflung sie sich dieser Wirkung zu erwehren versuchen: ein Kranker fürchtete besonders die in der gedrängten Straßenbahn fast unausweichlichen Berührungen mit Frauen, die dann bei ihm eine Erektion verursachten.

Das Geheimnisvolle im Weibe, die Sphinx, bringt *K. Horney* in ihrer letzten Arbeit mit dem Mysterium der Mutterschaft in Verbindung; doch mag noch ein Umstand mitwirken, den ich an männlichen Kranken beobachten konnte. Der Knabe sucht beim Mädchen oder Weibe vielleicht auch darum immer wieder den

Penis, weil er sich Beweise verschaffen möchte, daß auch er verführen oder erregen kann. Wäre es nicht möglich, daß hinter den Anklagen, das Weib könne nicht lieben, sei verlogen, sei unergründlich — letzten Endes der Zweifel stecke, den ein Knabe in der Analyse mit den Worten aussprach: „Womit fühlen eigentlich die Frauen, oder können die überhaupt fühlen?" — nämlich, wenn sie keinen Penis haben und er so bei ihnen keine Gefühle = Erektionen sehen kann. Vielleicht dient die männliche Exhibition, als Perversion, eben diesem Zwecke, bei dem Weibe *doch* eine sichtbare Veränderung zu erreichen; kann man auch bei ihnen keine Erektion zu sehen bekommen, so gelingt es doch, sie durch die Exhibition zum Erröten, Erschrecken, zur Empörung oder Wut zu bringen, also doch Erregung zu erreichen.

Ich weiß nicht, ob die männlichen Patienten dem männlichen Analytiker gegenüber jemals eine so ganz außerordentlich starke Furcht an den Tag legen, wie es die ist, gegen die wir weiblichen Analytiker anzukämpfen haben. Manchmal hilft uns da auch die größte Passivität nicht: der Kranke fürchtet uns, weil wir eben da sind, unser bloßes Weibsein. Da kam mir die Einsicht, von welch wahrer Einfühlung die Frauen im Leben geleitet werden, wenn sie sich *passiv stellen* und damit ausdrücken wollen: schau, ich bin ja die Schwache, ich fliehe dich; du bist der Starke, der Verführer — fürchte mich nicht! Das ist auch die beste Art, um die Furcht des Mannes vor der Frau zu beschwichtigen. Die Männer lieben demgemäß meistens eigentlich nur die sich verweigernde, sie fliehende — also die weniger gefährliche Frau.

Diese Furcht des Mannes vor der Frau wird uns vielleicht etwas verständlicher, wenn wir bedenken, daß sich der Mann, wenn er seine sexuellen Wünsche befriedigt, in narzißtischer Hinsicht bedroht fühlt; muß er auch am Koitus nicht sterben, wie manche Tiere, so muß er doch sein Sperma, sein Geld, seine Freiheit opfern. Demgegenüber glaube ich, daß die Frau im sexuell-genitalen Leben gleichzeitig ihre narzißtischen Wünsche befriedigt: sie verschafft sich den Penis, das Sperma, das Kind, und erlebt also wirklich die Vergrößerung ihres Körpers und ihres Wirkungskreises.

Lassen Sie mich das Gesagte in Kürze zusammenfassen.

Das durch die Mutter enttäuschte kleine Mädchen versucht seine Libido anderweitig unterzubringen, dabei kommt ihm das beim Vater, Bruder oder Gespielen beobachtete Entgegenkommen zu Hilfe. Die Wirkung, die sie auf das andere Geschlecht ausübt, erweckt in ihr die Phantasie, daß der Penis des anderen ihr gehöre, d. h. daß der andere ihr gehöre; sie kann mit ihm etwas tun, ihn in Erregung bringen, an sich ziehen, an sich binden. Damit verläßt das Mädchen das erste Liebesobjekt, die Mutter, und gibt die Klitorisonanie auf, d. h. geht zu einer neuen Lustgewinnung über, nämlich zu der, welche die Kleine fühlt, wenn sie den als eigenen betrachteten Penis in Erregung versetzen kann. Das Endziel ihrer Verführung ist, diesen Penis sich wirklich zu eigen zu machen, ihn in sich aufzunehmen, was ihr ja im Koitus und im Kinde auch wirklich gelingt.

Die Frage lasse ich offen, ob wir nach all dem beim Weibe von wahrer Objektbesetzung sprechen dürfen oder ob bei jedem Weibe mehr oder weniger das zu Recht besteht, was *Freud* schon in der Schrift „Zur Einführung des Narzißmus" von einem besonders anziehenden Frauentypus ausgesprochen hat, daß nämlich diese Frauen ihren Narzißmus nie ganz aufgeben, sondern wirklich nur sich und ihren Sohn, der ja Penis und gleichzeitig auch ein Teil ihres Körpers ist, lieben können. Die übermäßige Liebe der Mutter zu ihrem Sohne und ihr großes Bestreben, den Sohn an sich zu fixieren — ein sehr allgemeiner Vorgang —, verweist jedenfalls auf narzißtische Quellen.

Der Ausgang des ersten Verführungsversuches des kleinen Mädchens scheint auf die spätere sexuelle Entwicklung großen Einfluß zu haben: so die Erfolglosigkeit oder starke Belastung mit Schuldgefühlen. Wenn das Mädchen sich den Beweis seiner Anziehungskraft nicht verschaffen kann, wenn es den Mann nicht bekommen kann, oder ihn nicht zu behalten vermag, oder ihn sich nicht zu gewinnen getraut, — dann erst fühlt sich die Kleine kastriert, dann kehrt sie zur Mutter zurück und damit zur Klitorisonanie und versucht, *selber* Mann zu werden.

Die Frau aber, die sich ihrer Wirkung auf die Männer sicher fühlt, diese Frau, der doch im sexuell-generativen Leben eine so große Rolle zukommt (Schwangerschaft, Geburt, Laktation, Kinderversorgung und Erziehung), kann sich schwerlich kastriert und minderwertig fühlen.

Edith Jacobson

Wege der weiblichen Über-Ich-Bildung (1937)

Wiederholt hat sich Freud zu der Ansicht bekannt, daß das weibliche Über-Ich — im Durchschnitt —, an dem des Mannes gemessen, unselbständig, unstabil, also ziemlich schwach organisiert sei (Freud, 1925). Auch in der letzten Arbeit „Über die weibliche Sexualität" äußert sich Freud in diesem Sinne; einleuchtend motiviert er die unvollkommene Ausbildung der weiblichen Gewissensinstanz mit dem andersartigen Verlaufe des weiblichen „Kastrationskonfliktes". Da das kleine Mädchen der eigentlichen „Kastrationsangst", also des stärksten Antriebsmomentes zur Überwindung des Ödipuskonfliktes und zur Errichtung eines Über-Ichs, entbehrte, der Liebesverlustangst nicht dieselbe dramatische Bedeutung zukomme wie der Kastrationsangst des Jungen, vollziehe sich der Abbau der weiblichen Ödipuswünsche nur langsam und unvollständig und hinterlasse kein stabiles Über-Ich als Erben des Komplexes (Freud, 1931).

Das Studium des weiblichen Charakters wie Erfahrungen der psychotherapeutischen Klinik scheinen diese Auffassung zu bestätigen. Bekannt ist z. B. das viel häufigere Vorkommen der Zwangsneurose beim Mann und der Hysterie bei der Frau. Nur wird man sich fragen müssen, wie es möglich sei, daß die Krankheit, die von der unerbittlichen Strenge des Über-Ichs beherrscht ist, die Melancholie, überwiegend das weibliche Geschlecht befällt.

Vollends stutzig wird man, wenn man bei der Behandlung von Frauen, deren Über-Ich schwach und anlehnungsbedürftig, deren Maßstäbe der Umwelt entlehnt und schwankend erscheinen, plötzlich Durchbrüche eigener grausamer Über-Ich-Forderungen erlebt, die bisher abgewehrt waren. Solche Fälle zwingen zur Vermutung, daß die Wege der weiblichen Über-Ich-Bildung komplizierter sein mögen, als wir gemeinhin annehmen.

Ähnlich wie in den Neurosebildern im allgemeinen zeigt sich im Laufe der letzten Jahrzehnte auch ein gründlicher Wandel der seelischen Struktur der Frauen aller Schichten, der sowohl in ihrem Liebesleben als auch in ihrer Ich- und Über-Ich-Organisation zum Ausdruck kommt.

Mag es fraglich sein, ob die Häufigkeit der totalen Frigidität abnimmt: deutlich ist eine Tendenz zur Ausweitung des früher recht eingeengten weiblichen Liebeslebens, ebenso deutlich gibt es Ansätze zum Aufbau eines an Sublimierungen reicheren Ichs wie eines unabhängigeren, stabileren — nicht etwa strengeren — Über-Ichs.

Diese Entwicklungen haben ihre Wurzel natürlich in Vorgängen gesellschaftlicher Natur, deren Erörterung nicht in unseren Bereich fällt. Jedenfalls müssen die Umbruchsprozesse, die nicht in allen Ländern gleichmäßig und gleichwertig verlaufen, mit der Loslösung der Frau aus alten Gebundenheiten eine charakteristische Neuprägung des weiblichen Wesens zur Folge haben, die nicht einfach mit einem Schlagwort wie etwa „Vermännlichung der Frau" zu fassen ist.

Gewiß kann man sagen, daß sich die moderne Frau die männlichen Vorrechte einer expansiveren Sexualität aneignen möchte, daß sie mit dem Eindringen in das Berufsleben kulturelle Sublimierungen erstrebt, die früher dem Mann überlassen waren, und daß sie eigene kritische Instanzen und Ich-Ideale entwickelt, wie wir sie bei der Frau früherer Zeiten nicht gewohnt waren. Sicher ist auch, daß die Frauenemanzipation in den „heroischen Typen", wie sie Marianne Weber (1918) nannte, zunächst eine Generation „männlicher" Frauen hervorgebracht hat. Allein es fragt sich, ob der weibliche Fortschritt letzthin in die phallische Entwicklungsrichtung führt. Wir würden eine solche Deutung für verfehlt halten.

Erinnern wir uns der Arbeit von Sachs „Über einen Antrieb bei der Bildung des weiblichen Über-Ichs" (1928). Der von Sachs dargestellte orale Typ mit mißlungener Über-Ich-Bildung war unter den Frauen der vorigen Generation sehr häufig anzutreffen. Beim anderen Fall, in dem ein selbständiges Über-Ich entwickelt war, handelte es sich um eine moderne, berufstätige, jedoch nicht unweibliche Frau mit gesundem weiblichen Liebesleben.

Notwendig ist jedenfalls, bei einer Untersuchung des weiblichen Über-Ichs die Uneinheitlichkeit des weiblichen Persönlichkeitsbildes unserer Zeit zu berücksichtigen.

Will man die Wege der weiblichen Über-Ich-Bildung genauer verfolgen, so wird man sich zuerst mit dem Problem der weiblichen „Kastrationsangst" auseinandersetzen müssen, das, wie wir anfangs hervorhoben, für das Verständnis der Über-Ich-Bildung bestimmend ist.

Ist es richtig, daß das weibliche Kind überhaupt keine „Kastrationsangst" wie der Knabe entwickelt?

Dem scheint die Tatsache zu widersprechen, von der Radó in seinem Buch über „Die Kastrationsangst des Weibes" (1934) ausgeht, daß auch im weiblichen Seelenleben mindestens Abkömmlinge einer „Kastrationsangst" nachweisbar sind. Aber die Auffassung Radós, der hinter der Kastrationsangst des Weibes ausschließlich die nach außen projizierte Angst vor der masochistischen Triebgefahr sieht, befriedigt uns nicht. Eindeutig hat uns das Studium erwachsener Frauen wie die Beobachtung des Kleinkindes davon überzeugt, daß es — wie schon andere Autoren dargestellt haben (vgl. z. B. Horney, 1926) — auch beim kleinen Mädchen eine ursprüngliche Angst vor körperlicher, speziell genitaler Beschädigung gibt. Zum Unterschied vom Knaben beherrscht sie jedoch nicht die genitale Ödipusbeziehung, sondern entfaltet sich schon im Verlaufe der präödipalen Mutterbindung, um in der folgenden Entwicklungszeit bestimmten Modifikationen zu unterliegen.

Melanie Klein ist der Ansicht, daß die tiefste Angst des Mädchens die vor der „Zerstörung" und „Beraubung" ihres Körperinnern ist, eine Vergeltungsangst auf Grund der gegen den Körper der Mutter gerichteten destruktiven Impulse (so z. B. Klein, 1931). Dieser richtige Befund ist aber erst auszuwerten, wenn man die Wandlungen dieses Angstinhaltes im Lauf der infantilen Triebentwicklung genauer verfolgt.

Die Angst, des Körperinnern beraubt zu werden, finden wir — beim Knaben wie beim Mädchen — in den ersten, von der Prägenitalität beherrschten Lebensjahren. In dem Maße, in dem sich die Genitalität des kleinen Mädchens in Klitorisonanie und phallischen Strebungen der Mutter gegenüber durchsetzt, konzentrieren sich auch die Strafängste auf das Genitalorgan und erreichen mit der Entdeckung des Geschlechtsunterschiedes ihren Höhepunkt. Diese führt das Mädchen im allgemeinen keineswegs sofort zu dem einfachen Schreckensurteil: „Ich bin also kastriert". Das traumatische Erlebnis ist gewöhnlich viel reicher und differenzierter, zeitlich viel ausgedehnter. Der peinlichen Feststellung folgt vielfach eine vermehrte Beschäftigung mit dem Genitale, häufig eine Zeit verstärkter Masturbation. Denn das erschrockene kleine Mädchen, das an einer normalen Genitalität zu zweifeln beginnt, versucht erst einmal, weiter zu glauben und sich z. B. durch Onanie und Genitalforschung Beweise dafür zu beschaffen, daß doch noch alles in Ordnung sei. Vermutungen und Tröstungen von derselben Art, wie sich auch der Knabe über den Eindruck des weiblichen Genitales hinwegzusetzen versucht, werden bekanntlich herbeigeholt: der Penis sei nur noch klein, er werde schon noch wachsen, — und vor allem: das Glied sei nur im Leibe versteckt, es werde schon herauskommen. Diese Vorstellung eines inneren unsichtbaren Gliedes, die an Introjektionen im Anschluß an Wünsche und Phantasien um das Leibesinnere der Mutter anknüpft, ist wohl regelmäßig anzutreffen und verschmilzt später mit Graviditätsphantasien. So wird bei Patientinnen im entsprechenden Behandlungsstadium ein demonstratives Vorwölben des Leibes nicht nur als Graviditätsdarstellung, sondern in tieferer Schicht als Zurschaustellung des im Leibe befindlichen Gliedes verständlich (vgl. Weiss, 1924). Die phantasierte Verlegung des Gliedes ins Körperinnere wandelt die Kastrationsangst wiederum in Angst vor Zerstörung dieses inneren Genitale. Sie steigert noch die phallischen und urethralen wie die exhibitionistischen Strebungen: Krampfhaft bemüht sich das kleine Mädchen, den innen vermuteten Penis mit dem Urinstrahl herauszupressen, um ihn vorzeigen zu können. Eine von männlichen Illusionen erfüllte Patientin hoffte z. B., daß man wenigstens nach ihrem Tode bei der Sektion endlich ihren verborgenen Penis freilegen würde.

Aber auch für die Entwicklung zur normalen Genitalität kann die Annahme eines inneren Gliedes eine günstige Vorbereitung sein. Davon später.

Vorläufig befindet sich das Kind etwa in der Angstsituation eines Menschen, der aus gewissen Symptomen schließt, er könnte von einer gefürchteten Krankheit befallen werden. Die Angst vor Beschädigung des illusionären inneren Penis verdichtet sich mit prägenitalen Körperbeschädigungsängsten. Wir konnten keinen prinzipiellen Unterschied gegenüber der inneren Situation des männlichen Neurotikers finden, bei dem sich ja auch neben Angst vor der Kastration Befürchtungen, schon kastriert zu sein, vorfinden. Solche weibliche „Kastrationsangst" kann den Anstoß zur Onanieabgewöhnung geben, um die sich nun das kleine Mädchen, mitunter nach einer Phase gesteigerter Genitalbestätigung, bemüht, wobei sie durch die zunehmende, der narzißtischen Kränkung entsprechende Entwertung des Genitales sehr unterstützt wird (Freud, 1931).

Es dauert oft ziemlich lange, bis die angstvolle Erregung jener Zeit umschlägt in eine Depression: Ausdruck dafür, daß sich die Überzeugung, genital beraubt zu sein, durchgesetzt hat. Jetzt erst setzt die aggressive Auflehnung des Kindes voll ein. Racheimpulse, Wünsche, das von der Mutter entrissene Organ wiederzubekommen, schießen auf, deren Versagung zur endgültigen Enttäuschung an der Mutter, zu ihrer Herabsetzung, zur Abwendung von ihr und zur Bindung an den Vater führt. Damit ist die Ödipusbeziehung eingeleitet.

Der Ansicht Melanie Kleins (1932), daß der Peniswunsch sich von vornherein den weiblichen Ödipuswünschen angliedere, können wir uns nicht anschließen. Weder die frühinfantile Gleichsetzung von Penis und Mamma noch das regelmäßige Vorkommen von Phantasien, sich das väterliche Glied aus dem Leibe der Mutter zu holen, sind zu bestreiten. Jedoch wird Kleins Auffassung den Einflüssen nicht gerecht, die die vorangegangene Erschütterung des weiblichen Narzißmus durch das Trauma des Kastriertseins auf die Ausgestaltung der weiblichen Ödipuseinstellung ausübt.

Die Beziehung zum eigenen Genitale gestaltet sich in der nächsten Zeit so, daß eine Entwertung des Genitalorgans erfolgt, die zur Frigidität disponiert und in Fällen, wo sie zu einem bestimmten reaktiven Narzißmus führt, das Zustandekommen einer Objektbeziehung zum Manne überhaupt gefährdet. Die Ausheilung der narzißtischen Wunde vollzieht sich weiterhin mit Hilfe von libidinösen Verschiebungen auf andere Körperteile oder das Körperganze; narzißtische Kompensationen wie die Ausbildung der weiblichen Tugendhaftigkeit, die wir später noch behandeln, oder die von Hárnik (1923) beschriebene Kultivierung der weiblichen

Schönheit, werden angebahnt, oder aber das verletzte Selbstgefühl wird durch Ausbildung „männlicher" Vorzüge auf anderem körperlichem oder geistigem Gebiete gestützt.

Entscheidend für das sexuelle Schicksal und den Wiedergewinn des genitalen Selbstgefühls und Empfindung ist aber, ob und wie der Ausbau der Liebesbindung an den Vater gelingt. Sie muß dem Mädchen helfen, auf ihr aggressiv-männliches Begehren allmählich zu verzichten, sich mit dem Fehlen des Gliedes abzufinden, die oralen Penisraubimpulse zu bewältigen und in vaginale Wünsche überzuführen.

Hat die weibliche Entwicklung diesen Weg eingeschlagen, so pflegen wir sie als normal zu bezeichnen, obwohl sie in einem bestimmten Prozentsatz der Fälle der Frau für die Zukunft zwar ein gesünderes weibliches Schicksal als etwa der phallisch Fixierten, aber doch keine größere sexuelle Genußfähigkeit verschafft. Helene Deutsch (1930) hat das Bild solcher frigiden, aber sonst ganz normalen weiblichen Frauen treffend beschrieben. Unleugbar ist die Geschlechtskälte derart verbreitet, daß es begreiflich ist, wenn auch Freud (1933 a) die Annahme vertrat, daß für die Frigidität in manchen Fällen ein anatomisch-konstitutioneller Faktor verantwortlich sein könnte. Wir sind — im Gegenteil — überzeugt, daß die Häufigkeit der Frigidität erlebnismäßig — d. h. bei der heute typischen Natur der entsprechenden Erlebnisse: gesellschaftlich — bedingt ist. Begünstigt von aktuellen Faktoren — wie Graviditätsängsten — ist sie im allgemeinen Folge einer unzureichenden Verarbeitung der Kastrationskonflikte, die, unterstützt vom Ödipusverbot, zu regressiver Besetzung phallischer und prägenitaler Positionen führte.

Ist doch die Situation des kleinen Mädchens nach dem Kastrationstrauma durchaus nicht dazu angetan, ihr das gesunde Selbstgefühl wiederzugeben. Keine hilfreiche Aufklärung macht das Kind mit der Existenz eines vollwertigen weiblichen Lustorgans vertraut, die Hoffnung auf ein zukünftiges Kind reicht als Trost für die Gegenwart nicht aus, und die soziale Höherschätzung des männlichen Geschlechtes sorgt dafür, daß sich die narzißtische Wunde nicht schließen kann.

So fanden wir auch bei Fällen, die eine relativ normale weibliche Position erreichten, daß die Vagina selbst da, wo sie später libidinös besetzt wurde, nicht wirklich das volle Äquivalent der sexuellen Kräfte vor dem Kastrationstrauma geworden war. Schuld daran trug die Abdrängung, die die weibliche Sexualität durch das Kastrationstrauma ins Masochistische erlitten hatte. Die Abwehr der wiederbelebten oralsadistischen Einverleibungswünsche hatte zum Verzicht nicht nur auf den Penis, sondern auf ein eigenes Genitalorgan überhaupt geführt. Das Glied wurde dem Mann — gleichsam als Sühne — abgetreten; nun konnte es an ihm geliebt und unzerstört erhalten und nur im Akt immer wieder empfangen werden, wie ehedem die Brust von der Mutter. War auch mit dieser Entwicklung die Erotisierung der Vaginalzone eingeleitet, so war trotzdem zunächst die narzißtische Entschädigung für das entwertete Genitale an Stelle der Vagina der väterliche Penis, bzw. das ganze ihm gleichgesetzte Liebesobjekt — der Vater also — geworden. Es hatte eine Verlegung der narzißtischen Besetzung vom eigenen Genitale weg auf das Liebesobjekt stattgefunden, was im Wechsel des Angstinhaltes einen Niederschlag fand: die Kastrationsangst konnte sich nach Annahme des eigenen Kastriertseins und Herstellung der Ödipusbeziehung regressiv mit der Liebesverlustangst verdichten. Statt der Einbuße des Gliedes wurde nun die des phallischen Liebesobjektes gefürchtet, zu dem sich also eine oral fundierte, narzißtische und häufig masochistische Liebeseinstellung etablierte. Nicht einmal sind Frauen mit solcher Sexualorganisation frigid. Wie wir schon erwähnten, kann dabei die Vagina durch Verschiebung der oralen Libidobesetzung nach unten im späteren Liebesleben zum Lustorgan werden. Die Frauen können dann, solange sie sich des Besitzes des geliebten Mannes sicher fühlen, vaginal empfinden und Orgasmus produzieren, reagieren aber auf die Gefährdung ihres Besitzes, an dem sie angstvoll haften, mit Frigidität, Vaginismus, pathologischen Depressionen. Auffallend ist auch, daß solche Frauen zwar im Koitus vaginal empfinden, oft aber — wie wir in vier Fällen beobachteten — vollständig onaniegehemmt sind. Da sie ja kein „eigenes" Genitale besitzen, benötigen sie zur sexuellen Reizung unbedingt des männliches Gliedes. Sie haben also, auch wenn sie im Koitus empfinden, im Grunde eine Scheingenitalität, indem sie das Genitale des Partners als das zu ihrem Körper gehörige empfinden. Solche Liebesbeziehungen sind durch

Identifizierungen mit dem Manne und seinem Gliede gekennzeichnet. Je weiter die masochistische Verarbeitung der oralen Aggressionen gegen den Mann gegangen ist bzw. je stärker die Raubimpulse gewesen waren, desto absoluter ist die Frigidität; die Erotisierung des rezeptiven Organs, der Vagina, wird dann überhaupt nicht mehr zugelassen.

Man wird mit der nötigen Vorsicht sagen können, daß die hier beschriebenen Mechanismen bei der normalen verheirateten Frau der vorigen Generation beinahe im Durchschnitt anzutreffen waren. In der heutigen Zeit aber finden wir — neben vielen phallischen Typen, auf die wir nicht eingehen — Ansätze zu einer vom libidoökonomischen Standpunkt gesünderen Entwicklung.

Der Kastrationskonflikt wird dann so ausgetragen, daß die raschere und direkte Findung des weiblichen Genitales den Verzicht auf das Glied ermöglicht und mit dem Glauben an den Besitz eines eigenen und vollwertigen Organs das weibliche Selbstgefühl wiederherstellt. Die libidinöse Besetzung der Vagina erfolgt dann nicht nur durch Verschiebung oraler Strebungen nach unten, sondern auch unmittelbar. Die Phantasien über einen inneren Penis bilden, wie wir schon andeuteten, eine Brücke bei der Bildung der symbolischen Gleichungen Penis = Vagina und Penis = Kind. Denn der Glaube an das verborgene Organ kann schon das kleine Mädchen durch energische Genitalforschung zu befriedigender Kenntnis der Vagina und der vaginalen Onanie führen, was besonders in Fällen gelingt, wo die Onanie nicht verboten ist und eine geeignete Aufklärung über den Geschlechtsunterschied nachhilft. Charakteristisch für Frauen, deren weibliches Genitalempfinden aus der Annahme eines im Leib befindlichen Gliedes erwächst, ist die starke Erotisierung der tiefen Scheidenteile und der Portio, wie überhaupt die Mitbeteiligung des Uterus an der genitalen Erregung und orgastischen Befriedigung.

Ist die weibliche Entwicklung einmal in diese Bahn gelenkt, so wird sie auch die Beziehung zum Liebespartner auf anderen Boden stellen als bei dem vorher dargestellten Typ. Diese wird nicht oral, narzißtisch und masochistisch, sondern aktiv-genital sein, eine Wahl nach dem „Anlehnungstyp" (Freud, 1914) ermöglichen und eine gewisse Unabhängigkeit vom Liebesobjekt gewährleisten, da sie weniger unter dem Einfluß von Liebesverlustangst, sondern eher vaginaler — der männlichen Kastrationsangst analoger — Verletzungsängste steht, wie sie Karen Horney (1926) in den Vordergrund gerückt hat. Insofern diese Angst sich auch auf die inneren tiefliegenden Teile des Genitalorgans bezieht, trifft für die so Organisierten Melanie Kleins Ansicht wieder zu, daß die tiefste weibliche Angst die vor der Zerstörung des Körperinnern sei.

Die Komplizierung des weiblichen Trieblebens durch Eigenart und Tiefe des Kastrationskonfliktes teilt sich nun natürlich auch der weiblichen Ich- und Über-Ich-Bildung mit.

Zur Klarstellung bemerken wir, daß wir uns Melanie Kleins (1932) Ansicht nicht anschließen, derzufolge schon die ersten Introjektionen der Elterngestalten als Beginn der Über-Ich-Bildung aufzufassen wären. Wenn auch die frühen Identifizierungen und Ängste den Grundstein für das spätere Über-Ich legen, in dieses eingehen und daher besonders wichtig für das Verständnis von Über-Ich-Fehlentwicklungen sind, sollte doch die Tatsache nicht verwischt werden, daß die Herausbildung des Über-Ichs als eines geschlossenen Persönlichkeitsanteils eng an den Abbau des (vollständigen) Ödipuskomplexes geknüpft ist. Wir möchten also von Über-Ich erst da sprechen, wo ein einheitliches konsolidiertes Gefüge sichtbar wird (Fenichel, 1926). Dieser Zeitpunkt scheint uns allerdings beim kleinen Mädchen früher zu liegen als beim Knaben, um das dritte Jahr etwa, eben in der phallischen Phase, in der sich die Kastrationsangst durch beginnenden Zweifel an der normalen Genitalbeschaffenheit steigert und das Kind zum raschen Onanieabgewöhnungskampf und zur Loslösung von der Mutter drängt. Man könnte also die erste Stufe des weiblichen Über-Ichs als „Erben des negativen Ödipuskomplexes" bezeichnen. Denn es hängt wohl mit dem Untergange der präödipalen Mutterbindung zusammen, daß der Kern des weiblichen — wie übrigens in einem gewissen Grade auch des männlichen — Über-Ichs „mütterlich-phallisch" ist. Denn die Mutter hat nun einmal in den ersten Lebensjahren in jeder Beziehung den Vorzug, steht als Liebes- und Identifizierungsobjekt an erster Stelle. Der Antrieb zur Über-Ich-Bildung hält an, ja wird zunächst noch stärker, wenn sich das Kind der Tatsache, „kastriert" zu sein, nicht länger verschließen kann. Man kann beobachten, wie es in der Zeit, die an seine seelische Kraft die größten Anforderungen stellt, intensive Bravheitsbestrebungen entwickelt und das Ich-Ideal eines bescheidenen, sanften, gehorsamen oder reinlichen kleinen Mädchens — im Gegensatz etwa zum wilden, frechen, schmutzigen kleinen Jungen — in sich aufrichtet.

Der Inhalt dieses ersten typisch weiblichen Tugendideals ist natürlich vom „Kastrationserlebnis" bestimmt und bekämpft besonders die wiederbelebten oral-sadistischen und phallisch-aggressiven Strebungen gegen Mutter und Vater sowie die anale Entwertung des eigenen und des mütterlichen Genitalorganes. Der hohe Beitrag der Oralität zur weiblichen Über-Ich-Bildung, auf den Sachs in der schon erwähnten Arbeit aufmerksam machte, gehört hierher. Nicht nur die Züge des Verzichts, die er als charakteristische Note des weiblichen Über-Ichs anführt, werden in jener Zeit geprägt, überhaupt die weiblichen Kardinaltugenden der körperlichen und seelischen Reinheit und der duldenden Entsagung sind Ideale, die die Frau durch den üblichen Ablauf des Kastrationskonfliktes erwirbt.

Aber in der folgenden Entwicklungsperiode schreitet die Organisation des weiblichen Über-Ichs nicht mit derselben Intensität fort, wie sie angebahnt wurde. Die Annahme des Kastriertseins scheint die moralischen Bemühungen des kleinen Mädchens so zu erschöpfen, daß im Über-Ich-Aufbau eher ein Rückgang bemerkbar wird. Die Hemmung steht in engem Zusammenhange mit der Beziehung des Kindes zum väterlichen Glied. Ein Vergleich mit der männlichen Entwicklung ist hier am Platz: Den Prozeß der Über-Ich-Entstehung beim Knaben kann man etwa so charakterisieren, daß dieser, statt sich des väterlichen Gliedes zu bemächtigen — um mit der Mutter zu verkehren —, also statt den Vater zu „kastrieren", bestimmte phallische Eigenschaften des Vaters in sich aufnimmt. Analog vollzieht sich anfangs die weibliche Über-Ich-Bildung, wobei die Identifizierungsperson die Mutter ist. Anders wird die Situation, wenn mit Verarbeitung des Kastrationskonfliktes die Vaterbeziehung aufblüht. Wie vorher die Mutter, wird er jetzt Mittelpunkt sowohl der objektlibidinösen als auch der narzißtischen Strebungen. Im Kampf zwischen beiden unterliegt der phallische Narzißmus des Mädchens der

Objektlibido, während der Knabe der Erhaltung seines Gliedes die Ödipuswünsche opfert.

Die Eigenart des männlichen und weiblichen Narzißmus ist damit übrigens gekennzeichnet: Dieser geht in die Objektliebe ein, setzt sich in ihr durch, jener geht über die Objektliebe, setzt sie hintan.

Die auf den Vater gerichteten kastrativen Einverleibungswünsche werden also, falls sich das Mädchen weiblich orientiert, nicht mit Hilfe phallischer Partialidentifizierung mit dem Vater in einem Über-Ich abgewehrt, sondern durch Ausgestaltung der Objektbindung, in der der Besitz des Vaters als Liebesobjekt — den die Aufnahme des Penis im Akt gewährleistet — für die Genitalüberlassung entschädigt. Der dieser Entwicklung förderliche Projektionsvorgang, der mit dem Verzicht auf das eigene Glied narzißtische Genitalbesetzung auf den Vater überträgt, hat nun zur Folge, daß auch eine Projektion des dem begehrten Phallus gleichgesetzten Über-Ichs auf das Liebesobjekt eintritt, wodurch dieses zum Über-Ich erhoben wird. Die weibliche Gewissensangst wird von da ab in einem gewissen Ausmaße sekundär zu einer „sozialen Angst"; maßgeblich werden in erster Linie die Ansichten und Urteile des Liebesobjekts, die — wie sein Glied — immer wieder von ihm übernommen werden können. Andererseits bedeutet — vom libidoökonomischen Gesichtspunkt aus — die projektive Anlehnung des Über-Ichs an den Vater eine Entlastung des durch den Kastrationskonflikt überanstrengten Ichs des kleinen Mädchens.

Ein kurzes Beispiel möge den Vorgang einer solchen Über-Ich-Projektion veranschaulichen: Eine Patientin versicherte zu Beginn der Behandlung, daß sie ein typischer Fall von sozialer Angst sei. Sie besitze überhaupt kein eigenes Werturteil, sondern übernehme die Wertungen der jeweiligen Umgebung. Die Patientin schien recht zu haben. Es bestand trotz hervorragender Intelligenz eine hörige Abhängigkeit ihres Urteilens und Handelns von ihren Liebesobjekten. Aber im Laufe der Behandlung stellte sich heraus, daß die Behauptung, sie habe kein Werturteil, andeutete, daß sie kein Glied habe, daß sie „kastriert" sei. In tieferer Schicht fanden wir, daß sie mit solchem offenen Eingeständnis ihres Mangels ihre Penis-Introjektionswünsche, die Phantasie, ein Glied zu haben, verleugnen wollte. Nun erschloß sich die masochistische

Verarbeitung ihrer heftigen aggressiven Einverleibungsimpulse gegen den Phallus des Vaters bzw. in tieferer Schicht den Leib der Mutter. Dem geliebten Wesen überließ sie entsagend nicht nur ihr Glied und jegliche Genitalbetätigung, sondern auch ihr Über-Ich und entwickelte ungeachtet ihrer Klugheit eine kindlich-orale Einstellung zu ihren Liebespartnern, die ihr vor allem ihre Liebeserlebnisse anvertrauen, also vom eigenen Reichtum abgeben und ihm übrigen jeden Schritt im Leben diktieren mußten. Erst nach Aufklärung dieser Zusammenhänge kamen bei der Patientin mit dem Verlangen nach einem eigenen Genitale und Sexualleben auch die verleugneten, verdrängten und projektiv abgewehrten Über-Ich-Regungen zum Vorschein.

Der hier besonders deutliche Mechanismus scheint typisch weiblich zu sein. Mit der Ausbildung einer weiblich-masochistischen und oral fundierten Objekteinstellung kommt es demnach in vielen Fällen zu einer Abwehr des Über-Ichs, besonders zu einer projektiven Anlehnung des Über-Ichs an den Vater, und sobald die Mutter als Rivalin wieder Identifizierungsperson wird, auch an die Mutter, ein Vorgang, der der weiteren Ausgestaltung eines selbständigen weiblichen Über-Ichs entgegenarbeitet und zur sexuellen Abhängigkeit der Frau vom Liebesobjekt eine des Ichs fügt, die weibliche Neigung, im Manne die Verkörperung des geopferten eigenen Ich-Ideals zu lieben bzw. durch die Liebe sich auch das Über-Ich des Geliebten zu eigen zu machen. Der eine von Sachs beschriebene orale Typ einer Frau, in deren Ansichten und Maßstäbe die früheren Geliebten weiterleben, die also der realen Einverleibung des Gliedes zur Entwicklung ihres Pseudo-Über-Ichs bedurfte, wird von hier aus verständlich.

Es nimmt nicht wunder, daß Frauen mit solcher Libidoorganisation trotz eines scheinbar schwachen Über-Ichs an Melancholie erkranken können, ja durch ihre Oralität dafür sogar disponiert sind. Es wird dann bei späterer Überhandnahme von Introjektionsmechanismen die Projektion des Über-Ichs wieder zurückgezogen, und das frühkindliche abgewehrte Über-Ich setzt sich, das Ich mit archaischen Ängsten überflutend, grausam durch.

Viel besser gelingt der Über-Ich-Aufbau, wenn die Vagina als vollwertiges Genitale in ihre Rechte tritt. Je genitaler sich das Mädchen im Laufe des Ödipuskomplexes einstellt, desto analoger ist die Ich- und Über-Ich-Entwicklung der männlichen. Was hier die Kastrationsangst, leistet da die weibliche Genitalbeschädigungsangst. Es wird ein selbständiges Ich-Ideal errichtet, in das, soweit das mütterliche Vorbild nicht ausreicht, Züge des Vaters einbezogen werden, ohne daß man deshalb von einem „männlichen Über-Ich" sprechen müßte. Unter dem Einfluß des erhöhten weiblichen Selbstgefühls und des besser organisierten Über-Ichs erfährt dann natürlich auch das Ich eine Ausweitung und Bereicherung. Man wird einwenden, daß die hier skizzierte Ich- und Über-Ich-Entwicklung charakteristisch „phallisch" wäre. Der entscheidende Unterschied liegt jedoch in der anderen Libido-Organisation, die dieser Typ aufweist und die in der fehlenden Rivalität zum Manne, im gesunden sozialen und Liebesverhalten und in der Herausbildung eines qualitativ vom Mann verschiedenen Ichs und Über-Ichs zum Ausdruck kommt. Wir verweisen nochmals auf den zweiten von Sachs dargestellten weiblichen Charakter, den er als normal weiblich kennzeichnet.

Die schwierige Abgrenzung von der „männlichen Frau" erklärt sich einmal daraus, daß die Vorstellung eines „echt weiblichen Wesens" an traditionellen Begriffen klebt, dann aber aus der Tatsache, daß der weibliche „vaginale" Frauencharakter mit selbständigem Über-Ich, starkem affektivem Ich und gesunder expansiver weiblicher Sexualität — historisch aus der oral-narzißtisch und masochistisch eingestellten Frau auf der Linie der phallischen Frau entstanden — sich erst durchzusetzen beginnt, vorläufig also noch ein weiblicher „Zukunftstyp" ist.

Margarete Mitscherlich-Nielsen

Psychoanalyse und weibliche Sexualität (1975)

Freud (1895; 1887–1902, S. 111–118) nahm bei beiden Geschlechtern als Ursprung der sexuellen Bedürfnisse eine somatische Erregungsquelle an. Da die Hormone noch nicht entdeckt waren, ist es natürlich unbillig zu verlangen, daß Freud schon damals eine dem heutigen Forschungsstand entsprechende Theorie über die Physiologie der Sexualität bei Mann und Frau hätte entwickeln sollen. Freud sah den in der Samenblase durch die Produktion von Samenzellen entstehenden Druck als Ursache des sexuellen Reizes an. Der Orgasmus war demnach die Folge der Entleerung und damit Entspannung der Samenblase und deren Wirkung auf das zugehörige Nervensystem. Freud bedauerte, daß er einen ähnlichen physiologischen Vorgang für die Entstehung der sexuellen Spannung und ihrer schließlichen Lösung durch den Orgasmus bei der Frau nicht entdecken konnte. Faktisch war es unmöglich, eine der Samenblasentheorie vergleichbare Ursache für sexuelle Erregung und Orgasmus bei der Frau zu finden, denn daß die der Samenblase entsprechenden Organe, die Ovarien, mit der Auslösung eines Orgasmus nichts zu tun hatten, war schon zu Freuds Zeiten bekannt. Freuds Theorie über die Entstehung der männlichen Sexualität war also ein Irrtum — die Entspannung der Samenblase löst den Orgasmus nicht aus.

Heute wissen wir mehr über die Physiologie der Sexualität bei beiden Geschlechtern. M. J. Sherfey hat mit Hilfe moderner Forschungsergebnisse den Sexualzyklus der Frau eingehend darstellen können. Diejenigen Hormone, die für eine Beckenvenenstauung sorgen, sind für die physiologisch-sexuelle Stimulierung der Frau verantwortlich. Es handelt sich dabei vor allem um das *corpus luteum*, das die prämenstruelle Phase einleitet, d. h. während des zweiten Teils des weiblichen Zyklus aktiv wird. „Die größere sexuelle Ansprechbarkeit ist in erster Linie einer erhöhten Beckenvenenstauung und der für die prämenstruelle Phase typischen

Ödematisierung zu verdanken..., was wiederum bedeutet, daß die Frau ihre maximale Potenz nur während der 10 bis 14 Tage des prämenstruellen Abschnitts hat..." (Sherfey, 1966/72, S. 156 ff.).

Masters und Johnson haben entdeckt, daß der Orgasmus bei beiden Geschlechtern durch Kontraktion der *gleichen* Muskelgruppen zustande kommt, und zwar derjenigen, die beim Mann für die Ejakulation zuständig sind. Einige Autoren haben versucht, diese Tatsache phylogenetisch zu klären (s. Kemper, 1965, und Gillespie, 1974). Bei Lebewesen auf primitiverer Evolutionsstufe (wie beispielsweise Fischen) zeigen Männchen und Weibchen die gleiche sexuelle Funktion: Ausstoßung ihrer Sexualprodukte, die von konvulsiven Bewegungen „offensichtlich orgastischer Natur" begleitet sind. Solche Beobachtungen sollen die Orgasmusunfähigkeit derjenigen Lebewesen (z. B. der weiblichen Säugetiere) erklären helfen, die ihre Sexualprodukte nicht mehr nach außen abstoßen. Warum aber die Menschenfrau — im Gegensatz zum weiblichen Säugetier — wieder orgasmusfähig geworden ist, erfährt durch solche phylogenetischen Rückgriffe keine Aufklärung.[1]

Nehmen wir an, Freud hätte Kenntnis von der modernen Erforschung der embryonalen Entwicklung und der Rolle der Hormone bei der Entstehung der sexuellen Erregung gehabt. Wäre ihm dann etwa die Antwort auf die Frage „Was will das Weib?" leichter gefallen? Wäre seine Vorstellung, daß die Frau sich in den ersten Lebensjahren als „kleiner Mann" sieht und empfindet, auf der Grundlage eines solchen Wissens nicht entstanden? Diese Fragen lassen sich kaum beantworten. Natürlich waren Freuds Beobachtungen und die Schlüsse, die er daraus zog, von dem wis-

---

[1] Auf einer anderen — der psychologischen — Ebene bringt Kestenberg (1968) etwas spekulative Hypothesen über die Beziehung von Größe und Lage der Geschlechtsorgane und der Art des Orgasmus zu der psychologischen Fähigkeit des Menschen, zu externalisieren, Inneres nach außen verlegen zu können. Da beim Mann vom Genital-Körperlichen her die Fähigkeit zu externalisieren besser ausgebildet sei, soll er auch besser in der Lage sein, sich der Realität anzupassen und sein sekundärprozeßhaftes Denken stabiler auszubilden als die Frau.

senschaftlichen Erkenntnisstand seiner Zeit wie auch von den Urteilen und Vorurteilen, den Sicht- und Denkweisen seiner Gesellschaft abhängig. Im Grunde hatten aber seine Vorstellungen und Theorien von der Entwicklung der Frau viel weniger mit Biologie und Physiologie zu tun, als er selbst es wahrhaben wollte. Das „szientistische Selbstmißverständnis" Freuds, das hier wieder einmal sichtbar wird, folgt den Entwicklungslinien der Naturwissenschaft seiner Zeit. Die wirklich genialen Einsichten Freuds, auch was er über die Frau und ihre Entwicklung Wesentliches und bahnbrechend Neues zu sagen wußte, stammten aus seiner deutenden psychoanalytischen Arbeit und den psychoanalytischen Deutungen des Verhaltens kleiner Kinder.

Die Antwort auf die Frage „Was will das Weib?" (1925 a) komplizierte sich für Freud im Laufe seiner Beschäftigung mit der weiblichen Sexualität offenbar zunehmend. Anfänglich schien ihm klar zu sein: Das kleine Mädchen will — wie der Knabe — einen Penis, später scheint sie sich mit dem Ersatz des Gliedes, einem Kind, zufriedenzugeben. Als ihm klar wurde, welche Bedeutung die präödipale und prägenitale Phase der Frau, d. h. ihre Beziehung zur Mutter, hatte, wie häufig der Mann ihre frühen Konflikte mit der Mutter erbt (1931), mußte Freud die Frage nach den geschlechtsspezifischen Wünschen und Bedürfnissen der Frau unbeantwortet lassen. Allerdings läßt sich die Bemerkung kaum unterdrücken, daß auch wir die Antwort auf die Frage bis heute nicht wissen. Die Feministinnen lehnen — zumindest bewußt — männliche, „phallische", leistungs- und herrschaftsbezogene Eigenschaften ab. Mittlerweise hat sich auch gezeigt, daß viele Frauen der westlichen Kulturen das Kinderkriegen nicht als Erfüllung ihres Daseins ansehen. Die sexuelle orgastische Befriedigung ist — trotz weitgehender sexueller Befreiung — bei der modernen Frau kaum weniger gestört als bei den Frauen der Jahrhundertwende.

Ich fasse einige Themen Freuds zusammen, auf die ich im weiteren Verlauf dieser Arbeit eingehen möchte: Erst die Wahrnehmung des anatomischen Geschlechtsunterschiedes zwingt das kleine Mädchen dazu, die „Realität" anzuerkennen; verglichen mit dem Knaben besitzt sie nur ein verkümmertes Geschlechtsteil, die Klitoris. Die Vagina wird bis zur Pubertät weitgehend ver-

73

leugnet. Aufgrund der Einsicht, ein zweitrangiges, von der Natur benachteiligtes Wesen zu sein, entschließt sie sich — wenn auch widerstrebend — zur Weiblichkeit, d. h. dazu, als Ersatz für ihre genitale Minderwertigkeit ein Kind vom Vater haben zu wollen. Hier sieht Freud ganz offenbar den Wunsch nach sexuellem Verkehr und den Wunsch nach einem Kind als Entwicklungseinheit. Dabei ist zu bedenken, daß auch diese Vorstellung einer zeitbedingten Rollenerwartung der Frau entsprach. Für die Frau unserer Zeit besteht diese Einheit ganz sicher nicht mehr.

Wer als Frau nicht den Wunsch nach einem Kind akzeptieren lernte, um sich mit der eigenen Unzulänglichkeit auszusöhnen, wer an der Phantasie der eigenen phallischen Vollständigkeit festhielt, noch dazu sogenannte phallisch-klitoridale Empfindungen nicht aufzugeben bereit war, brachte es nach Freud nicht zu einer reifen genitalen Weiblichkeit. Diese drücke sich nicht nur im Kindeswunsch, sondern — nach der Pubertät — auch in der vaginalen Orgasmusfähigkeit aus. Mit anderen Worten: Freud nimmt an, daß durch die psychische Verarbeitung des anatomischen Geschlechtsunterschiedes die Frau sich als zerstört erleben *muß*, und sieht es als Zeichen der Reife an, wenn sie von nun an das Vorhandensein ihrer Klitoris zu verdrängen beginnt und es ihr im Laufe der Pubertät gelingt, die von diesem Organ ausgehenden sexuellen Reize zu unterdrücken.

Wir wissen mittlerweile, daß diese zeitgebundenen Vorstellungen von der unreifen klitoridalen und reifen vaginalen Sexualität der Frau dazu beigetragen haben, ihre Gefühle der Wertlosigkeit und damit auch ihren Penisneid zu verstärken. Außerdem haben sie den Zorn der Feministinnen auf Freud geschürt. Diese machen der Psychoanalyse — nicht zu Unrecht — den Vorwurf, daß ihre Weiblichkeitstheorie von gesellschaftlichen Vorurteilen über das Wesen der Frau beeinflußt wurde.

In der Psychoanalyse orientieren wir uns an libidinösen Leitzonen, die für die jeweiligen psychischen Entwicklungsstadien und die damit verbundenen Objektbeziehungen und Bedürfnisse repräsentativ sind. Das Festhalten an bestimmten Befriedigungsmodi, die zu schon verlassenen Entwicklungsphasen gehören, wird als Fixierung oder Regression verstanden. Als Ursache dafür pflegen wir ungelöste, verdrängte kindliche Konflikte, Mißverständnisse zwischen dem Erwachsenen und dem Kind, Verwöhnungen oder Versagungen etc. anzunehmen.

Wie in der Kindheit bei einer fortgeschrittenen — sagen wir der ödipalen — Reifungsstufe sexuelle Befriedigungsformen analer und oraler Natur mit Ekel oder Scham abgewehrt werden, so wendet sich — wie Freud in einem Brief an Fließ vom 14. 11. 1897 (1887–1902, S. 244) schreibt — das junge Mädchen in der Pubertät gegen seine klitoridale Sexualität, weil diese ein Überbleibsel seiner männlich-phallischen Phase darstellt. „Der Hauptunterschied zwischen beiden Geschlechtern stellt sich aber um die Zeit der Pubertät her, wo eine *nicht* neurotische *Sexual*abneigung das Mädchen, Libido den Mann erfaßt" (ebd., S. 248). Liest man diesen Text wieder, so ist man verblüfft, daß ein so kritischer Denker wie Freud die von ihm beobachtete Scham des pubertierenden jungen Mädchens seiner Zeit nicht als Folge gesellschaftlicher Forderungen und Moralvorstellungen ansieht, sondern darin ausschließlich einen psychobiologischen Reifungsvorgang entdeckt, eben die Abwehr der infantilen klitoridalen Sexualgefühle. In der Pubertät also die Zunahme der Libido beim Knaben, eine frische Welle der Verdrängung ihrer Sexualität beim Mädchen. Solche noch dazu völlig unbiologischen Vorstellungen bei Freud sind in der Tat erstaunlich.

In den „Drei Abhandlungen zur Sexualtheorie" (1905, S. 122) erklärt er die Notwendigkeit der weiblichen Sexualverdrängung in der Pubertät folgendermaßen: „Die bei dieser Pubertätsverdrängung des Weibes geschaffene Verstärkung der Sexualhemmnisse ergibt dann einen Reiz für die Libido des Mannes und nötigt dieselbe zur Steigerung ihrer Leistung. Mit der Höhe der Libido steigt dann auch die Sexualüberschätzung, die nur für das sich weigernde, seine Sexualität verleugnende Weib in vollem Maße zu haben ist." In diesem Sinne sind m. E. auch die „permanenten spezifischen Aktionen", die das männliche Individuum zur „spezifischen Aktion" verlocken, zu verstehen, von denen Freud im Manuskript G (1887–1902) spricht und die Gillespie meiner Meinung nach irrig interpretiert hat. Gerade weil Freud sich andererseits durchaus darüber im klaren war, welche Wirkung die Einstellung der Gesellschaft, ihre verlogene doppelte Moral auf die freie Entfaltung der Sexualität der Frau hatte, ist es um so verblüffender, daß er andererseits die Meinung vertritt, die gehemmte Sexualität der Frau sei die Voraussetzung dafür, daß der Mann ein volles sexuelles Verlangen nach ihr entwickeln könne. Daß es eine solche zwischen den Geschlechtern herrschende Gesetzmäßigkeit — wonach die sexuelle Erregbarkeit des Mannes durch die abweisende Haltung der Frau ausgelöst wird — nicht gibt, ist uns heute deutlich.

Auch wenn die menschlichen Beziehungen so leicht mit tierischem Verhalten nicht vergleichbar sind, beobachten wir, daß beim Menschen im Laufe längerdauernder sexueller Beziehungen die Potenz des Mannes von den sexuellen Bedürfnissen der Frau abhängig wird, ähnlich wie die sexuelle Aktivität männlicher Rhesusaffen vom hormonalen Zustand der Affenweibchen abhängig ist.[2] Nur in einer Gesellschaftsordnung, in der die Herrschaft des „starken Mannes" als Naturgesetz unbefragt hingenommen wurde, konnte sich m. E. die Vorstellung festsetzen, der Höhepunkt sexueller Lust sei die Eroberung und Überwältigung sich wehrender Frauen. Im Laufe der Jahrhunderte hat sie sich auch im Unbewußten der Frau behauptet — in ihren, dem Psychoanalytiker wohlbekannten, lustvollen Vergewaltigungsphantasien, ihren masochistischen Verhaltensweisen und anderen „typisch weiblichen" Zügen.

Fassen wir zusammen: Neuere Forschungen haben mittlerweile eindeutig bewiesen, daß die These Freuds, die Klitoris sei ein verkümmertes männliches Organ, unhaltbar ist. Untersuchungen, die sich mit der primären sexuellen Differenzierung des Menschen befaßten, haben ergeben, daß der Embryo in den ersten Wochen weder undifferenziert noch bisexuell, sondern weiblich ist (vgl. Sherfey). Um die ursprünglich weiblichen Fortpflanzungsorgane zu maskulinisieren, braucht der genetisch männliche Embryo das Hormon Androgen. Ein Grund für die relative Unempfindlichkeit des Mannes gegenüber weiblichen Hormonen wird darin gesehen, daß er schon im Mutterleib Abwehrstoffe gegen die Überflutung mit weiblichen Hormonen ausbilden muß, damit die Ent-

---

[2] Vgl. die Forschungen von Michael, die Gillespie zitiert (Psyche 29, 1974, S. 791).

wicklung seines männlichen Genitales sich ungestört durchsetzen kann. Die Frau, die entsprechende Abwehrstoffe im Embryonalstadium nicht zu bilden braucht — die weiblichen Hormone fördern nur ihre an sich autonome weibliche Entwicklung —, reagiert deswegen später viel empfindlicher als der Mann auf gegengeschlechtliche Sexualhormone. Beide Geschlechter sind in ihren ersten embryonalen Entwicklungsstadien also phänotypisch weiblich. Die Klitoris gehört von Anfang an zum weiblichen Genitale. Embryologisch gesehen ist der Penis eine wuchernde Klitoris; das Skrotum entsteht aus den großen Schamlippen.

Es sollen keine Mißverständnisse aufkommen: wir überschätzen die Rolle der Biologie bei der psycho-sexuellen Entwicklung der Frau keineswegs, sie muß nur klar definiert werden, damit unhaltbare theoretische Konzeptionen Freuds, die sich von falschen biologischen Vorstellungen herleiten, klar erkannt werden können. Da die Klitoris kein verkümmerter Phallus ist, gibt es auch keine biologische Grundlage für eine phallische Phase des Mädchens. Ebensowenig kann es als Zeichen biologischer Reifung angesehen werden, wenn die Frau im Laufe ihrer Entwicklung die klitoridale zugunsten der vaginalen Erregbarkeit aufgibt. Physiologisch gehört zur vollen sexuellen Befriedigung der Frau die Erregbarkeit der Klitoris. Wie mittlerweile allgemein bekannt sein dürfte, ist der rein vaginale Orgasmus ein Mythos. Er ist also weder Ausdruck biologischer noch psychischer Reife.

In der Verschiebung der sexuellen Reizbarkeit von der Klitoris auf die Vagina ein Zeichen psychosexueller Reifung zu sehen war also ein Irrtum Freuds. Auch er beruhte m. E. nicht nur auf zeitbedingten falschen Erkenntnissen der Physiologie und der embryonalen Entwicklung des weiblichen Genitales, sondern auf deren Interpretation im Sinne der patriarchalischen Ideologie. Die Wahrnehmung, daß sich die weiblichen sexuellen Bedürfnisse in ihrer Stärke und Aktivität von denen des Mannes kaum unterscheiden und sich nicht nur passiv oder in masochistischer Unterwerfung befriedigen lassen, mußte unterdrückt werden, da sie die Ideologie der männlichen Vorherrschaft in Frage stellte.

An verschiedenen Stellen seiner Schriften hat Freud dargelegt, daß beide Geschlechter gleichermaßen das Bedürfnis entwickeln, passive Erlebnisse, Eindrücke, Triebeinbrüche etc. aktiv zu wiederholen, um sie schließlich meistern zu lernen. Warum sollte das gleiche Verhalten nicht auch im Bereich der weiblichen Sexualität gelten? Hier aber werden die für die Entwicklung des Menschen notwendigen Bedürfnisse nach Aktivität und Meisterung nicht als Fortschritt, sondern als phallisch-regressiv abgewertet.

Der phallische Monismus Freuds, der annahm, daß beide Geschlechter in den ersten Lebensjahren kaum Geschlechtsunterschiede wahrnehmen, beide sich schon früh als kleiner Mann erleben, wird von manchen Psychoanalytikern in Frage gestellt. Vergleicht man Freuds Annahmen mit der heutigen Erkenntnis der primären Weiblichkeit des Embryos, vor allem aber mit den Beobachtungen von Spitz (1967) und Mahler (1969), so kommt man zu einer gegensätzlichen Schlußfolgerung: Beide, Knabe wie Mädchen, gehen ursprünglich eine primäre Identifikation mit der bedürfnisbefriedigenden, idealisierten, aktiven Mutter, ein.

Die Verhaltensweisen, Phantasien etc., die zur Annahme einer phallischen Phase beim Mädchen geführt haben, stellen sich häufig als Folge einer traumatischen und darum abgewehrten Wahrnehmung des anatomischen Geschlechtsunterschiedes heraus. Wann diese Wahrnehmung so traumatisch wirkt, daß sie abgewehrt werden muß, wann sie kindliche Zerstörungsängste massiv aktiviert und wann nicht, läßt sich nur von Fall zu Fall entscheiden. Unvermeidbare Kastrationsangst oder unabweisbare weibliche Defektgewißheit ist keine allgemein gültige Erklärung dafür, denn die psychische Verarbeitung dieses Erlebnisses zeigt erhebliche individuelle Unterschiede.

Wenn das kleine Mädchen auf den Anblick des männlichen Genitales traumatisch reagiert, mögen Urszenen-Erlebnisse, Angst vor der Wirkung eigener Aggressionen etc. auslösend sein; überdeterminierend wirken aber soziale Definitionen, die die Haltung der Mutter, ja beider Eltern, der Tochter gegenüber erheblich beeinflussen. Die elterliche Geringschätzung des kleinen Mädchens und die damit verbundene unterschiedliche Erziehung der Geschlechter erhöht die immer vorhandenen kindlichen Ambivalenzgefühle den Eltern gegenüber und die mit diesen Gefühlen einhergehenden Ängste des kleinen Mädchens vor Strafe, Liebesentzug, körperlicher Zerstörung etc.

Trotz mancher Einwände hielt Freud bis an sein Lebensende an

78

der Vorstellung fest, daß sich das kleine Mädchen bis zur Entdeckung des anatomischen Geschlechtsunterschiedes als kleiner Mann fühle. Da es bis zur Pubertät von seiner Vagina, seinen inneren Geschlechtsorganen keine Vorstellung habe, also keine innere Repräsentanz davon besäße, erlebe es sich, im Vergleich zum Knaben, als genital minderwertig und entwickele deswegen zwangsläufig einen Neid auf das größere, sicht- und anfaßbare Organ des Knaben.

Daß der Geschlechtsunterschied bereits am Ende des 2. Lebensjahres, also früher, als Freud annahm, wahrgenommen wird, haben die Forschungen Margaret S. Mahlers (1969) bewiesen. Allerdings haben auch schon Psychoanalytiker wie Horney, Jones und Melanie Klein dafür einen sehr viel früheren Zeitpunkt angegeben. Horney (1923, 1932) hat den primären, autoerotischen Penisneid von der analen Phase hergeleitet. Im übrigen hält sie den Begriff des Penisneides für überflüssig, um die Abwendung des kleinen Mädchens von der Mutter und seine erotische Zuwendung zum Vater zu erklären. Ihrer Meinung nach drückt dieser Wechsel in den Objektbeziehungen nur ein elementares Naturgeschehen, die gegengeschlechtliche Anziehung aus. Dazu Freud (1932, S. 127): „... eine Lösung von idealer Einfachheit, wenn wir annehmen dürften, von einem bestimmten Alter an mache sich der elementare Einfluß der gegengeschlechtlichen Anziehung geltend und dränge das kleine Weib zum Mann, während dasselbe Gesetz dem Knaben das Beharren bei der Mutter gestatte ... Aber so gut wollen wir es nicht haben, wir wissen kaum, ob wir an jene geheimnisvolle, analytisch nicht weiter zersetzbare Macht, von der die Dichter so viel schwärmen, im Ernst glauben dürfen. Wir haben eine Auskunft ganz anderer Art aus mühevollen Untersuchungen gewonnen, für welche wenigstens das Material leicht zu beschaffen war." Die Frau übertrage die Mutterbindung auf den Vater, der Mann erbe die ursprüngliche Beziehung zur Mutter. Die Tochter wende sich nur deswegen dem Vater, dem anderen Geschlecht also, zu, weil sie sich von der Mutter enttäuscht oder benachteiligt fühle; im Grunde werde aber die abgebrochene Beziehung zur Mutter, die Wünsche und Konflikte, die sich auf sie beziehen, in der Beziehung zum Vater fortgesetzt.

Die Mißverständnisse, denen die Psychoanalyse immer von

neuem ausgesetzt ist, lassen es notwendig erscheinen, hier einzu-
schieben, was dem Psychoanalytiker selbstverständlich ist: In
dieser Wissenschaft geht es um die psychische Verarbeitung von
Konflikten, die in verschiedenen biologischen Reifungsstadien mit
den primären Objekten oder deren verinnerlichten Repräsentanzen ausgetragen werden. Im Mittelpunkt der Lehre Freuds steht,
wie wir wissen, der psychische Konflikt in all seinen Variations-
möglichkeiten. Gerade in diesem Punkt sind die „Revisionisten",
zu denen Sullivan, aber auch Horney in ihren späteren Arbeiten,
zählt, viel biologistischer, viel weniger konfliktorientiert als
Freud, wenn sie von „natürlicher Weiblichkeit", „natürlicher"
sexueller Anziehungskraft etc. sprechen und komplementär dazu
die gesellschaftlichen Bedingungen der Neurosenentstehung allzu
oberflächlich definieren.

In der Vorstellung, daß die phallische Phase einen sekundär
defensiven Charakter hat, stimmt Jones (1927) mit Horney überein. Für Jones war die phallische Phase weder beim Mädchen noch
beim Knaben ein Zeichen der normalen kindlichen Entwicklung;
sie stellte vielmehr bei beiden Geschlechtern einen neurotischen
Kompromiß dar, eine Abwehr der angst- und schulderregenden
ödipalen Wünsche. Die Überbetonung der eigenen phallischen
Qualitäten in der Phantasie sollte helfen, Kastrationsängste ab-
zuwehren.

Klinische Erfahrungen haben mich dazu geführt, die phallische
Phase zwar für den Knaben als eine psycho-biologische Entwicklungsphase anzusehen, für das Mädchen aber die entsprechende
Phase eher als klitoridal oder auch als klitoridal-vaginal zu bezeichnen, da sich diese beiden Organe nie völlig voneinander
trennen lassen. Daß auch die phallische Phase des Knaben, wie
Jones meint, *eo ipso* eine defensive sei, stimmt mit den Erfahrungen der meisten Psychoanalytiker nicht überein. Natürlich kann
die übermäßige Konzentration auf den Phallus, dessen Bedeutung,
die Angst vor seinem Verlust etc. zu einem phallischen Narzißmus führen, der ganz gewiß defensiven Charakter hat. Daß aber
die Reifung vom oralen, analen zum phallischen oder klitoridalen
genitalen Bereich eine psycho-biologische Entwicklungsreihe darstellt, scheint mir durch Beobachtung gesichert. Mit der jeweiligen biologischen und psycho-sexuellen Reifungsstufe ändern sich

natürlich die Wünsche den primären Objekten gegenüber wie auch deren innerpsychische Repräsentanz und die Art der Konflikte mit ihnen. Die phallische Entwicklungsstufe des Knaben ist mit ödipalen Wünschen für die Mutter verbunden, die klitoridal-vaginale des Mädchens mit Wünschen nach der Liebe des Vaters. Zweifellos hatte Freud recht, daß als auslösend für dieses Verhalten nicht nur eine unkomplizierte Anziehung der Geschlechter untereinander angenommen werden kann; es ist unübersehbar, daß es sich dabei auch um ein kompliziertes Ergebnis geschlechtsspezifischer, präödipaler Konflikte in der Mutter-Kind-Beziehung handelt. Die Frage, ob in der ödipalen Phase beim Knaben der Wunsch nach einem sexuellen Eindringen in die Mutter besteht oder beim Mädchen der nach Penetration, wurde von Freud eher verneint, da er annahm, daß beide Geschlechter erst in der Pubertät die Vagina zu fühlen oder wahrzunehmen beginnen. Auf diese Streitfrage werde ich noch zurückkommen.

Neuere Untersuchungen haben ergeben [3], daß die Hypophyse zwischen dem 4. und 6. Lebensjahr die für die Kindheit höchste Menge an Sexualhormonen produziert, allerdings ohne daß die Genitalorgane des Kindes sichtbar darauf reagieren, wie das in der Pubertät der Fall ist. Unsere Erfahrungen stimmen also teilweise mit denen von Jones und Horney überein, indem sie zu bestätigen scheinen, daß die phallische Phase des Mädchens, seine Verleugnung der eigenen Weiblichkeit, sein sekundärer Penisneid wesentlich defensiven Charakters sind, während die klitoridal-vaginale Entwicklungsstufe, in der die Enttäuschungen an der Mutter die positiv ödipalen Wünsche für den Vater verstärken, eher als eine dem Mädchen entsprechende Phase der Objektbeziehungen anzusehen ist, die mit einem kindlichen Höhepunkt genitaler Körpergefühle Hand in Hand geht.

Zusammenfassend läßt sich sagen: Direktbeobachtungen an kleinen Kindern beweisen, daß es einen primären, autoerotischen Penisneid in der analen Phase gibt. Wir glauben aber auch Grund für die Annahme zu haben, daß es eine primäre Weiblichkeit

---

[3] Mündliche Mitteilung von Herbert Weiner, Professor an der Albert-Einstein-Universität New York.

gibt, die nicht nur biologische Wurzeln hat, sondern im frühen Körper-Ich enthalten ist, das durch die Körperpflege der Mutter seine besonderen Anregungen erhält. Darüber hinaus identifizieren sich beide Geschlechter primär mit der idealisierten und bedürfnisbefriedigenden Mutter. Die unvermeidlichen Enttäuschungen an ihr im Laufe der Entwicklung verstärken das Bedürfnis des kleinen Mädchens nach einem neuen Objekt. Der Vater wird jetzt zu dem von ihr idealisierten Liebesobjekt. Geht dieser auf ihre Angebote nicht entsprechend ein oder reagiert die Mutter zu heftig auf diese teilweise Abwendung von ihr, wendet sich das enttäuschte oder angsterfüllte Mädchen nicht selten der Mutter wieder zu, diesmal allerdings in deutlicher Rivalität mit dem Vater, d. h. sie wehrt ihre weiblichen Wünsche durch eine phallische Identifizierung mit ihm ab.

Ob die ursprüngliche Enttäuschung an der Mutter tatsächlich wesentlich darauf zurückzuführen ist, daß die Mutter als jemand angesehen wird, der dem Mädchen den Penis vorenthalten hat, bleibt offen. Eine solche Enttäuschung wird wahrscheinlich erst wirksam, wenn andere Enttäuschungen hinzukommen oder schon erlebt wurden. Dazu gehört vor allem die permanente narzißtische Kränkung, als Mädchen bei beiden Eltern weniger willkommen zu sein als der Knabe.

Darüber hinaus übersehen wir nicht die Bedeutung der Ich-Entwicklung in der ödpalen Phase, die in dieser Zeit beachtliche Fortschritte macht. Mit ihr wächst die Fähigkeit, nicht nur zwischen Selbst und Objekt, sondern auch zwischen Objekt und Objekt differenzierter unterscheiden zu können. Das Kind ist jetzt in der Lage, zu zwei verschiedenen Objekten unterschiedliche Beziehungen aufzunehmen. Die Lust an dieser erweiterten Orientierungsfähigkeit wird voll genutzt und schafft keineswegs nur Konflikte, sondern auch Konfliktentlastungen und Konfliktverteilungen.

Ein Überblick über die psychoanalytischen Beiträge zur psychosexuellen Entwicklung der Frau macht uns auf eine weitere Kontroverse aufmerksam. Bis heute konnte nicht eindeutig geklärt werden, zu welchem Zeitpunkt das kleine Mädchen die Existenz seiner Vagina wahrnimmt. Josine Müller (1925) und Karen Horney (1923) sahen es als erwiesen an, daß es eine primäre sexuelle

Erregbarkeit der Vagina gebe. Melanie Klein äußerte 1932 ähnliche Ansichten, wenn sie auch der Vagina anfänglich nur orale Bedürfnisse zusprach. Chasseguet-Smirgel glaubt — Melanie Klein folgend —, daß frühe vaginale Triebregungen aus Angst vor Angriffen auf das Körperinnere verdrängt werden. Sie hebt besonders die anal-sadistischen Bemächtigungswünsche der Frau hervor, die sich den Penis vaginal aneignen will, deswegen Schuldgefühle hat und diese Bedürfnisse verdrängt.

Jones verteidigt sich in seinem Wiener Vortrag (1935) gegen die Vorwürfe der Wiener, die Londoner Psychoanalytiker schätzten das frühe Phantasieleben auf Kosten der äußeren Realität zu hoch ein. Er meinte, „daß keine Gefahr besteht, daß jemand die äußere Realität vernachlässigt, wohl aber, daß man Freuds Lehre von der Wichtigkeit der psychischen noch immer unterschätzen kann". Faktisch hat aber Melanie Klein, deren Ansichten er in diesem Vortrag verteidigte, für ein bestimmtes „Body-thinking", wie Fenichel sich ausdrückte, oder für präverbale Phantasien Worte und Bilder gebraucht, die aus der Sprache der Erwachsenen stammen und dadurch den Eindruck hervorrufen, als ob präverbale Phantasien, deren unbewußte Existenz nicht geleugnet werden soll, beim Kind verbalisierungsfähig existierten. Daß das kleine Mädchen im ersten Lebensjahr den konkreten Wunsch erleben soll, am Penis des Vaters zu saugen, ist wenig überzeugend. Daß später, bei größeren Kindern und erwachsenen Patienten solche Wünsche vorhanden sind und auch geäußert werden, weist möglicherweise auf präverbale Phantasien ähnlichen Inhalts hin, jedoch nicht darauf, daß diese tatsächlich vom kleinen Kind erlebt werden.

Weiter möchte ich bezweifeln, daß die Vagina im Sinne sexueller Lustempfindungen vor der Pubertät im Erleben des Kindes eine hervorragende Rolle spielt. Sie erweckt im Gegensatz zur Klitoris nur selten das spontane Bedürfnis, mit ihr manuell onanistisch umzugehen. Das schließt nicht aus, daß die Vagina, zumindest der Introitus schon vom kleinen Kind oft neugierig erforscht wird, die Existenz der Vagina also durchaus wahrgenommen wird (vgl. dazu Greenacre, 1950). Es geht mir hier lediglich darum, ob tatsächliche genital-sexuelle vaginale Empfindungen vor der Pubertät allgemein und eindrücklich erlebt werden oder aber im wesentlichen nur dann, wenn vorher eine sexuelle Verführung stattgefunden hat.

In dieser Hinsicht scheinen mir die folgenden Entdeckungen von Masters und Johnson interessant: Eine künstlich geschaffene Vagina entwickelt im Laufe einiger Monate ehelichen Beisammenseins sexuelle Reaktionen, die denen einer normalen Vagina entsprechen. Der regelmäßige Verkehr ist notwendig, um auch in der künstlichen Vagina sexuelle Reaktionen zu erwecken. Ähnliches beobachteten diese Forscher bei Homosexuellen, die regelmäßig analen Verkehr hatten und bei denen der Anus quasi vaginale Reaktionen übernahm.

Dabei bleiben in jedem Fall die *glans penis* und die *glans clitoris* die empfindlichsten Sexualorgane, die auch in der Kindheit schon unmittelbare sexuelle Reaktionen zeigen. Aufgrund dieser biologischen Tatsachen bezweifle ich die Vorstellungen von Melanie Klein und anderen, die annehmen, daß die Klitoris beim kleinen Mädchen nur deswegen eine größere Rolle als die Vagina spiele, weil dadurch die Angst vor der Vagina, d. h. vor dem Körperinneren, abgewehrt würde. Nach der Meinung dieser Analytiker ist die Vagina von Anfang an das sexual intensivste Organ. Faktisch ist sie bis zur Pubertät ein unterentwickeltes Organ mit nur geringer Gefäßversorgung und kaum vorhandener Sekretabsonderung. Obwohl ihnen diese biologischen Tatsachen durchaus bekannt sind, beharren manche Analytiker darauf, daß die Vagina schon früh eine wesentliche Rolle im psychischen Erleben des Kindes spielt. So spricht auch Kestenberg (1968) von einer „inneren genitalen Phase", in der die inneren Genitalorgane diffus wahrgenommen würden und die etwa bis zum 4. Lebensjahr des kleinen Mädchens andauere. Erst dann übernehme die Klitoris die führende Rolle, das Mädchen beginne seine Weiblichkeit und damit seine Vagina zu verleugnen.

Melanie Klein (1932) und Helene Deutsch (1944) sahen die objektale Wendung zum Vater und seinem Phallus als Abkömmling der ursprünglichen Zuwendung zur Brust der Mutter an. Das Äquivalent der männlichen Kastrationsangst, so Klein, sei für die Frau die Angst vor dem Körperinneren. Durch Versagungen und Enttäuschungen würde in der Folge der Penis wie vorher schon die Mutterbrust zum bösen Objekt und als solches introjiziert. Das führe zu einer frühen und besonders sadistischen Über-Ich-Bildung beim Mädchen. Um mit der Angst vor diesem verfolgenden Über-Ich fertig zu werden, brauche das Mädchen dringender als der Knabe äußere Objekte, die sich ihm liebend zuwenden und ihm die Angst vor den eigenen Schuldgefühlen und Verfolgungsängsten mildern helfen. Dadurch bleibe es in besonderem Maße abhängig von seinen Objekten.

Im Gegensatz zu Freud, der die Frauen als Überich-schwach ansieht, spricht Melanie Klein ihnen also ein starkes, sadistisches früh entwickeltes Über-Ich zu. Ihrer Erfahrung nach leidet das kleine Mädchen auch nicht in dem Sinne an einem Penisneid, daß es wünsche, selber ein Mann zu sein, vielmehr wolle es nur den Penis des Vaters, um den es die Mutter beneide. Der Knabe habe dem Mädchen gegenüber den Vorzug, daß er sich mit Hilfe seines Penis, einem sicht- und anfaßbaren Organ, das der Realitätsprüfung unterzogen werden könne, von der Mutter unabhängig machen, als ein Wesen anderer Art fühlen könne. Er besetze seinen eigenen Penis mit narzißtischer Allmacht, während das Mädchen nur den introjizierten väterlichen Penis idealisieren könne. Da sie ihn aber in ihrer Phantasie ursprünglich der Mutter geraubt habe, trüge der introjizierte väterliche Penis gleichzeitig dazu bei, ihre Schuldgefühle zu vermehren.

Chasseguet-Smirgel (1974), die der Schule von Melanie Klein nahesteht, sieht im Penisneid einen Abkömmling des Neides auf die allmächtige Mutter, von der man sich nur dann unabhängig machen und mit der man nur dann rivalisieren kann, wenn man ein Organ besitzt, das ihr fehlt. Ihre Deutung, daß die Entwertung der Frau, die bei beiden Geschlechtern zu beobachten ist, ausschließlich der frühen Angst und den Haßgefühlen auf die allmächtige Mutter entstammt, ist interessant und stellt für manche individuelle Fälle eine einleuchtende Erklärung dar, erscheint mir in ihrer Ausschließlichkeit aber einseitig. Hier werden, wie bei Melanie Klein, trotz vieler plausibler Gedanken und Interpretationen, gesellschaftliche Einflüsse auf die Haltung der Eltern dem Kind gegenüber ignoriert. Im Grunde werden alle späteren Entwicklungen von Mann und Frau auf die früheste Mutter-Kind-Dyade, die in der Beziehung zum Vater fortgesetzt wird, rückprojiziert. Zweifellos ist es von Bedeutung, die frühkindlichen

Faktoren zu kennen und zu verwerten, um die späteren Verhaltensweisen der Erwachsenen besser zu verstehen. Wenn wir jedoch die Rolle der ökonomischen und gesellschaftlichen Unterschiede und ihre Wirkung auf die Erziehung übersehen, laufen wir Gefahr, die Eltern-Kind-Beziehung so darzustellen, als ob sie in einer Art geschlossenem Raum vor sich ginge und in keiner Verbindung mit den vielfältigen Einflüssen der Umwelt stünde.

Ich habe schon einmal auf die konkretisierende Körpersprache verwiesen, die Melanie Klein verwendet. Es sollte aber anerkannt werden, daß im Rahmen ihrer Theorie Worte wie Penis, Brust etc. Chiffren für sehr komplizierte psychische Prozesse darstellen. Interessant sind z. B. ihre Vorstellungen von einem „guten" und einem „bösen" Penis. Der introjizierte gute Penis kann durch positive Partnerbeziehungen den bösen überwinden. Mit Hilfe eines solchen guten Partners kann der ursprünglich der Mutter in der Phantasie geraubte Penis ihr symbolisch zurückgegeben und können Schuldgefühle ihr gegenüber besänftigt werden. Tatsächlich erleben wir in unseren klinischen Erfahrungen nicht selten, daß die Beziehungen der Frau zu ihren gegengeschlechtlichen Partnern wechselhafter Natur sind, also dem Wiederholungszwang nicht unterworfen zu sein scheinen. Freud, der in seinen späten Arbeiten über die weibliche Sexualität, wie wir wissen, die präödipale Beziehung der Mutter als ausschlaggebend für die psychosexuelle Entwicklung der Frau ansah, zweifelte schließlich sogar daran, ob seine Behauptung, daß alle Menschen einen Ödipuskomplex erleben, für die Frau Gültigkeit habe, da die Art ihrer Bindung an die Mutter in der Beziehung zum Ehemann fortgesetzt werde.

Melanie Kleins Vorstellungen vom guten und bösen Penis bieten für bestimmte klinische Erfahrungen, in denen der Sexualpartner zweifellos die ursprüngliche Beziehung zur Mutter nicht „geerbt" hat, eine bessere Erklärungsmöglichkeit. Wenn es einer Frau gelingt, im Partner die Verkörperung des guten Penis zu sehen, der die frühen Gewissensängste, das Gefühl, im Inneren etwas Schmutziges, Zerstörendes oder Geraubtes zu haben, überwinden hilft, entsteht eine Partnerbeziehung, die sich von der zur Mutter völlig unterscheiden kann. Nicht selten erleben wir in unserer Praxis, daß die erste intensivere heterosexuelle Beziehung sadomasochistischer Natur ist, während eine darauffolgende von

Einfühlung und gegenseitiger Befriedigung bestimmt wird. Der äußere sadistische Penis, d. h. die masochistische Beziehung zu einem sadistischen Mann, kann — wie Melanie Klein es darstellt — tatsächlich dazu benutzt werden, den introjizierten bösen Penis zu vernichten. Sicherlich spielen in einer solchen Verwertung heterosexueller Beziehungen Schuldgefühle der Mutter, später auch dem Vater gegenüber eine Rolle, wie sie z. B. Chasseguet-Smirgel beschrieben hat. Wenn der gute Penis, d. h. die gute Beziehung zu einem Mann, die Ängste in bezug auf das Körperinnere und die Schuldgefühle beruhigt, ist der Lustgewinn, der beim Sexualakt erzielt wird, zweifellos viel größer als die rein libidinöse Befriedigung. Dementsprechend bildet die Beruhigung der Angst-, Schuld- und Unwertgefühle mit Hilfe des Sexualaktes und über den Sexualakt hinaus die Grundlage für eine dauernde, befriedigende Liebesbeziehung. Dabei wird wieder einmal deutlich, daß die Untersuchungen von Masters und Johnson nur einen bestimmten Bereich des weiblichen sexuellen Erlebens betreffen. Die psychischen Konstellationen, die die Befriedigung in einer sexuellen Beziehung bedingen, finden dabei keinerlei Berücksichtigung.

Außerdem müssen wir Melanie Klein recht geben, wenn sie in vielen Fällen die Frigidität als Ausdruck einer Unfähigkeit des Ichs ansieht, mit seinen Ängsten fertig zu werden. In solchen Fällen kann der Penis als äußeres Objekt unbewußt ebenso gefürchtet werden wie als inneres, so daß beim sexuellen Verkehr alle destruktiven Triebe und Schuldgefühle gleichzeitig mobilisiert werden. Dieser Zustand innerer Angst und Spannung treibt viele Frauen in immer neue sexuelle Beziehungen. Da diese blinden Versuche einer Angstmeisterung dem *circulus vitiosus* von Aggression, Angst und Schuldgefühlen unterworfen bleiben, scheitern sie letztlich immer.

Einige Beispiele sollen — unter Hinzuziehung der Vorstellungen M. Kleins — erklären helfen, welche psychische Bedeutung unterschiedliche Partnerbeziehungen im Laufe eines Lebens haben können.

Eine junge Frau hat eine jahrelange unglückliche Beziehung, von der sie sich nicht zu lösen vermag. Sie glaubt nicht mit, sie glaubt aber auch nicht ohne diesen Mann leben zu können. Schließlich gelingt ihr die

Trennung und nach einigen Monaten auch eine neue Beziehung, aus der eine dauerhafte und befriedigende Verbindung wird. Was ist geschehen? Diese Frau hatte von Anfang an den ersten Freund innerlich nicht anerkennen können, er war kein Mann, den sie achtete, als Über-Ich, als Vorbild respektierte. Der sexuelle Kontakt mit ihm hatte für sie keine befreienden, genußreichen Aspekte — im Gegenteil, sie lehnte sie von vornherein als etwas Beschämendes, Verbotenes, eher Lästiges oder gar Ekelerregendes ab. Das Verhältnis zur Mutter war ein ganz anderes als das zu diesem Mann. Bewußt hatte sie sich immer gut mit ihr verstanden und sich geliebt und anerkannt gefühlt. Nur über die Sexualität der Patientin hatte es schon von früher Kindheit an Schwierigkeiten mit der Mutter gegeben. Als die Eltern beobachteten, daß sie onanierte — sie war damals etwa vier Jahre alt —, wurde daraus ein Drama gemacht. Man brachte ihr bei, daß sie etwas Schlimmes täte, was mit Sicherheit für Körper und Seele böse Folgen hätte. Trotzdem konnte sie dieses Laster, als welches sie die Onanie zunehmend empfand, nie ganz aufgeben. Jedesmal wenn sie dem Bedürfnis zu onanieren nicht widerstehen konnte, mußte sie — von einem Beichtzwang getrieben — zur Mutter gehen und ihr über den erneuten Rückfall berichten. Diese reagierte jeweilig mit großer Traurigkeit und vermehrte dadurch bei der Tochter das Gefühl eines schwerwiegenden Fehlers. Unsere Patientin empfand sich als innerlich unsauber, als zerstört, und wußte, daß sie selber schuld daran war. Die Wahl des ersten Freundes hatte etwas mit der eigenen Minderwertigkeit, dem Gefühl des eigenen sexuellen Unwerts zu tun. Der „schmutzige" und sadistische Penis des Partners, der seine sexuellen Wünsche eindeutig ohne Schuldgefühle durchzusetzen wußte, sollte den „bösen" Penis in ihr, die eigene abgelehnte Sexualität vernichten. Das gelang zwar nicht, aber immerhin war sie von der Qual, mit ihrer Sexualität allein fertig werden zu müssen, erlöst. Die böse Sexualität war nicht mehr nur ein innerer Faktor, sie war draußen, die Patientin löste sich von ihr, indem es ihr schließlich gelang, sich von ihrem Freund zu trennen. Kurz vorher hatte sie den Abbruch einer beginnenden Schwangerschaft offenbar ähnlich erlebt. Eine Austragung der Schwangerschaft kam für sie von vornherein nicht in Frage. Später, in ihrer Analyse, erlebte sie deswegen keine Schuldgefühle, obwohl sie sonst mehr als genug zu Schuldgefühlen neigte, deren Bearbeitung einen großen Teil der Analyse ausmachte.

Mit Hilfe der Externalisierung der „bösen" Sexualität, des „bösen Penis" in ihr war es ihr möglich, eine neue, weitaus positivere Beziehung einzugehen. Der zweite Freund war von vornherein für sie jemand, den sie anerkennen konnte. Die Sexualität mit ihm befriedigte und befreite sie. Natürlich trugen auch die Arbeit an der Übertragung und die Analyse ihrer Schuldgefühle zu dieser Veränderung bei. Auf jeden Fall gelang es ihr jetzt, das tiefe Gefühl der Wertlosigkeit loszuwerden, an dem sie seit den frühen erfolglosen Kämpfen gegen die Onanie gelitten hatte. Das Zusammenleben mit dem Freund nahm ihr die Ängste vor einem inneren Zerstörtsein. In vielem war er ein Ideal, an dem sie sich aufrichten konnte. Dennoch gab es deutliche Unterschiede zwischen dieser Beziehung und derjenigen zur Mutter. Ihrem Freund und späteren Ehemann gegenüber war sie viel offener aggressiv als der Mutter gegenüber, was ihr zwar Schuldgefühle machte, aber keine tiefere untergründige Wut entstehen ließ. Die Ambivalenz zum Ehemann trat offen zutage und wurde nicht verdrängt wie bei der Mutter. Zweifellos hatte sie sich in ihrer ödipalen Phase dem Vater zuzuwenden versucht. Erinnerungen waren ihr geblieben, aus denen hervorging, daß es Angst vor dem Verlust der mütterlichen Liebe, aber auch heftige Enttäuschungen am Vater waren, die sie in betont phallisch-exhibitionistische Verhaltensweisen getrieben hatten und sie von neuem an die Mutter banden. Diese Patientin verdrängte also nicht — wie es Chasseguet-Smirgel bei manchen Patienten als typisch schildert — ihre anal-sadistische Aggression gegenüber dem Ehemann, es gelang ihr aber, diesem als gut erlebten Objekt gegenüber ihre destruktiven Neid- und Entwertungsimpulse in Schach zu halten. Dadurch gewann sie selber an Wert, und der „gute Penis" in ihr machte sie auch großzügiger und geduldiger in ihrem Verhältnis zu anderen. In ihrem Fall repräsentierte der zweite Freund weder den Vater noch die Mutter, sondern hatte eher eine frühe Über-Ich-Bedeutung und repräsentierte eine Sexualität, die auch von der Mutter anerkannt werden konnte. Das bedeutete, daß nun innere und äußere Mutter mit ihrer Sexualität, mit dem „Penis in ihr" zufrieden waren. Sicherlich standen ihre sexuellen Probleme und die sich daraus ergebenden schwierigen Partnerbeziehungen in Verbindung mit frühen oral-aggressiven und anal-sadistischen Einstellungen. Insofern haben sowohl Freud als auch Melanie Klein recht, daß die späteren sexuellen Beziehungen viel mit den allerfrühesten Erlebnissen und deren Introjektionen, Projektionen und Externalisierungen zu tun haben, auch wenn sie keine unmittelbare Wiederholung der Beziehung zur Mutter darstellen. Überblicken wir die Geschichte dieser Patientin, so ist — trotz komplizierter innerpsychischer Verarbeitung — unübersehbar, daß die gesellschaftsspezifische Erziehung, die ihre Einstellung zur Sexualität bestimmte, wesentlich an der Entstehung ihrer Probleme beteiligt war.

Eine andere Patientin suchte psychotherapeutische Beratung, weil sie jedesmal, wenn sie einen Anlauf nahm, ihren Freund zu heiraten, mit dem sie seit mehreren Jahren zusammenlebte, eine akute Depression bekam, die ihr die Eheschließung unmöglich machte. Eine frühere Ehe war schon geschieden worden. Im Laufe der Behandlung stellte sich heraus, daß sie immer noch nicht über den Tod der Mutter hinweggekommen war, die jämmerlich an Krebs zugrunde ging, als die Patientin etwa 18 Jahre alt war. Sie kam dann zum Vater, der die Mutter verlassen hatte und von dem sie sich bitterlich enttäuscht fühlte. Sie haßte den Vater noch immer und liebte und idealisierte nach wie vor die Mutter. Die abgewehrte Ambivalenz in der Beziehung zur Mutter war dennoch unübersehbar. Untergründige Schuldgefühle konnten dadurch nicht zur Ruhe kommen. Im Grunde wollte sie schon in den Jahren, als die Mutter krank war, lieber zum lebenslustigeren Vater. Daß sie sich diesen Wunsch nach dem Tode der Mutter erfüllte, empfand sie offenbar als Verrat. Sie erlaubte sich nicht, sich dort wohlzufühlen; auch bei Beginn der Behandlung erlag sie einem unbewußten Bestrafungszwang, der ihr keine befriedigende Beziehung ermöglichte. Eine standesamtlich anerkannte Ehe mit ihrem Freund bedeutete für sie den endgültigen Verlust der Mutter, sie wäre dann in der Tat zum Vater übergegangen, der die Mutter im Stich gelassen hatte. Sie hätte dadurch nicht nur die Liebe und Achtung der Mutter verloren, sondern auch deren unmittelbare innere Nähe. Im Laufe einer kurzen und dramatischen Beziehung zur Therapeutin, die sie ganz offensichtlich als Mutter erlebte, trennte sie sich von ihrem Freund und fühlte sich dadurch vorerst befreit und erleichtert. Nach etwa einem Jahr therapeutischer Beratungen lernte sie einen anderen Mann kennen, der aus dem gleichen Lande gebürtig war wie die Therapeutin, was sie auf Umwegen erfahren hatte. Diesen Mann heiratete sie und lebt seitdem offensichtlich in einer zufriedenen Ehe mit ihm. Auch in diesem Fall handelte es sich bei den Partnerschwierigkeiten nicht um die direkte Wiederholung einer Mutter-Kind-Beziehung, vielmehr scheint es der Patientin auf dem Umweg über die Übertragung auf die Therapeutin gelungen zu sein, sich von dieser — als Mutterrepräsentanz — die innere Erlaubnis zu einem guten Verhältnis mit dem Vater zu holen und die Therapeutin als versöhnte Mutter symbolisch mit in diese Ehe hineinzunehmen. Vorher hatte sie die Trauerarbeit um den Verlust der Mutter nachholen können. Vorbedingung dafür war gewesen, daß ihr die Angst vor den eigenen Todeswünschen der Mutter gegenüber bewußt wurde und sie diese Schuldgefühle ertragen lernte.

Was man der Frau vorwirft: sie sei niemals frei von Ambivalenz, so wenig wie die Mutter es ihr gegenüber in unserer Gesellschaft ist, und unterscheide sich darin grundlegend vom Mann, scheint nur teilweise zutreffend. Der Mann, so wird ihm auch von manchen Psychoanalytikern nachgesagt, kann eindeutiger als die Frau lieben wie auch hassen, weil er Liebe und Haß besser auf zwei Personen zu verteilen vermag: die Mutter wird geliebt, der Vater gehaßt. Auch das ist nur eine Teilwahrheit. Beiden Geschlechtern bleiben Enttäuschungen in der oralen, analen und phallisch-klitoridalen, genitalen Phase niemals erspart; beide werden aus Gefühlen der eigenen Machtlosigkeit und aus unverstandenen Versagungen unvermeidlich Ambivalenzen, Projektionen, Haßgefühle entwickeln. Daß beide im Laufe der Kindheit und Jugend sich aus ihrer Abhängigkeit von der niemals nur befriedigenden, immer auch enttäuschenden Mutter zu lösen versuchen und sich nach einem neuen Objekt umschauen, das ihre sich ändernden Bedürfnisse besser befriedigen kann, ist allgemein bekannt.

In der Psychoanalyse wurden auch häufig die Unterschiede im narzißtischen und masochistischen Verhalten der Geschlechter diskutiert. Nach Grunberger (1974) ist die Frau narzißtischer als der Mann. Wiederum ist es die quasi als naturgegeben angesehene Ambivalenz der Mutter, die als Ursprung des weiblichen Narzißmus betrachtet wird. Das ist nicht ganz leicht zu verstehen, wenn man im Begriff des Narzißmus ein Synonym für die Selbstliebe des Menschen sieht, die ja gerade durch *fehlende* Liebeszuwendung oder zu früh unterbrochene Idealisierungsbedürfnisse gestört wird. Es könnte sich dementsprechend beim Mädchen nur um Narzißmus als Abwehr, um Kompensation zu früh gestörter Selbstliebe handeln. Diese Art defensiver Selbstliebe braucht besonders viel Bestätigung von außen. Deswegen wird angenommen, daß die Frau Objektzuwendungen nötiger hat als der Mann. Zutreffend ist, daß der Knabe, der von der Mutter unmittelbar angenommen und geliebt wird, der mit der Mutter zusammen sein männliches Glied idealisieren kann, in unserer Gesellschaft und bei unserer Art der Erziehung mehr Chancen hat, einen geglückten Narzißmus zu entwickeln als das Mädchen. Ihm fällt es deswegen leichter, sich auf sich selbst zurückzuziehen, er ist weniger abhängig von äußerer Bestätigung. Man kann aber kaum sagen, daß das Mädchen im Sinne größerer Selbstbezogenheit narzißtischer sei als der Knabe; eher ist wohl das Umgekehrte der Fall.

Nicht weniger umstritten als das Problem des quasi naturgegebenen narzißtischen Potentials bei der Frau ist die Frage, ob der Masochismus eine typische angeborene weibliche Eigenschaft sei.

Freud meinte, daß sowohl die Gesellschaft als auch das biologisch-anatomische „Schicksal" der Frau gar nichts anderes übrig ließen, als die Aggressionen gegen sich selber zu wenden und dementsprechend einen Masochismus zu entwickeln; darüber hinaus sei ihr Masochismus die Vorbedingung dafür, daß sie die geschlechtlichen Beziehungen überhaupt genießen könne. Auch für Helene Deutsch (1925) stellte der Masochismus eine spezifisch weibliche Eigenschaft dar, die ihr zu ekstatischen Erlebnissen verhelfe. Sie bezeichnete den Akt des Gebärens als größte masochistische Ekstase, als den Höhepunkt im Leben der Frau. Dafür gebe die Frau gern jede kreative Möglichkeit hin. Gegen solche Auslegungen eines höchsen Frauenglücks wenden sich die Feministinnen heute energisch. Midge Decter (1973) sagt deutlich, daß die Feministinnen jetzt nicht mehr nur um Rechte kämpfen, die denen des Mannes entsprechen, sondern daß sie von der Gesellschaft Befreiung vom Joch des Gebärens und den damit verbundenen gesellschaftlichen Einschränkungen erwarten. Man kann daraus schließen, daß das, was als bevorzugte weibliche Eigenschaft, als Ideal, als weiblicher Höhepunkt etc. gilt, in hohem Maße von den Wertvorstellungen der Gesellschaft abhängig ist, wie auch der Einfluß der Erziehung auf die typischen Probleme der Frau unübersehbar ist.

Es kann also — was Jones verneinte — durchaus die Gefahr bestehen, daß wir die Bedeutung der äußeren Realität für die psychische Entwicklung unterschätzen, d. h. die gesellschaftlichen Zusammenhänge und ihre Wirkung auf uns nicht genügend überschauen. Wenn wir andererseits unsere mühsam erworbenen Kenntnisse von der grundlegenden Rolle, die die unbewußte Phantasie im Erleben des Menschen spielt, von neuem zu vergessen beginnen, die Art, wie sie mit äußeren Ereignissen umgeht, die komplizierte psychische Verarbeitung der Realität, also ihre Verzerrung durch unsere Wünsche und Ängste, fallen wir hinter Freud zurück.

Janine Chasseguet-Smirgel

Bemerkungen zu Mutterkonflikt, Weiblichkeit und Realitätszerstörung (1975)

Ich möchte meinen Überlegungen zum weiblichen Masochismus eine grundsätzliche Bemerkung voranschicken. Die weibliche Sexualität ist nach Freud ein „dark continent". Sehen wir einmal von den Phantasievorstellungen ab, die diese Vorstellung zu stützzen scheinen, so stellt sich uns folgende Frage: Stimmt die These, die männliche Sexualität sei leichter zu untersuchen als die weibliche, mit Freuds übrigen Lehren überein? Die Notwendigkeit einer Identifikation mit beiden Eltern, die für den Jungen wie für das Mädchen besteht, die Kenntnis des „vollständigen" Ödipuskomplexes, die Idee, daß beim Sexualakt vier Personen „anwesend" sind, die schon seit dem Briefwechsel mit Fließ vorliegt — all das besagt doch, daß das Wissen über die männliche Sexualität ziemlich unvollständig wäre, wenn nicht die Weiblichkeit als Komponente der Sexualität schon mitverstanden wäre. Sofern man die männliche Sexualität nicht auf die physiologische Funktion des männlichen Geschlechtsapparates reduziert, ist die These von dem besseren Verständnis der männlichen Sexualität für den Analytiker unhaltbar. Ich kann mich also der Meinung von Gillespie nur anschließen, der im Hinblick auf die von Freud selbst zugegebene ungenügende Kenntnis der präödipalen Phase beim Jungen sagte: „Das ist schwer zu vereinbaren mit der Auffassung, die weibliche Sexualentwicklung liege für uns mehr im dunkeln."

Daß wir spezifische Forschungen brauchen (Masters und Johnson), um zu erkennen, daß die Klitoris ein integraler Bestandteil des weiblichen Genitalapparates ist, daß sie nicht gleichbedeutend mit einem verkümmerten Penis ist und daß sie während des gesamten Lebens der Frau eine Rolle bei sexueller Aktivität spielt, ist ein Indiz dafür, daß vielleicht nicht der Kontinent so dunkel, sondern unsere Sicht getrübt ist. Die analytische Erfahrung selbst müßte hinreichen, uns mit den gewünschten Informationen über die Beschaffenheit des Geschlechtsakts bei der Frau zu versehen. Ich denke dabei nicht an die Berichte unserer Patienten über den Geschlechtsverkehr — die im allgemeinen wenig realistisch sind —, sondern daran, was die psychoanalytische Forschung über die psychosexuelle Entwicklung und die Objektbeziehung der Frau ergeben hat. Der Ruf nach einer Information von außen bezeugt unser mangelndes Verständnis. In der Psychoanalyse ist diese Unzulänglichkeit im allgemeinen unserer Gegenübertragung anzulasten. Ich meine diesen Ausdruck hier im weitesten Sinne, der alle inneren Faktoren einschließt, die den Bewußtwerdungsprozeß begünstigen oder stören können. Daß diese Bewußtwerdung in gewissen Momenten bei Freud gehemmt war, erstaunt nicht. Was aber erstaunlich ist, ist die Tatsache, daß das solche Nachwirkungen zeitigen konnte.

Gillespie sagt dazu: „Impliziert nicht die pseudomännliche Klitoris, die aufgegeben werden muß, das Beharren darauf, daß die Frau kastriert sein *muß*?" Lange nach Freud wird diese Auffassung noch immer von manchen Analytikern kultiviert, ja, manchmal sogar mit einer gewissen Verbissenheit, mit der sie von der Frau fordern, die Besetzung dieses pseudovirilen Organs aufzugeben, das ihrer Meinung nach an allen Übeln schuld ist. Von dort ist es nur noch ein Schritt, die Frau dazu zu bringen, auch auf eine ganze Reihe von anderen Aktivitäten zu verzichten. Man muß sagen, daß an dieser „Verbissenheit" häufig weibliche Analytiker Anteil hatten und daß umgekehrt Ernest Jones darauf bestand, das arme, entwertete Organ zu begnadigen: „Trotz allem ist die Klitoris ja Bestandteil des weiblichen Genitales." Die Haltung gegenüber diesem Problem ist also nicht notwendigerweise an das Geschlecht des Analytikers gebunden. Sie steht aber offenbar mit der allgemeinen Einstellung der Frau gegenüber im Zusammenhang. Nun wissen wir, daß uns auf der Stufe des Primärprozesses jede Frau an unsere Mutter erinnert. Der Wunsch, die Frau zu kastrieren, muß also seinen Ursprung in unserer Beziehung zur Mutter haben.

Hier möchte ich den Traum einer Patientin, dem dritten Kind aus einer Familie mit fünf Kindern, mitteilen (sie hat zwei ältere Brüder; nach ihr folgte ein weiterer Bruder, dann eine Schwester).

Die Patientin begann die Stunde mit der Klage darüber, daß sie eine Analytikerin habe. Weil Frauen schlechter als Männer seien, werde sie nichts von mir profitieren (ein Thema, das bei ihr recht häufig vorkommt). Dann erzählt sie den Traum: Sie befindet sich im Theater. Auf der Bühne steht eine Frau, deren eine Brust — sehr groß, rund und aufgebläht — entblößt ist. Die Patientin sagt, am Vorabend habe sie einen Artikel über eine Schauspielerin gelesen, die in Paris eine Vorstellung gibt, bei der sie sich auf obszöne Art entkleidet, während sie das Publikum mit Schmähungen überhäuft. In ihrem Traum ist die Patientin mit ihrem Bruder und einem seiner Freunde im Zuschauerraum. Zu Füßen der Frau auf der Bühne befindet sich ein kleiner, achtzehn Monate alter Junge. In einem bestimmten Augenblick dreht sie sich um, hebt ihr Kleid hoch und zeigt ihr Geschlechtsteil. Der Bruder der Patientin und sein Freund geraten in Erregung, machen sich über die Frau lustig und imitieren mit den Fingern Scherenbewegungen — um ihr zu bedeuten, daß sie kastriert sei.

Die Patientin erzählte anschließend von ihrer Phantasie, sie ziehe am Penis ihres Mannes und sein Körper sinke zusammen wie ein Ballon, aus dem die Luft entweicht. Man muß hinzufügen, daß ihr Mann für sie immer nur als Sohn ihrer Schwiegermutter existierte.

Dieses Beispiel zeigt meiner Ansicht nach deutlich, daß hier hinter der Entwertung der Frau (in der Übertragung: der Analytikerin) eine sehr mächtige Mutterimago verborgen ist, die die Patientin entthronte, indem sie nach ihr weitere Kinder zur Welt brachte und ihnen die Brust gab (sie war zur Zeit der Geburt ihres kleineren Bruders 18 Monate alt, wie der kleine Junge im Traum). Diese Mutter hat sich damit offenbar ebenso wie die Schauspielerin aus dem Tagesrest über sie lustig gemacht und sie gedemütigt. Aber es bleibt ein Weg, um über sie zu triumphieren: die Lücke sichtbar zu machen, den Fehler in der mütterlichen Macht — das Fehlen des Penis. Aber besser wäre, selbst mit einem Penis ausgestattet zu sein wie die beiden jungen Männer im Traum, die allein imstande sind, die Mutter zu verhöhnen (wie sie es gekonnt hätte, wenn sie ein Junge gewesen wäre).

Gillespie hat bereits erwähnt, daß ich die Ansicht vertrete, eine der Hauptquellen des Penisneides sei der Wunsch, das einzige

Organ zu besitzen, das die Mutter nicht hat. Der Penis erlangt somit einem symbolischen Wert, der über seine Bedeutung als Sexualorgan hinausgeht. Der Wunsch, die Macht der Mutter durch den Hinweis auf ihre Kastration in Grenzen zu halten, wird meines Erachtens dadurch verdeutlicht, daß die Patientin sich in der anschließenden Phantasie an die Brust der Mutter selbst wagt und sie leert, wobei ihr Mann die Brust darstellt und sein Penis die Brustwarze (der Ehemann wurde zu einem leeren Ballon, d. h. zu einer schlaffen Brust im Gegensatz zur großen, runden, aufgeblähten Brust der Schauspielerin). Auf der anderen Ebene ist der Mann auch der kleine Bruder, den sie kastriert und zerstört.

Ein Patient, der Älteste einer kinderreichen Familie, fühlte Aggressionen gegen Frauen, die Auto fuhren. Er kam oft zur Stunde und berichtete mir von Zwischenfällen im Straßenverkehr, an denen Frauen beteiligt waren. Eines Tages teilte er seine Assoziationen zu zwei hohen und spitzen Pflanzen (Spindelbäumen), die an beiden Seiten meiner Tür standen, mit; er fand, sie würden gelb, und dachte mit unverhohlener Genugtuung, mein Hund urinierte auf sie, und sie würden bald völlig verkümmert sein. Seine Assoziationen führten ihn direkt auf Aktivitäten von Frauen, die er für typisch männlich hielt, und weiter zu dem Gedanken, daß nicht mehr viel für die Männer übrig bliebe, wenn Frauen ein Kind nach dem anderen zur Welt bringen könnten und dazu noch eine Art Penis besäßen.

Meiner Ansicht nach spiegelt die Persistenz bestimmter Auffassungen über die Sexualität der Frau in der psychoanalytischen Theorie (die Notwendigkeit, die Klitoris aufzugeben; der Mangel an Penis, Über-Ich, Sublimationsfähigkeit usw.) den uns allen gemeinsamen Wunsch wider, aufgrund unserer primitiven Hilflosigkeit Rache an der Mutter zu nehmen, von der wir einst völlig abhängig waren, und sie endlich ans Gängelband zu nehmen. Die Betonung von Mängeln der Frau und die Forderung, sie müsse auf ihr pseudomännliches Organ verzichten, zielen wohl darauf ab, ihre furchterregenden Fähigkeiten, über die sie scheinbar und einer tieferen Ebene verfügt, unwirksam zu machen. Bei beiden Geschlechtern ist dieser Wunsch um so stärker, je mächtiger ihre Mutterimago ist. Er variiert jedoch in gewissen Grenzen je nach der Lebensgeschichte.

Ich möchte nun über die Wirkung sozialer Faktoren sprechen, die die Women's Lib-Bewegung besonders herausstellt. Freud selbst war sich — laut Gillespie — „der Bedeutung sozialer Faktoren bewußt, Wirkungen hervorzubringen, die man irrtümlich den angeborenen Geschlechtsunterscheiden zuschreiben könnte". Nun scheint Freud, was die Frauen betrifft, die sozialen Faktoren *dann* in Betracht zu ziehen, wenn er auf Schwierigkeiten stieß, die zu lösen die psychoanalytische Forschung — zumindest in seinen Augen — machtlos ist. Diese Art, soziale oder soziokulturelle Phänomene in Rechnung zu stellen, steht ganz im Gegensatz zu dem sonstigen Freudschen Vorgehen. Im allgemeinen sieht Freud sie nicht als *Grenzen* an, auf die die psychoanalytische Forschung zufällig stößt, sondern versucht im Gegenteil, die soziokulturellen Faktoren mit Hilfe der psychoanalytischen Methode zu erklären: So findet er hinter Moral, Religion, Gesellschaft und Kunst den Ödipuskomplex *(Totem und Tabu)*. Die soziokulturellen Phänomene werden also vor allem als eine Projektion unserer inneren Konflikte und/oder als ein Lösungsversuch eben dieser Konflikte im sozialen Raum angesehen. Folgt man Freuds üblichem Vorgehen, so könnte man denken, die soziale Stellung der Frau und das, was wir gemeinhin „Phallokratismus" nennen, könne wenigstens teilweise als Ausweg unseres Konfliktes mit der Mutter unserer früheren Kindheit angesehen werden. Daß der Mann sich seine Stärke und Unabhängigkeit bestätigen muß und häufig zu zwanghafter Untreue neigt, ist seinem Wunsch zuzuschreiben, die kindliche Situation umzukehren.

Die weibliche Identifizierung des Mannes wurde, insofern sie sublimiert ist, immer von der Gesellschaft toleriert. So wurden den Männern auch niemals diejenigen männlichen beruflichen Aktivitäten verboten, die eine mütterliche Identifikation zulassen: Ein Mann kann Bäcker, Schneider, Masseur, Arzt, Erzieher, Psychoanalytiker sein, ohne daß er Schuld oder Scham darüber fühlen müßte, auf ein weibliches Gebiet vorgedrungen zu sein. Dagegen wird — oder eher wurde — die männliche Identifikation der Frau (selbst in sublimierter Form) als Verstoß gegen männliche Privilegien angesehen. Allgemein werden die kreativen Aktivitäten bei den Männern als „normal", bei den Frauen als „verdächtig" empfunden. Es scheint, als legten die Männer — sogar mit Unterstützung der Frauen — in dem Maße, in dem sie ihre Mutterkonflikte auf andere Frauen verschieben, großen Wert darauf, den Frauen nichts zuzugestehen, was über deren biologische Funktionen von Zeugung und Mutterschaft hinausgeht; bereits diese Funktionen scheinen den Frauen übermäßige Macht zu verleihen.

Diese Tendenz findet sich unglücklicherweise auch im psychoanalytischen Gedankengut. Freud schrieb in seiner Arbeit „Die Weiblichkeit" (1933 b, S. 134): „Der Wunsch, den ersehnten Penis endlich doch zu bekommen, kann noch seinen Beitrag zu den Motiven leisten, die das gereifte Weib in die Analyse drängen, und was sie verständigerweise von der Analyse erwarten kann, etwa die Fähigkeit, einen intellektuellen Beruf auszuüben, läßt sich oft als eine sublimierte Abwandlung dieses verdrängten Wunsches erkennen." Diese Formulierung ist von manchen Analytikern so ausgelegt worden, daß die Frau ihr Vorhaben aufgeben müsse, sobald ihr dessen Bedeutung bewußt geworden sei.

Das zeigt uns, wie sehr unsere präödipalen Konflikte mit der Mutter bis in unsere theoretischen und sogar technischen Vorstellungen hineinreichen.

Mir scheint, daß die aktuellen Forderungen bezüglich der Gleichheit der Geschlechter, soweit sie die berufliche und rechtliche Gleichstellung überschreiten, in der Tat dem Wunsch entstammen, den Geschlechtsunterschied aufzuheben. Ich denke hier z. B. an das *S. C. U. M. Manifesto* (Society for Cutting Up Men) von Valerie Solanas, das behauptet, die Frauen bräuchten die Männer nicht mehr zur Befruchtung und könnten sich durch Parthenogenese fortpflanzen. Entsprechend macht eine Zeitschrift der belgischen *Women's Lib* die Frauen auf den Vorteil der Selbstdefloration aufmerksam. Eine französische Zeitschrift gleicher Tendenz greift alle Autoren an, die von „Mutterinstinkt" sprechen. Dieser „Instinkt" sei ein Produkt sozialen Drucks; die Frau brauche kein Kind, das Kind brauche keine Mutter, usw. Entsprechende Theorien gelten auch für Männer.

In „Über infantile Sexualtheorien" (1908, GW VII, S. 174) schreibt Freud: „Wenn wir unter Verzicht auf unsere Leiblichkeit als bloß denkende Wesen, etwa von einem anderen Planeten her, die Dinge dieser Erde frisch ins Auge fassen könnten, so würde vielleicht nichts anderes unserer Aufmerksamkeit mehr auffallen als die Existenz zweier Geschlechter unter den Menschen ..." In der Tat liegt der unantastbare Kern der Realität zweifelsfrei im Geschlechts- und Generationsunterschied; schon früher habe ich betont, daß beide Dichotomien miteinander korrelieren: Die Realität des Geschlechtsunterschieds schließt die Erkenntnis der mütterlichen Vagina (und nicht nur die Erkenntnis vom Fehlen des Penis) ein, und zwar einer Vagina, die der kleine Junge im Alter des ödipalen Wunsches unmöglich ausfüllen kann. Zu einem bestimmten Zeitpunkt seiner Entwicklung muß diese Tatsache ihn dazu bringen, seine eigene Unfähigkeit und gleichzeitig das Bestehen väterlicher Vorrechte anzuerkennen. Die Anerkennung unterschiedlicher Geschlechter, die sich genital ergänzen, impliziert also die Anerkennung des Generationsunterschiedes. Gegenwärtig sind wir Zeugen eines energischen Versuchs, diesen doppelten Unterschied zu verleugnen. Die verbreitete Unisex-Mode, der Transvestitismus und die Transsexualität legen davon Zeugnis ab. So wurde in Paris in diesem Jahr ein barockes und faszinierendes Schauspiel „Die verrückte Sarah" gezeigt, wo die Rolle der Sarah Bernhardt von einem Mann gespielt wurde, der in extravagante, von Perlen und Edelsteinen glänzende Gewänder gekleidet war, während die Frauen Hosenrollen spielten. Ein Pariser Revuetheater zeigt seit einigen Jahren Stücke mit Hosenrollen, die den größten Erfolg ernten. Ein deutscher Film, *Axel*, nach Villiers de l'Isle-Adam, inszeniert von Rosa von Praunheim, bei dem es sich — was der Name nicht erkennen läßt — um einen Mann handelt, spielt teilweise in einem Kloster. Die Rolle einer Nonne wird von einem Mann gespielt, die des Bischofs von einer Frau, so daß die Heldin, die selbst offensichtlich transsexuell ist, zum Mann „meine Mutter" und zur Frau „mein Vater" sagt. Man erinnert sich auch an das beunruhigende Gesicht des Helden von *Uhrwerk Orange*, dessen Doppeldeutigkeit sich in der Verschiedenfarbigkeit seiner Augen ausdrückte.

Vor relativ kurzer Zeit konnten wir ähnliche Versuche beobachten, den doppelten Unterschied gänzlich aufzuheben, und zwar unter anderem in zwei wichtigen Filmen, die über den Nationalsozialismus und vor allem über seine Vorbedingungen in den letzten Jahren gedreht wurden.

Einer ist „Cabaret" von Harold Prince, der im Jahre 1932 in Berlin in einem satirischen Kabarett spielt, wo der Conférencier selbst geschminkt wie eine Puppe ist und mit hoher, schriller Stimme spricht. Auf einer Ebene stellt er bildlich den Teufel dar — oder „Hitler in uns" —, der die Menschen kennt und bis zur unausweichlichen Erfüllung ihres Schicksals manipuliert. Der Film insgesamt erhält besonderes Gewicht durch die Szenenfolgen im Kabarett, einem Mikrokosmos, wo — wie durch ein Vergrößerungsglas — die verschiedenen Etappen des Aufstiegs des Nazismus sichtbar werden.

Die „Verdammten" von Visconti führen uns in die gleiche Welt. Der Held verkleidet sich als Marlene Dietrich in ihrer Rolle als Blauer Engel und führt seiner Familie ein Schauspiel vor: Er schändet das kleine Mädchen, vollzieht den Inzest mit seiner Mutter und versucht so, den Generationsunterschied aufzuheben. Dieses Aufheben des Unterschieds der Geschlechter (und entsprechend der Generationen) ist ein *Mord an der Realität.* Beurteilt man es anhand der Vergangenheit, so ist es Vorläufer und Begleiter einer erschreckenden Triebentmischung. Bedenken wir doch, daß im Alten Testament auf Transvestitismus die Todesstrafe stand, wahrscheinlich weil er dem Mord an der Realität gleichkommt, durch den das ödipale Über-Ich zerstört und destruktive Triebe freigesetzt werden [1].

Wie ich glaube, muß man diesen Vorgang scharf von jenem abgrenzen, der bei beiden Geschlechtern zu einer glücklichen Integration weiblicher und männlicher Züge führt. Dadurch wird das Ich bereichert; bessere Beziehungen zwischen den Geschlechtern lassen sich herstellen. Mann und Frau können ja die Bedürfnisse und Wünsche ihres Partners nur verstehen, wenn sie frei mit ihrer doppelten Identifikation umgehen können — füreinander nicht länger ein „dark continent" sind.

---

[1] Natürlich leiden Transvestiten und Transsexuelle als Individuen an tiefen und schmerzvollen Konflikten. Woran ich hier denke, ist das Ausmaß dieses Phänomens und die Faszination, die es auf den Beobachter ausübt: Von nun an *ist alles möglich.*

Harriet E. Lerner

Elterliche Fehlbenennung der weiblichen Genitalien als Faktor bei der Erzeugung von „Penisneid" und Lernhemmungen (1976)

Wenn Kinder heranwachsen, bringt man ihnen bei, daß Jungen einen Penis haben und Mädchen eine Vagina. Daß dem kleinen Mädchen zwar gesagt wird, daß es eine Vagina hat, ein schwierig zu untersuchendes inneres Organ, es aber nichts von der Vulva mit Klitoris und Schamlippen erfährt, kann ein kritischer Faktor in seiner psychosexuellen Entwicklung sein. Bezeichnenderweise ist diese unvollständige Benennung weiblicher Genitalien ein fast allgegenwärtiges Phänomen: Wenn man mit Eltern spricht oder Literatur über Sexualerziehung liest, ist es augenfällig, daß dem weiblichen Kind nur mitgeteilt wird, es habe eine Vagina und nichts sonst. Selbst die für die Heranwachsenden geschriebene Literatur vermittelt dieses gleiche undifferenzierte Bild von den weiblichen Genitalien: „Ein Mädchen hat zwei Eierstöcke, einen Uterus und eine Vagina, die seine Sexualorgane darstellen. Die Sexualorgane des Jungen sind der Penis und die Hoden. Eine der ersten Veränderungen (in der Pubertät) ist der Haarwuchs um die vaginale Öffnung des Mädchens" (Taylor, 1972, S. 47).

Solch ein unvollständiges, wenig differenziertes und falsches Bild der weiblichen Anatomie kann seine gefährlichste Wirkung während der präödipalen und frühen ödipalen Entwicklungsphase entfalten, wenn das Mädchen seine Klitoris als Hauptquelle sexueller Stimulierung und Befriedigung entdeckt. Meiner Meinung nach hat es ernste psychologische Konsequenzen für das Kind, wenn es ein Organ entdeckt, das Freude macht, aber häufig von den Eltern nicht zur Kenntnis genommen, nicht benannt, nicht als wertvoll dargestellt wird und daher unweigerlich als „unweiblich" erfahren wird (nur Jungen haben etwas „außen"). Genauer gesagt, glaube ich, daß diese Fehlerziehung *einer* der Faktoren für den Penisneid bei Frauen ist, und ich vermute, daß „Penisneid" nicht nur der Wunsch nach einem Penis ist (zu haben, was Jungen haben), sondern das Verlangen nach Anerkennung der weiblichen Sexualorgane, einschließlich der empfindlichen äußeren Genitalien, ausdrückt. Ich meine, ein tieferliegender Penisneid ist ein Symptom, das bei manchen Frauen den unerfüllten Wunsch ausdrückt, die Mutter möge ihnen ein aktives und erfülltes Sexualleben gestatten. Das entspricht Toroks Annahme (1964), wonach der Penisneid der unbewußte Schwur eines Mädchens gegenüber einer eifersüchtigen und besitzergreifenden Mutter-Imago ist, es werde sich sexuelle Erfüllung und Freude mit dem Penis um der Mutter willen versagen.

Klinisches Beispiel

Die folgende Falldarstellung illustriert, wie die Fehlbenennung der weiblichen Genitalien sowohl zum Penisneid als auch zu symptomatischen Lernhemmungen beitragen kann. Ann war eine berufstätige, verheiratete Frau mit Kindern, deren anfängliche Entscheidung, in eine intensive Psychotherapie einzutreten, durch eine wachsende Zahl von inneren und äußeren Belastungen beschleunigt wurde. Drei ihrer Symptome, die sich als dynamisch miteinander verknüpft erwiesen, stehen im Brennpunkt des hier dargestellten Behandlungsfragments.

Das erste Symptom, von dem Ann berichtete, waren sexuelle Schwierigkeiten mit ihrem Mann. Während sie vaginale Empfindungen beim Beischlaf hatte und spürte, daß sie ihre Vagina „mochte", empfand sie Gefühle des Ekels, der Scham und Angst hinsichtlich ihrer äußeren Genitalien, die ihre Fähigkeit, sexuelle Lust zu erleben, erheblich beeinträchtigten. Es war ihr nicht möglich, ihrem Mann das Betrachten ihrer Scham zu erlauben; sie war auch selbst nicht dazu imstande, so daß sie eine gewisse Unwissenheit hinsichtlich ihrer eigenen Anatomie bewahrt hatte. Sie sprach von ihren äußeren Geschlechtsorganen als von „meinem äußeren Kram" und war zu Beginn der Behandlung nicht in der Lage, die Worte Klitoris, Labien und Vulva ohne ein akutes Gefühl von Angst und Demütigung auszusprechen.

Anns zweites Symptom war die Neigung, in Fragen von „Zeit"

und „Ort" verwirrt und „dumm" zu reagieren. Zum Beispiel verlor sie trotz ausgeprägter intellektueller Fähigkeiten die Orientierung bei Zeitabfolgen: „Kommt der Frühling vor dem Lenz, oder sind sie dasselbe? Ich weiß es nicht mehr." „Heute könnte Montag oder Freitag sein. Ich kann es nicht sagen, ohne daß ich es ausrechne." „Wenn zu mir jemand sagt, ‚ich ging letztes Frühjahr', werde ich verwirrt. Ich muß mir die Monate und Jahreszeiten vorsagen, um es zeitlich richtig einzuordnen." Ann litt unter einer ähnlichen Denkstörung, wenn es sich um Geographie und räumliche Relationen handelte. Sie hatte Schwierigkeiten, sich die Lage eines Landes im Verhältnis zu anderen Ländern oder Kontinenten vorzustellen. Sie klagte darüber, keine „innere Karte" der Stadt, in der sie viele Jahre gelebt hatte, zu besitzen, und war bezeichnenderweise verwirrt, wenn es um Richtungsbestimmungen ging. Tatsächlich schaute sie oft auf ihren Ehering, um mit Sicherheit den Unterschied zwischen rechts und links zu bestimmen. Der Gegensatz zwischen ihrer Hilflosigkeit und Verwirrung in diesen Funktionsbereichen und ihrem sonst hoch differenzierten Erkenntnisvermögen war auffallend.

Anns drittes Symptom war ihr Penisneid und ihre Idealisierung der männlichen Genitalien. Sie war nicht in der Lage, die obere und aktivere Position beim Geschlechtsverkehr einzunehmen. Diesen Widerwillen verstand sie später als Ausdruck ihrer Verwirrung darüber, „wer den Penis hatte", und ihres sie beunruhigenden Wunsches, er möge ihr gehören.

Ein wichtiges Thema, das während Anns Behandlung herausgearbeitet wurde, war ihre Verwirrung über das Aussehen ihrer eigenen Genitalien — eine Verwirrung, die sie später mit ihrer Unfähigkeit in Verbindung brachte, zeitliche und räumliche Strukturen und Zusammenhänge zu verstehen. Sie sprach von der unverständlichen Komplexität ihrer äußeren Genitalien: „Was zwischen meinen Beinen ist, ist wie eine Uhr. Eine Uhr sieht einfach aus. Sie hat Ziffern und zwei Zeiger. Aber wenn man unter die Oberfläche blickt, sind die verschlungenen Mechanismen überhaupt nicht zu durchschauen. So ist es mit mir. Bei oberflächlicher Betrachtung ist es, als habe man einen Spalt, wie man ihn an Statuen sieht. Aber wenn man ganz genau hinsieht, gibt es eine Menge verwirrender Teile. Man kann nicht dahinter-

kommen." In einer Folge von Assoziationen kam oft ihre Hilflosigkeit zum Ausdruck, sich ihre Genitalien vorzustellen; ähnlich
hilflos war sie, wenn es darum ging, ihre physische Umgebung
zu verstehen: „Es ist verrückt, aber ich glaube nicht, daß ich
jemals begreifen werde, wo die Dinge sind (bezugnehmend auf
ihre Genitalien). Ich glaube nicht, daß es die Männer wissen. Sie
fummeln immer herum. Manchmal kann mein Mann meine Klitoris nicht finden. Es ist, als ob er eine Straßenkarte oder so etwas
brauchte. Wenn ich ihn dirigiere, fühle ich mich wie ein Verkehrs-
polizist. Ich kenne mich auch nicht aus." Ann gebrauchte ziemlich
die gleiche Sprache, wenn sie ihre Schwierigkeiten beim Sich-
Zurechtfinden in der Stadt beschrieb: „Es ist, als ob ich keine
Karte in meinem Kopf hätte, ganz egal, wie oft ich dort gewesen
bin. Es scheint zu verwirrend, fast hoffnungslos, sich zu merken,
wie alles angeordnet ist. Es ist immer, als sähe man den Ort zum
ersten Mal."

Als Ann anfing, ihre Verwirrung hinsichtlich ihrer Anatomie
mit ihrer zeitlichen und räumlichen Desorientierung in Verbindung zu bringen, begann sie auch, ihren Penisneid mit der Vorstellung zu verknüpfen, daß das männliche Organ „sauber und
einfach" ist, „leicht vorzustellen" und „ohne verwirrende oder
versteckte Teile". Es werde von anderen hoch geschätzt, während
ihre äußeren Genitalien „unaussprechlich" seien. „Jeder weiß,
daß Männer einen Penis haben, und jeder kann das Wort aus-
sprechen — selbst bei Partys. Aber das einzige Wort, mit dem
man beschreibt, was Frauen haben, ist ,Vagina'."

Im Laufe der Behandlung wurde die Verbindung dieser drei
Themen (Ekel und Verwirrung über ihre äußeren Genitalien;
Desorientierung hinsichtlich Zeit und Raum; Penisneid) klarer,
und ich fing an, die entscheidende Bedeutung des Wortes „Recht"
zu verstehen. Manchmal erlebte Ann Wellen von Angst und Depression, wenn sie von einem vage definierten Gefühl sprach, auf
ihre äußeren Genitalien „kein Recht zu haben". Sie behauptete,
ihre Genitalien seien entwertet, deren Anerkennung sei ihr „versagt" worden. Sowohl ihre sexuellen Schwierigkeiten als auch
ihre räumliche und zeitliche Verwirrtheit erwiesen sich als symptomatisch für ihren Konflikt im Zusammenhang mit dem „Recht
zu haben, was ich habe".

Anns Gefühl, „kein Recht zu haben", drückte sich in ihrer Beziehung zu mir unterschiedlich aus. Wenn ich zwei Wochen abwesend war, empfand sie gesteigerte Ekelgefühle in bezug auf ihre Vulva und eine verringerte Fähigkeit, sexuelle Beziehungen oder auch nur physischen Kontakt mit ihrem Mann zu genießen. Bei meiner Rückkehr klagte sie ausführlich, wie die Unterbrechung der Behandlung ihre sexuellen Schwierigkeiten verschlimmert habe. Später bildete sie die Phantasie aus, daß ich insgeheim über diesen Lauf der Dinge erfreut wäre; ihre gesteigerten sexuellen Hemmungen seien ein „Geschenk" für mich. Das implizierte, meine Anwesenheit und die von mir gebotene Behandlung seien von erstrangiger Bedeutung. Es war nicht erlaubt, in meiner Abwesenheit sexuelle Lust zu empfinden, denn ich könnte mich unwichtig, ausgestoßen oder sogar unglücklich fühlen.

Desgleichen beharrte Ann darauf, ich wolle ihr klitoriale Lust versagen. Ausgerüstet mit der Information, ich sei „Freudianer", wurde sie von der Vorstellung ergriffen, ich erwarte von ihr, „total vaginal" zu sein; sie glaubte, daß ich ihr nur das Recht auf ihre inneren Geschlechtsorgane zugestand. Sobald Ann den Ursprung ihres Gefühls, „keine Erlaubnis zu haben", erkannte, waren ihre Symptome signifikant gemildert.

Zwei kritische Ereignisse ihrer Entwicklung waren mit Anns Phantasie verknüpft, „ich habe kein Recht, das zu haben, was ich habe". Eines davon waren frühe Strafen, die die Mutter für Masturbieren auferlegte, was in Anns Augen bedeutete, daß genitale Lust (und der Wunsch nach sexueller Lust mit dem Penis des Vaters) für die Mutter destruktiv war. Das zweite war, daß man ihr frühzeitig beigebracht hatte, daß „Jungen einen Penis haben und Mädchen ein Loch, wo das Baby herauskommt". Anns Entdeckung ihrer äußeren Genitalien und der Lust an Klitoris und Vulva war nicht nur durch ein Masturbationstabu unterbunden worden. Viel bedeutender war die unvollständige Information, die sie über ihre Anatomie erhielt — für sie eine „Mitteilung, daß ich das nicht hatte, was ich hatte". Denn sie sagte: „Was ich hatte und sich gut anfühlte, hatte keinen Namen. Es durfte nicht vorhanden sein. Nur Jungen hatten etwas außen. Also konnte ich nicht meine Klitoris haben und gleichzeitig ein Mädchen sein. Niemand kann einem Jungen den Penis verweigern. Niemand konnte ihm keinen Namen geben oder ein Geheimnis daraus machen. Einen Penis zu haben bedeutet, die Erlaubnis zu haben, was du hast."

Anns Unfähigkeit, die „Geographie" ihrer Genitalien oder ihrer Außenwelt zu verstehen, war in Wirklichkeit ein Versprechen gegenüber ihrer Mutter, „nicht nachzuschauen". Nachschauen bedeutete, daß sie etwas sehen würde (ihre Vulva, insbesondere ihre Klitoris), was um der Mutter willen nicht da sein durfte. Penisneid war in Anns Worten „... der Wunsch, Erlaubnis für das zu haben, was ich wirklich hatte, was mehr war als eine Vagina, aus der Babys kommen." Der Penisneid drückte nicht nur Anns Wunsch nach Wertschätzung der eigenen Sexualität aus, er diente auch dazu, diesen verbotenen Wunsch zu blokkieren, indem er sexuelle Erfüllung verhinderte und so einer prohibitiven mütterlichen Imago garantierte, daß Ann niemals eine sexuell empfängliche Frau werden würde, die sich stolz zu ihrer Weiblichkeit bekannte.

Diskussion

Es ist kaum nötig zu betonen, daß dies Behandlungsfragment nicht dazu bestimmt ist, die Komplexität der weiblichen Körpervorstellungen zu klären oder eine bündige Deutung der Symptome von Penisneid und gestörter Wahrnehmung zu liefern. Sicherlich hat der Penisneid oft andere Bedeutungen als die in Anns Fall (Moulton, 1973) [1], so wie sich im Zusammenbruch scharf umrissener, differenzierter Wahrnehmungen und Erkennt-

---

[1] Trotz weit auseinandergehender Meinungen hinsichtlich der Bedeutung des Penisneids scheint sich eine Übereinstimmung darüber herauszubilden, daß dieses Symptom seine primären Wurzeln nicht in objektiven anatomischen Realitäten hat. In neueren Arbeiten wird betont, daß der Penisneid seinen Ursprung in den dyadischen Beziehungen zwischen Mutter und Tochter hat. Er spiegelt die Schwierigkeiten des Kindes in Identifikation mit und Unterscheidung von einer Mutter wider, die als eifersüchtig, aufdringlich oder kastrierend erlebt wird (Chasseguet-Smirgel, 1964; Torok, 1964).

nisfähigkeit intrapsychische und kulturelle Determinanten widerspiegeln können.

Auch möchte ich nicht die These aufstellen, daß die ungenaue und unvollständige Benennung weiblicher Genitalien dem kleinen Mädchen unweigerlich das Gebot vermittelt, es müsse sich um der Mutter willen sexuelle Lust versagen. Der Zusammenhang der Eltern-Kind-Beziehung, in dem die falsche Sexualaufklärung vermittelt wird, ist von beträchtlicher Bedeutung. In Anns Fall gab es zum Beispiel zusätzliche Aspekte in ihrer Entwicklung, die zur Verinnerlichung einer eifersüchtigen mütterlichen Imago führten, die ihr geschlechtliche Erfüllung versagen wollte. Elterliches Versagen bei der Benennung der weiblichen Anatomie wird seine stärkste pathogene Wirkung entfalten, wenn es im Zusammenhang mit anderen sexuellen oder ödipalen Verboten auftritt, die eine normale Entwicklung verhindern. Ich vermute jedoch, daß selbst in der besten Eltern-Kind-Beziehung das Ausbleiben einer ausdrücklichen Anerkennung und Benennung der äußeren Genitalien des Mädchens, insbesondere der Klitoris, unweigerlich pathogene Konsequenzen haben muß. Diese Vorstellung stimmt überein mit der Annahme, daß vage Informationen über die eigene Sexualität und die Geschlechtsunterschiede einen wichtigen ätiologischen Faktor bei gestörter Realitätsprüfung und schwerer Psychopathologie darstellen (Bellak und Benedict, 1958, S. 29). Eine Konsequenz ist, daß die Fähigkeit des Mädchens, eine genaue und differenzierte psychische Wiedergabe oder „Landkarte" seiner Genitalien zu entwickeln, vermindert wird, was es bei der schwierigen Entwicklungsaufgabe, die inneren von den äußeren Genitalien zu unterscheiden, behindert (vgl. Kestenberg, 1968). Die Tatsache, daß das Mädchen bei der Erforschung seiner Genitalien nicht durch gleichlautende Informationen aus seiner Umgebung bestärkt wird, kann zu Angst, Verwirrung und Scham in bezug auf seine Sexualität führen. Da beide Geschlechter nicht darüber informiert sind, daß die Klitoris ein Teil dessen ist, „was Mädchen haben", wird dieses Organ als ein kleiner unzureichender Penis angesehen und nicht als wichtiger Bestandteil der weiblichen Sexualität libidinös besetzt.

Von noch größerer dynamischer Bedeutung ist, daß diese Fehlbenennung dem Mädchen eine implizite unbewußte Botschaft übermittelt. In Anns Fall wurde das elterliche Versagen, die äußeren Genitalien zu benennen, als eine unbewußte Botschaft aufgenommen, sie solle sich um der Mutter willen sexuelle Lust und genitale Erfüllung versagen. Während die unbewußte Botschaft in verschiedenen interpersonalen Zusammenhängen variieren mag, wird der Inhalt ungefähr so lauten: Die Vulva (einschließlich der Klitoris) ist nicht wichtig, es darf über sie nicht gesprochen oder nachgedacht werden, sie sollte einfach nicht vorhanden sein [2].

Torok (1970) hat das Masturbationsverbot als zentrale Ursache des Penisneides betont. Sie schreibt, daß das Mädchen den Penis idealisiert und seinetwegen Neid empfindet, um der besitzergreifenden, aufdringlichen Mutter zu versichern, daß es niemals genitale Erfüllung erreichen wird, daß es sein Verlangen nach dem Penis aufgeben und seine Tage in unerfüllter Sehnsucht nach einem unerreichbaren Objekt zubringen wird. Torok zufolge vermittelt die Mutter, die ihrer Tochter Masturbation verbietet, dem Kind, sie werde in bittere Leere und in Neid verfallen, wenn es Befriedigung ohne sie erreichen könne.

Ich glaube, das Verbot, sich vermittels eines bekannten und anerkannten Körperteils zu befriedigen, ist eine mildere Form der Unterdrückung der weiblichen Sexualität als die vernachlässigte „Bewertung" und Benennung der sensiblen äußeren Genitalien des Mädchens. Ich vermute ferner, daß die Allgegenwart des weiblichen „Kastrationskomplexes" nicht in erster Linie dadurch begründet ist, daß die Klitoris im Vergleich mit dem Penis ein kleineres (also minderwertiges) Organ ist. Eher mag das Gefühl des Mädchens, betrogen zu sein, das Versagen der Eltern reflektieren, die nicht ausdrücklich anerkennen, daß die Vulva (insbesondere die Klitoris) ein wichtiger Aspekt dessen ist, „was Mäd-

---

[2] Anders als bei Jungen, die charakteristischerweise durch gezielte und spezifische genitale Manipulation masturbieren, werden bei Mädchen eher nichtspezifische, indirekte Formen der Masturbation beobachtet (Clower, 1976). Ich vermute, daß das Vermeiden gezielter manueller klitorialer Stimulierung zum Teil das Versagen widerspiegelt, dieses Organ des Mädchens anzuerkennen und zu benennen.

chen haben". Es ist interessant festzustellen, daß zu Freuds Zeiten die Worte Klitoris, Labien und Vulva nicht im Lexikon standen und daß in den USA das einzige Wort in Websters Lexikon, das sich auf weibliche Genitalien bezieht, „Vagina" war. Man könnte fragen, wie der Stolz auf die Weiblichkeit in einer Zeit gedeihen sollte, da die Sprache keine Vokabeln für die am reichsten mit sensorischen Nervenenden ausgestatteten und ausschließlich der Lustempfindung dienenden Organe der weiblichen Anatomie hatte.

Während seither die erforderlichen Ergänzungen in Websters Lexikon vorgenommen wurden, hat sich seit Freuds Zeit sprachlich wenig verändert. Nicht nur, daß Eltern versäumen, ihren Töchtern zu sagen, daß sie eine Vulva haben, die eine Klitoris einschließt; meine Interviews zeigen auch, daß die bloße Vorstellung einer solchen Mitteilung eine seltsame Reaktion von Verlegenheit und Unbehagen bei den Eltern hervorruft. Außerdem überrascht es, wie viele gebildete Eltern berichten, daß sie noch niemals das Wort Vulva gehört haben (einschließlich vieler, die es für den Namen einer schwedischen Automarke halten). Viele Eltern meinen, das Wort Vagina beinhalte sowohl die äußeren als auch die inneren Genitalien. Auch in unserer Berufsgruppe ist die Vermeidung des Wortes Vulva auffallend, selbst wenn der Zusammenhang es ausdrücklich verlangt[3].

Obwohl sie es versäumen, die Bedeutung der elterlichen Fehlbenennung weiblicher Genitalien zu würdigen, befaßten sich

---

[3] In Martin Maymans Rorschach-Testauswertung, die von klinischen Psychologen bei der Menninger-Stiftung angewandt wird, wird das Wort Vagina wiederholt falsch für Bilder verwandt, die die äußeren weiblichen Genitalien darstellen. Patienten, die diesen Test machen, behaupten ebenfalls häufig, sie sähen „Vaginas", obwohl die nachfolgende Befragung ebenso wie die Reizwirkung des Tintenkleckses (beim Rorschach-Test stellen die durch verschiedene Farbkleckse hervorgerufenen Assoziationen und Reaktionen das Interpretationsmaterial dar; Anm. d. Red.) zeigen, daß die äußeren weiblichen Genitalien wahrgenommen werden. Der Terminus Vulva wird sehr selten benutzt, selbst wenn niedergelassene Ärzte, Medizinstudenten und medizinisches Personal getestet werden.

psychoanalytische Theoretiker besonders aufmerksam mit den Verwicklungen und Schwierigkeiten, die die weibliche Anatomie dem heranwachsenden Mädchen bereitet. Es wurde zum Beispiel festgestellt (Moulton, 1973), daß, während die Jungen „... den offenkundigen Vorteil (haben), ein hübsches, sichtbares Organ zu besitzen ..." (S. 213), das während des Urinierens problemlos gehandhabt werden kann, die Genitalien des Mädchens visueller oder manueller Untersuchung weniger leicht zugänglich sind. Auch der unbewußten Gleichsetzung von Vagina und Mund wurde Aufmerksamkeit geschenkt, die bei dem Mädchen oder der Frau wegen des phantasierten kastrierenden, oral-verschlingenden und zerstörerischen Potentials Angst vor diesem Organ hervorrufen kann. Zusätzlich können die äußeren Genitalien deshalb furchteinflößend sein, weil sie als wundenähnlich wahrgenommen werden können, eine Vorstellung, die durch die Menstruationsblutungen verstärkt wird (Abraham, 1920). Simone de Beauvoir schreibt: „Der Geschlechtsteil des Mannes ist sauber und einfach wie ein Finger. In aller Unschuld läßt er sich exhibieren, Jungen haben ihn oft stolz und herausfordernd ihren Kameraden gezeigt. Der weibliche Geschlechtsteil ist für die Frau selbst geheimnisvoll, versteckt, qualvoll, schleimig, feucht. Alle Monate blutet er, manchmal ist er feucht durchtränkt, er führt ein geheimes, gefahrbringendes Leben" (de Beauvoir, 1949, S. 164).

Es muß jedoch betont werden, daß die „geheimnisvolle" und verborgene Natur der weiblichen Anatomie nicht notwendigerweise verhindert, daß das Mädchen die Bestandteile seiner Genitalien kennenlernt. Es wird unweigerlich seine äußeren Genitalien, einschließlich der Klitoris, bei Masturbation und mütterlicher Pflege entdecken. Ferner können vaginale Aktivität und möglicherweise auch ein orgastisches Potential während der Säuglingszeit und der Kindheit vorhanden sein. Vaginale Stimulierung kann vorkommen beim Stillen (Brierley, 1936), bei der Reinlichkeitserziehung des Kleinkindes (Greenacre, 1950; Moulton, 1973) und auf vielerlei indirekte Art bei der Kindesbetreuung (Kestenberg, 1968). Zusätzlich kann die klitoriale Masturbation des Kindes über Gefäß- und Nervenbahnen zu intensiven Sensationen in den inneren Genitalien führen. Im Gegensatz zu Freuds Auffassung, daß die Vagina bis zur Pubertät als Geschlechtsorgan nicht existent ist (1905), lassen pädiatrische Berichte vermuten, daß kleine Mädchen in sehr frühem Alter mit vaginaler Masturbation beginnen. Überdies können Kinder, die „nicht wissen", daß ihre Vagina ein greifbares Organ ist, das untersucht und erforscht werden kann, die Vagina dennoch im Zusammenhang mit intensiven coenästhetischen Empfindungen entdecken.

Wenn man jedoch all das berücksichtigt, scheint es für das weibliche Kind schwerer zu sein, eine selbstverständliche, genaue und differenzierte Wertschätzung seiner Genitalien zu erreichen, als für den Jungen. Ob die größere Schwierigkeit des Mädchens eine anatomische Realität widerspiegelt oder ob sie in erster Linie von dem elterlichen Versagen herrührt, die eigenen sexuellen Entdeckungen und genitalen Empfindungen des Mädchens zu bestätigen, ist eine Frage, die sorgfältige Untersuchung verdient. Sicherlich kommen viele intrapsychische und kulturelle Faktoren zusammen, die verhindern, daß das heranwachsende Mädchen volles Verständnis und Wertschätzung seiner Sexualität erreicht.

Abschließende Bemerkungen

Bevor Masters und Johnson (1966) ihre Forschungsergebnisse veröffentlichten, wurde die Klitoris in der Erwachsenensexualität buchstäblich als rudimentäres Organ angesehen; klitoriale Stimulierung wurde als „maskulin" oder „phallisch" gewertet und war als eine Manifestation von Penisneid und sexueller Unreife abgeschrieben. Psychoanalytisch ausgedrückt, wurde der erwachsenen Frau die gleiche Botschaft wie dem kleinen Mädchen zuteil: Der physiologisch sensibelste Teil ihres Körpers, der keine andere Funktion hat als die der Lustempfindung, galt als „unweiblich", hatte „maskulinen Charakter" und sollte verleugnet werden, d. h. er war nicht vorhanden oder sollte nicht vorhanden sein. Während jetzt anerkannt wird, daß die Intensität klitorialer Empfindungen niemals nachläßt (obwohl die Rolle der Vagina im Lauf der Entwicklung vorrangig wird), haben wir erst kürzlich anerkannt, daß die Klitoris ein gültiges und wichtiges Organ der Erwachsenensexualität ist.

Teilweise unter dem Eindruck der gegenwärtigen feministischen Bewegung haben psychoanalytische Kreise dem „phallozentrischen" Vorurteil unserer Theoriebildung erhöhte Aufmerksamkeit geschenkt und Versuche unternommen, gewisse falsche Auffassungen über die Weiblichkeit (Lerner, 1974 b) und die weibliche Sexualität (Chasseguet-Smirgel, 1964) zu korrigieren. In unserem Eifer, Freuds Theorien über Frauen neu zu bewerten, dürfen wir eine ebenso bedeutsame theoretische Aufgabe einstweilen vernachlässigen, nämlich die, neuen Sinn aus der Dynamik jener — tatsächlich aufgestellten und aufrechterhaltenen — Entstellungen und Irrmeinungen zu gewinnen. Nicht weniger wichtig als die Aufgabe, der Klitoris ihre rechtmäßige Rolle in der weiblichen Sexualität zu geben, ist es, zu verstehen, warum die Klitoris und die äußeren Genitalien überhaupt „verleugnet" wurden. Diese Verleugnung wird in der gegenwärtigen elterlichen Erziehung ebenso wie in unseren früheren Theorien deutlich und, in extremster Ausprägung, in der Sitte der Klitoris- und Schamlippenbeschneidung, die an Millionen Frauen in bestimmten Kulturen praktiziert wird (Ploss et al., 1965). Sicherlich geht diese Verleugnung aus machtvollen Gefühlen von Angst und Schrecken hervor, die beide Geschlechter in bezug auf die äußeren weiblichen Genitalien entwickeln. Vielleicht ist es ein Symptom dieser Angst, daß statt dessen der Furcht vor dem inneren Genitale, der Vagina, so große psychoanalytische Aufmerksamkeit zuteil wurde.

Es trifft jedoch nicht zu, daß die Psychoanalyse den Schrecken, der mit den äußeren weiblichen Genitalien verbunden wird, ignoriert habe. Technisch gesehen, tritt die Kastrationsangst bei Männern nicht beim Anblick der Vagina auf (die kaum visueller Untersuchung zugänglich ist), sondern eher beim Anblick der „haarigen, mütterlichen" Vulva (Lederer, 1969, S. 3) und der des jungen Mädchens. Es ist die Vulva und nicht die weniger sichtbare Vagina, die an das Erscheinungsbild einer „Wunde" denken läßt, und es ist die Klitoris, die die männliche Furcht hervorrufen oder verstärken kann, daß der Penis in der Tat verlorengehen, verkleinert oder in den weiblichen Körper hineingezogen werden kann. Freud selbst erkannte den Schrecken, den die Vulva einflößt (1940), und erinnerte an eine Passage bei Rabelais, in der die Entblößung einer Vulva selbst den Teufel in die Flucht schlägt.

Vielleicht haben die psychoanalytischen Theoretiker weniger die Angst vor der Vulva ignoriert als vielmehr die Konsequenzen dieser Furcht. Das Unvermögen der Eltern, die äußeren Genitalien des Mädchens zu benennen, kann ein wichtiges Symptom oder eine Manifestation dieser Angst sein, obwohl es unwahrscheinlich ist, daß dieses Versäumnis allein von den Ängsten herrührt, die ihren Ursprung in der Struktur der weiblichen Genitalien haben. Meine Interviews mit Eltern lassen vermuten, daß ebenso zusätzliche Faktoren am Werk sind, wie zum Beispiel die Ängste der Eltern, das weibliche Kind als sexuelles Individuum, das Freude an seinen Genitalien hat, zu akzeptieren. (Eine Mutter erklärte: „Es ist leicht, über die Vagina zu sprechen, da sie ein Zeugungsorgan ist, aber meiner Tochter von ihrer Klitoris zu erzählen, kommt mir vor, als gäbe ich ihr den Ratschlag zu masturbieren.") Sorgfältigere und systematischere Untersuchungen sind nötig, um die Dynamik zu erhellen, die solchem elterlichen Unbehagen und dem Unvermögen, die sensiblen äußeren Genitalien des Mädchens anzuerkennen und zu benennen, zugrunde liegt.

Zusammenfassend ist festzustellen, daß die Klitoris nur ein Aspekt des weiblichen Erlebens ist, der verleugnet oder entwertet wurde, indem man ihn nicht zur Kenntnis nahm oder ihm das Etikett „maskulin" anheftete. Viele Frauen wurden in entscheidenden Bereichen der persönlichen Entwicklung und Leistung gehemmt durch ihre bewußten und unbewußten Ängste, ehrgeiziges, rivalisierendes und selbstsüchtiges Streben werde als „maskulin" gewertet. Werden wichtige Aspekte der Selbsterfahrung als geschlechtsunangemessen bezeichnet, so kann das nicht nur zu Konflikten und Hemmungen führen, sondern auch zu kognitiven und intellektuellen Beeinträchtigungen. Die Psychoanalyse hat die Aufgabe, ein besseres Verständnis für die unbewußten Bedeutungen des Weiblich-Seins und der Benennung spezifischer Eigenschaften, Strebungen und Verhaltensweisen als „maskulin" oder „feminin" zu erlangen: sie muß die Implikationen solcher Etikettierung für Anpassung und Pathologie des heranwachsenden Kindes besser verstehen lernen.

Zusammenfassung

Eine Durchsicht der Literatur zur Sexualerziehung bestätigt die Berichte, die Eltern über Sexualinformationen geben, die sie ihren Kindern zukommen lassen. Von relativ wenigen Ausnahmen abgesehen, bringt man kleinen Kindern (und sogar Teenagern) bei, daß „Jungen einen Penis haben und Mädchen eine Vagina", ohne daß weitere sprachliche Unterscheidungen in bezug auf die empfindlichen äußeren Genitalien des weiblichen Kindes getroffen werden. Es ist anzunehmen, daß dieses unvollständige, undifferenzierte und oft ungenaue Bild der weiblichen Genitalien das heranwachsende Mädchen daran hindert, Stolz auf seine Weiblichkeit zu empfinden, und Angst und Verwirrung hinsichtlich seiner Sexualität nach sich ziehen kann. Ein Fall wird vorgestellt, in dem das Versäumnis, die äußeren Genitalien des Mädchens zu benennen, ein Faktor war, der sowohl zu dessen Penisneid als auch zu Konflikten über das „Nachschauen" beitrug, was schließlich zu symptomatischen Lernhemmungen führte.

Es wird vermutet, daß die Allgegenwart des weiblichen „Kastrationskomplexes" nicht in erster Linie daher rührt, daß die Klitoris ein kleineres (und somit minderwertiges) Organ als der Penis ist. Eher kann das Gefühl des Mädchens, betrogen zu sein, das elterliche Versagen widerspiegeln, ausdrücklich anzuerkennen, daß die Vulva (insbesondere die Klitoris) ein wichtiger Aspekt dessen ist, „was Mädchen haben". Da sichtbare und empfindsame Teile der Genitalien dem Mädchen nicht benannt werden, kann es das Gefühl entwickeln, es habe kein „Recht", sich zu einer sexuell empfindenden Frau zu entwickeln. Wie in dem hier vorgestellten Fall kann der Penisneid ein Symptom sein, das den Wunsch nach „Wertschätzung" der weiblichen Sexualität ausdrückt; zugleich kann es dazu dienen, diesen verbotenen Wunsch zu blockieren, indem es die sexuelle Empfindsamkeit blockiert und den Stolz auf das Weiblich-Sein verhindert.

Christa Rohde-Dachser

Unbewußte Phantasie und Mythenbildung in psychoanalytischen Theorien über die Differenz der Geschlechter (1989)

> „Wenn die Differenz der Geschlechter
> verhandelt wird, ist es das Unbewußte,
> welches spricht."
>
> (L. Irigaray)

Die Dialektik von Aufklärung und Remythologisierung in der Psychoanalyse

„Mit den Mitteln der Psychoanalyse kann, so zeigte deren Erfahrung, nicht entmythologisiert werden, ohne gleichzeitig remythologisieren zu müssen" (Schlesier, 1981, S. 165). Dieses lakonische Fazit zog 1981 Renate Schlesier nach einer sorgfältigen Untersuchung der „Konstruktionen der Weiblichkeit bei Sigmund Freud". Ebenso wie 1986 Rolf Vogt machte sie damit auf jenen dem psychoanalytischen Aufklärungsvorgang unvermeidlich innewohnenden Zirkel von Entmythologisierung und Remythologisierung aufmerksam, den Horkheimer und Adorno (1944) auch als „Dialektik der Aufklärung" beschrieben haben. Danach mündet die aufklärerische Absicht, der Versuch der „Entmythologisierung" also, spätestens mit der Kanonisierung der so gewonnenen Erkenntnis in einen neuen Mythos, so als wäre der Aufklärungsvorgang aufgrund einer immanenten Gesetzmäßigkeit dazu verurteilt, in einer seiner ursprünglichen Intention gegenläufigen Bewegung stets wieder in Mythologie zurückzuschlagen (a. a. O.). Geradezu paradigmatisch läßt sich dieser Zirkel an Freuds berühmter „Theorie der Weiblichkeit" (1925 a, 1931, 1933 b) demonstrieren.

Freuds Theorie der Weiblichkeit:
Vom analysierten zum analytischen Mythos

Freuds Entdeckung des Kastrationskomplexes war von großer Bedeutung für das Verständnis weiblicher Benachteiligung und
Mißachtung. Er konnte zeigen, daß überdeterminierte irrationale,
unbewußte Phantasien, in denen die Frau als kastriert und deshalb minderwertig betrachtet wurde, zu dieser Situation einen
wesentlichen Teil beitrugen. Die Frau wurde unbewußt mit ihrem
„beschädigten und defekten" Genitalapparat identifiziert, parallel zu ihrer Überidealisierung, mit der diese Identifizierung verleugnet werden sollte. Freud lenkte mithin die Aufmerksamkeit
der Welt auf die extrem irrationale Natur dieser „phallischen"
Verachtung der Frau (Blum, 1976, S. 168).

Diese „aufklärerischen" Ideen existieren jedoch neben anderen,
in denen Freud das Bild einer masochistischen und unvollständi-
gen weiblichen Persönlichkeit zeichnete. Danach werden der Frau
„eine verringerte und unfreie Libido, eine schwächere und masochistische sexuelle Konstitution, ein zur Sublimation unfähiges
Ich, eine Tendenz zu frühem Stillstand und Rigidität, ein relativ
unzulängliches Über-Ich und eine unvollständige ödipale und
postödipale Entwicklung zugeschrieben" (a. a. O., S. 169, zitiert
nach Grunert, 1981, S. 124).

Diese und andere Inkonsistenzen in Freuds Vorstellungen von
der Geschlechtsdifferenz veranlaßten H. Blum (1976) zu der für
unseren Kontext bedeutsamen Frage, ob hier tatsächlich ein kor-
rektes wissenschaftliches Bild des Verhältnisses von weiblicher
und männlicher Psyche gezeichnet wird. Oder „beeinflußte der
universelle Mythos von der kastrierten Frau die theoretische Kon-
zeption von der Struktur der weiblichen Psyche? Kehrte der analytische Mythos als analytischer Mythos wieder?" (Blum, 1976,
S. 170; Übersetzung und Hervorhebung von mir, C. R. D.).

Damit wird ein Verdacht formuliert, wie ihn ähnlich 50 Jahre
früher K. Horney äußerte: In ihrem 1926 erschienenen Aufsatz
„Flucht aus der Weiblichkeit" wies sie auf die frappierende Ähnlichkeit zwischen den Phantasien eines vierjährigen Knaben über
die Situation des „penislosen" Mädchens und psychoanalytischen
Theorien über die weibliche Entwicklung hin. Die in ihrer intellek-

tuellen Scharfsichtigkeit auch heute immer noch beeindruckende Arbeit wurde von Freud und seinen psychoanalytischen Kollegen praktisch ignoriert. Mit der darin aufgeworfenen Frage gelang dies auf Dauer jedoch nicht in gleichem Maße. In den letzten Jahrzehnten beschäftigte sie eine ganze Reihe von weiblichen und männlichen Psychoanalytikern innerhalb und außerhalb der Frauenbewegung (z. B. Irigaray, 1974; Schafer, 1974; Blum, 1976; Schlesier, 1981). Sie alle setzten sich mit der Möglichkeit auseinander, daß in psychoanalytischen Wirklichkeitsmodellen unbewußte Phantasien über die „Natur" von Mann und Frau und die Geschlechtsdifferenz als *Wesensaussagen* wiederkehren, die geeignet erscheinen, jene Phantasien, anstatt sie aufzudecken, dauerhaft zu bekräftigen. Folgt man Barthes (1957), dann ist genau dies auch die Funktion des Mythos: Sein Prinzip ist es, daß er den Begriff „natürlich" macht (S. 114), Geschichte in „Natur" verwandelt (S. 113) und eine „euphorische" Klarheit schafft, wo die Dinge den Eindruck machen, als „bedeuteten sie von ganz allein" (S. 132), so daß jede Notwendigkeit entfällt, sie auf ihren Hintersinn hin zu befragen.

Widersteht man jedoch dieser Verführung zur Selbstverständlichkeit, erkennt man schnell eine gewisse Verkürzung auch im aufklärerischen Ansatz jener Untersuchungen, die einer solchen Mythenbildung in Freuds Weiblichkeitstheorie nachspüren wollen. Die meisten von ihnen beschäftigen sich mit möglichen blinden Flecken in Freuds Selbstanalyse oder sehen ihn als typischen Exponenten einer patriarchalisch geprägten zeitgenössischen Kultur (z. B. Schülein, 1975; Mitchell, 1976; Lerman, 1986). Sie behandeln also einen historischen Sonderfall, nämlich die Person Freud im soziokulturellen Ambiente des 19. Jahrhunderts und *seine* um die Begriffe „Kastrationskomplex" und „Penisneid" zentrierten Vorstellungen von der Geschlechterdifferenz. Daß diese Konstrukte ihrerseits Abwehrcharakter haben (worauf allein schon ihre Bewußtseinsnähe hinweist, vgl. dazu auch Horney, 1923; Chasseguet-Smirgel, 1964) und deshalb einer weiteren Erschließung auf ihren unbewußten Kontext hin bedürfen, bleibt jenseits dieser Reflexion.

Die Generalisierung der Problemstellung

Die beschriebenen Gesetzmäßigkeiten einer „Dialektik der Aufklärung" sind jedoch von allgemeiner Natur. Ihre Gültigkeit vorausgesetzt, müßte sich der postulierte Zirkel von Entmythologisierung und Remythologisierung deshalb auch in *anderen* psychoanalytischen Theorien über die Geschlechterdifferenz nachweisen lassen, zum Beispiel in solchen, wie sie jüngst von feministischer Seite vorgelegt wurden (z. B. Mitscherlich, 1985; Irigaray, 1974; Chodorow, 1978; Dinnerstein, 1976; und Olivier, 1980), und seine tiefenhermeneutische Interpretation müßte auch noch *andere* Schlußbildungen ermöglichen als die Feststellung der Wiederkehr des ewig Gleichen in wechselndem Gewande. Eine von der Person des Autors abgehobene, strukturalistische Analyse könnte dann Einsichten in *allgemeinere Zusammenhänge zwischen unbewußter Phantasie und Mythenbildung im Hinblick auf die Differenz der Geschlechter* innerhalb der Psychoanalyse eröffnen. Genau dies ist die Absicht der vorliegenden Untersuchung.

Zu diesem Zweck soll zunächst das Konzept der „unbewußten Phantasie" etwas klarer herausgearbeitet werden. Anschließend werde ich versuchen, *drei psychoanalytische Theorien über die Geschlechterdifferenz* in die Sprache der unbewußten Phantasie zu übersetzen (bzw. rückzuübersetzen). Es sind dies:

1. die von Freud zwischen 1917 und 1933 im Rahmen seiner Metapsychologie entwickelte, bis heute nicht eindeutig revidierte Theorie „Über die weibliche Sexualität" (1931) bzw. „Die Weiblichkeit" (1933 b);

2. eine unter dem Titel „Das Erbe der Mütter" von Chodorow (1978) vorgelegte, innerhalb der feministisch orientierten Psychoanalyse inzwischen breit rezipierte Theorie der weiblichen Entwicklung und dem damit verbundenen „Arrangement der Geschlechter" (vgl. dazu auch Dinnerstein, 1976, und Olivier, 1980);

3. sogenannte „*Androgynitätstheorien*", d. h. theoretische Sichtweisen der Geschlechterdifferenz, die die prinzipielle Doppelgeschlechtlichkeit des Individuums in den Mittelpunkt stellen (z. B. Freud, 1925, 1933 b; Jung, 1967).

In meiner Untersuchung werde ich diese Theorien so behandeln, als ob sie in Theoriesprache gefaßte Derivate unbewußter

Phantasien wären. Meine Annahme ist, daß die unbewußte Phantasie aus der Theorie erschlossen werden kann, wenn man mit Hilfe der auch sonst in der Psychoanalyse üblichen Transformationen (Bion, 1965) ihr „Grundmuster", ihre „Invarianzen", in möglichst erlebnisnahen Begriffen freilegt und in einem intentionalen Kontext formuliert.

Das Konzept der „unbewußten Phantasie"

Mit „unbewußter Phantasie" meine ich hier kognitiv-affektive Strukturen von hoher Komplexität, bei denen primär- und sekundärprozeßhafte Verarbeitungen miteinander verwoben erscheinen und die sich nicht ohne weiteres auf *eine* psychische Funktion, z. B. die des Wunsch-Abwehr-Kompromisses, reduzieren lassen. Sandler (1976 b) spricht im gleichen Kontext auch vom *„unbewußten Phantasiedenken"* (S. 774), in dem sich unbewußte aktuelle Konflikte mit verdrängten Vermutungen und Theorien aus der Kindheit des Betreffenden, mit unbewußt organisierten Objektbeziehungen, beharrlichen Kindheitswünschen, eingeübten Konflikt- und Problemlösungen und vielen anderen Faktoren verdichten (a. a. O.).

Von *bewußten* Phantasien unterscheiden sich derartige Strukturen vor allem durch ihr grundsätzlich anders geartetes Verhältnis zur Realität. Folgt man Freud, dann existieren *bewußte Phantasien* immer in einem von der Realität abgeschirmten Raum, einer Art „Schonung" (Freud, 1924 a, S. 367) *neben der Realität,* ohne daß ihr illusionärer Charakter dadurch in Zweifel gezogen wäre. Sie sind dem Lustprinzip unterworfen und werden vom Ich deshalb den Ansprüchen der Realitätsprüfung entzogen (1930, S. 439). Die Konfrontation mit der andersgearteten Realität müßte die Phantasie zerstören. Im Gegensatz dazu drängen *unbewußte Phantasien* nach Bestätigung im psychischen Außenraum durch Herstellung einer *„Wahrnehmungsidentität"* (Freud, 1900, S. 571). Dabei geht es darum, etwas „wirklich" werden zu lassen, den inneren Entwurf in Szene zu setzen, ihn über verschiedene Sinneswahrnehmungen zu validieren. Sandler spricht von einer *illusionären Aktualisierung,* bei der der Wahrnehmungsvorgang die aus der Außenwelt einströmenden sensorischen Daten in Richtung auf Wunscherfüllung entstellt (S. 781).

„Das hier gemeinte unbewußte Phantasiedenken entsteht mit dem spezifischen Ziel, die ,Zensur', die das Bewußtsein schützt, zu umgehen, aber es kann eine ganze Reihe von Modifikationen erlebt haben, ehe *es in irgendeinem Derivat* an der Oberfläche zum Ausdruck gelangt. Es baut sich nicht allein auf Primärprozessen auf, sondern macht sich eine Vielzahl organisierter unbewußter Denkformen zunutze. Es ist natürlich besonders durch die Abwehrmechanismen modifiziert, welche die Gefühlszustände im Erleben des Individuums beherrschen [. . .]. Es kann das Wissen des Individuums von der äußeren Realität einbeziehen — oder auch nicht —, und wenn es sich in einer bestimmten Distanz vom Bewußtsein (im ,topischen' Sinne) befindet, vermeidet es jenen ,Stempel des Unwirklichen', der für die bewußten Tagträume charakteristisch ist [. . .]" (S. 776).

Unbewußte Phantasien erfüllen eine *Vielzahl von Funktionen* im Dienste der Aufrechterhaltung der psychischen Homöostase: Sie dienen der *Wunscherfüllung,* ganz wie die Träume, mit denen sie auch den Charakter des Kompromisses gemeinsam haben (vgl. Freud, 1925 b, S. 90). Sandler (1961) hebt daneben vor allem ihre Bedeutung für die Aufrechterhaltung eines basalen *Sicherheitsgefühls* hervor, der ich aus meiner eigenen klinischen Erfahrung heraus die Funktion des *Kränkungsschutzes* an die Seite stellen möchte. Wie sich zeigen wird, stützen unbewußte Phantasien über die Geschlechtsdifferenz außerdem stets die eigene *Geschlechtsidentität.* Vermutlich besitzen sie darüber hinaus auch eine wichtige Funktion für die Aufrechterhaltung der psychischen Organisation als solcher (Atwood und Stolorow, 1984). Vor allem aber wirken sie *handlungsleitend:* Unbewußte Phantasien enthalten eine *Rollenbeziehung* und damit immer auch ein Angebot zur *Rollenübernahme* (Sandler, 1976 a); das Rollenangebot kann sich in einer (bewußtseinsnäheren) *Rollenvorschrift* konkretisieren.

Die Rollenübernahme durch den/die anderen ist Voraussetzung für die *Inszenierung der unbewußten Phantasie* auf einer zwischenmenschlichen Bühne, mit der sie sich gleichzeitig *wahrnehmbar* bekräftigt. Die in der therapeutischen Beziehung aktualisierten Übertragungs-/Gegenübertragungsmuster sind hierfür das überzeugendste Beispiel (vgl. Sandler, 1976 a; zum „Bühnenmodell" der therapeutischen Beziehung auch Kächele, 1985). Die Art der Inszenierung einschließlich ihrer „Rollenzuweisungen" erlaubt demnach ihrerseits einen Rückschluß auf die involvierte unbewußte Phantasie (vgl. auch Rohde-Dachser, 1986).

Transformationen

Im folgenden wird untersucht, ob bzw. inwieweit sich die drei genannten psychoanalytischen Theorien über die Differenz der Geschlechter auf dem Wege der tiefenhermeneutischen Interpretation in solche unbewußten Phantasien transformieren lassen. Das Ergebnis soll dann auf Gemeinsamkeiten und Unterschiede befragt werden, vor allem unter dem Blickpunkt einer möglichen *männlichen* und *weiblichen Version*. Dabei werden uns die eben genannten Merkmale und Funktionen unbewußter Phantasien weiter beschäftigen.

Die „Theorie der Weiblichkeit" bei Freud
(1917, 1925 a, 1931, 1933 b)

— Jungen *und* Mädchen sind von Geburt an „männlich" (= aktiv). Jungen bleiben so. Für das Mädchen beginnt mit der Entdeckung des Geschlechtsunterschieds der schwere Weg in die „Weiblichkeit" (= Passivität).
— Die Entdeckung seiner Penislosigkeit bedeutet für das Mädchen eine große Enttäuschung. Es fühlt sich von da an wertlos, unvollständig, „kastriert". Seinen Mangel lastet es der Mutter an. Es wendet sich enttäuscht von ihr ab und dem Vater zu.
— Von nun an begehrt es den Penis des Vaters, jedoch nicht als Lustobjekt, sondern um sich narzißtisch zu komplettieren. Später verwandelt sich der Peniswunsch in den Wunsch nach einem Kind vom Vater (Mann), am liebsten einen Knaben (= Penisträger). Nur deshalb genießt die Frau ihre Mutterschaft.
— Der *Penisneid* der Frau bleibt in der Regel ein Leben lang be-

stehen. Neid ist deshalb auch einer ihrer herausragenden Charakterzüge.

— Ihre Interessen beschränken sich auf das enge soziale Beziehungsgeflecht, in dem sie lebt, und auf die Erfüllung der damit verbundenen Alltagsaufgaben. Da ihre Sublimierungsfähigkeit gering ist, erstrebt sie auch nichts anderes. Ihr beschränkter Lebensradius entspricht ihren Bedürfnissen.

— Wegen ihrer organischen und charakterlichen Minderwertigkeit bleibt sie ein Leben lang vom Mann und seinen narzißtischen Restitutionsleistungen abhängig.

— Sie hat auch die schwächere sexuelle Konstitution. Die Libido (das „Begehren") ist männlich. Der Begriff „weibliche Libido" macht keinen Sinn.

— Die Klitoris ist ein verkümmerter Penis.

— Mit der Entwicklung zur Weiblichkeit muß die klitoridale Sexualität aufgegeben und auf die Vagina, den „Lustort" des Mannes, verschoben werden.

— Der Mann handelt, die Frau reagiert.

— Weiblichkeit ist identisch mit (erworbener) Passivität, die „masochistisch" genossen wird.

In der *Transformation* wird diese Theorie nun behandelt wie ein „psychoanalytischer Text" (Werthmann, 1975). Dieser „wird so interpretiert, als ob in ihm ein zweiter Text enthalten sei, und so, daß dieser zweite Text in Erscheinung tritt [. . .]. Die klassischen Bezeichnungen für diesen zweiten Text lauten ‚das Unbewußte' oder ‚die unbewußte Phantasie'" (a. a. O., S. 123). Seine Rekonstruktion ist dann abgeschlossen, wenn *alle* Bestandteile des Ursprungstextes integriert sind und sich zu einem Sinngefüge zusammenschließen (Sandner, 1988). In unserem Fall entdeckt man beispielsweise schnell, daß das psychoanalytische Konstrukt einer *unbewußten Kastrationsphantasie* nur Teile des Puzzles ordnet. *Eine lückenlose Rekonstruktion des unbewußten Kontexts könnte dagegen lauten:*

„Für meine Mutter (später: meine Frau) bin ich der Einzige. Sie wird immer bei mir bleiben, denn sie ist abhängig von mir. Ich brauche sie mit niemandem zu teilen *Sie* braucht mich, nicht umgekehrt. Mein Penis garantiert mir ihren Besitz. Sie selbst hat nichts, worum ich sie beneiden könnte. Im Gegenteil, *sie* beneidet mich. Ich bin es, der sie liebt und begehrt, nicht umgekehrt. Sie selbst ist ohne Begehren. Deshalb wird sie auch nie nach einem anderen verlangen. Ohne mich gibt es für sie keinen Genuß. Sie lebt nur durch mich (und nicht umgekehrt). Alles, was sie dabei erleidet, ist nicht meine Schuld. Sie will es so.

Weil dies so ist, brauche ich nie zu befürchten, daß
— ich jemals zum passiven Objekt ihrer Liebe oder ihres Begehrens werde (schon als Säugling war ich es nicht);
— ich ihre Liebe mit einem/einer andern teilen muß (schon als Mädchen war sie ihrem Vater exklusiv zugetan);
— ich von ihrem Begehren überwältigt werde oder vor ihm versage (ihre Libido ist schwächer als die meine);
— sie ohne mich sexuell genießt (dafür hat sie nicht das richtige Sexualorgan);
— ich auf sie neidisch sein könnte (sie hat nichts, was Neid erweckt);
— sie mit ihrer Situation unzufrieden sein könnte (ihre Familie ist ihre Welt);
— sie ihre Interessen aktiv auf etwas anderes richtet als meine Person (an kulturellen Leistungen ist sie nicht interessiert);
— ich an ihr schuldig werden könnte (z. B. durch eine Schwängerung).

Diese Überzeugung gibt mir Sicherheit. Ich bin froh und stolz, ein Mann zu sein."

Die Geschlechtsdifferenz in feministischer Perspektive (Chodorow, 1978; Dinnerstein, 1976; Olivier, 1980).

— Weil es immer und überall Frauen sind, die „muttern", sind auch die primären Bezugspersonen von Jungen *und* Mädchen zumindest in den ersten Lebensjahren *weiblich.* Am Anfang des Lebens steht also für beide Geschlechter die Beziehung zu einer *Frau* (sogenannte „Asymmetrie der Geschlechter"). Diese Tatsache hat für männliche und weibliche Kinder völlig unterschiedliche Konsequenzen:
— Die *Mutter-Sohn-Beziehung* ist von Anfang an durch die geschlechtliche *Verschiedenheit* der Beteiligten geprägt: Der Sohn

wird von der Mutter als (anderes!) *Objekt* validiert (bei Olivier auch als *heterosexuelles* Objekt begehrt).

Die *Mutter-Tochter-Beziehung* dagegen ist durch *Ähnlichkeit* bestimmt. Die Tochter wird von der Mutter eher als Erweiterung ihres *Selbst* erlebt und geliebt, aber weniger „begehrt".

— Um Mann werden zu können, muß der Junge sich früh und abrupt aus der primären Beziehung zur Mutter lösen. Mit ihr fällt auch ein großer Teil seiner Gefühls- und Phantasiewelt der Verdrängung anheim. Seine tiefste Angst ist von nun an, der (der Frau zugeschriebenen) Versuchung zu erliegen und in die primäre Beziehung zurückzusinken. Später wird er die Frau enttäuschen, weil seine Angst ihn unfähig macht, seine Gefühle auszudrücken und auf ihre emotionalen Wünsche einzugehen.

— Die *Mutter-Tochter-Beziehung* erleidet keinen derartigen Bruch. Sie bleibt, wenn auch hochambivalent, ein Leben lang bestehen und behält auch ihre symbiotische Färbung bei. Der *Vater* kommt als interessanter heterosexueller Beziehungspartner zur Mutter-Tochter-Dyade hinzu. Neben der weiterbestehenden Primärbeziehung ist die Beziehung zu ihm für die Tochter jedoch von zweitrangiger Bedeutung. Er ist „kein genügend wichtiges Objekt, um die Liebe zur Mutter brechen zu können" (S. 168). Die präödipale Zuneigung zur Mutter war exklusiv, die zum Vater ist es nicht.

— Das Mädchen sucht beim Vater in erster Linie eine unbelastete Alternative zu seiner intensiven Primärbeziehung. Die *Sexualisierung dieses Beziehungsangebots* geht vom Vater aus. Mit ihr bestätigt er das Mädchen als „kleine Frau". Zur *Rivalität* zwischen Mutter und Tochter kommt es nur, wenn dies zu intensiv geschieht. Im Normalfall behält das Mädchen beide Eltern als Liebesobjekte und als Rivalen.

— Die *Idealisierung des Vaters* durch das Mädchen ist Resultat seiner Nicht-Antreffbarkeit und physischen Abwesenheit. *Sie überdeckt also bereits eine Enttäuschung.*

— Dagegen stellt die *Feindseligkeit des Mädchens* gegenüber der Mutter eine Reaktion auf die früh erlebte „Allmacht" der Mutter dar, die durch keinen Dritten modifiziert wurde. Die Enttäuschungs- und Ohnmachtserlebnisse des kleinen Kindes koppeln sich *immer* mit dem Bild der Mutter, weil ihr die Last der

Kinderaufzucht überlassen bleibt, während der Vater sich entzieht.

— Wenn das fatale Arrangement der Geschlechter durchbrochen und in der Generationskette nicht ständig weiter tradiert werden soll, muß die Last des „Mutterns" — so die Schlußfolgerung (bzw. die *Utopie*) — künftig zwischen Mann und Frau geteilt werden. Bisher scheiterte die Emanzipation der Frau an dieser fundamentalen Voraussetzung.[1]

In der Sprache der unbewußten Phantasie lautet dies:

„Jungen müssen sich von der Mutter trennen; ich bin es, die bleiben darf. Es gibt keine intensivere und sicherere Beziehung als die zwischen meiner Mutter und mir. Väter (Männer) sind demgegenüber von sekundärer Bedeutung. Sie sind ohnehin nie da. Die Beziehung zu ihnen ist überdies enttäuschend, weil sie Gefühle weder annehmen noch erwidern können. Das ist aber nicht so schlimm. Ich habe in der Beziehung zur Mutter einen Fundus, der mich vor Kränkungen schützt. Ich werde von Vater (einem Mann) nie wirklich abhängig sein. Deshalb kann er mich auch nicht existentiell enttäuschen.

Ich glaube, auch Mutter ist vom Vater enttäuscht. Wenn sie ihn braucht, dann allenfalls als Liebhaber. Die eigentliche, wirklich befriedigende Beziehung hat sie zu mir. Ich verstehe sie, weil ich ihr ähnlich bin, ganz im Gegensatz zu Vater. Es gibt nichts, was uns trennen könnte. Später werde ich die gleiche Beziehung mit meinen Kindern haben. Der Vater (Mann) müßte uns eigentlich beneiden. Wenn ich Mutter manchmal hasse, dann nur, weil Vater ihr so viel Macht einräumt und sich selbst davonstiehlt. Und wenn sie mich beneidet, dann nur, weil Vater mich zu ihrer Rivalin macht, was ich selbst nie wollte.

Weil dies so ist, brauche ich nie zu befürchten, daß

— meine Mutter mich verläßt;

---

[1] Die Darstellung ist hier stark schematisiert. Sie hebt das für unseren Kontext Wesentliche hervor, ohne die an anderer Stelle auch gravierenden Unterschiede in den Auffassungen von Chodorow, Dinnerstein und Olivier immer zu berücksichtigen. So betont Olivier beispielsweise besonders die Vatersehnsucht der Tochter und ihren Schmerz über seine Nicht-Präsenz.

— ich mich wirklich von ihr trennen müßte;

— ich im Leben ganz allein dastehen werde;

— mein Vater (ein Mann) mich wirklich enttäuschen kann;

— ich von meinem Vater (einem Mann) abhängig sein könnte;

— ich auf den Vater (Mann) neidisch sein müßte;

— ich mich in eine ödipale Schuld (mit Mutter und/oder Vater) verstricke;

— die Mutter eine Beziehung zum Vater (einem Mann) hat, die ihr mehr bedeutet als die Beziehung zu mir.

Dieses Wissen gibt mir Sicherheit. Ich bin froh und stolz, eine Frau zu sein."

Die Theorie validiert also die *Mutterbeziehung* der Frau. Verharmlost wird die Enttäuschung am Vater, wie Männer auch sonst als „ungenügend" entlassen werden. Anders als bei Freud sind Menschen hier nicht „Anhängsel ihrer Geschlechtsteile" (Chodorow); es ist vielmehr die *Beziehung,* die im Vordergrund des Denkens und Erlebens steht. Sexualität kann hinzutreten, muß es aber nicht. Männer sind im wesentlichen erotisch begehrte Objekte. Die Mutter bleibt vor diesem Hintergrund das exklusive Liebesobjekt der Tochter, und zwar ein Leben lang. Die von den emotional eher verkrüppelten Männern immer wieder gesetzten Verletzungen und Enttäuschungen können ihr letztlich nichts anhaben. Sie bleibt geborgen und sicher in ihrer primären Beziehung.

Theorien von der Spiegelbildlichkeit der Geschlechter und der „androgynen" Verfassung des Menschen

Hier sind Vorstellungen von der Geschlechterdifferenz gemeint, in denen der Mensch als wesentlich „androgynes" Wesen gesehen wird, der durch seinen *Körper* zwar auf *ein* Geschlecht festgelegt ist, dessen *Persönlichkeit* aber immer auch „Anteile" des Gegengeschlechts mit einschließt, auch wenn diese sich erst entwickeln müssen oder zunächst bekämpft werden. Ihre bejahende Integration wird oft im Sinne einer Entwicklungsaufgabe verstanden, mit der die Persönlichkeit sich vervollständigt, das „Selbst" sich arrondiert. In diesen Vorstellungsbereich gehören z. B. die bekannten Vorstellungen C. G. Jungs vom gegengeschlechtlichen „Seelenbild" des Menschen, *Animus* und *Anima*, die zunächst als abgewehrter „Schatten" im Unterbewußten existieren, dann im anderen Geschlecht gesucht und erfahren werden, um sich in einer allmählichen Rücknahme dieser Projektion schließlich ins Selbst der Person zu integrieren (Jung zufolge ein für die „Selbstwerdung" notwendiger Prozeß; vgl. dazu E. Jung, 1967; Jacobi, 1971). Das Verhältnis zwischen den Geschlechtern ist hier nicht asymmetrisch, sondern komplementär. Die damit verbundene Vorstellung von Beziehung und Vollständigkeit ist im taoistischen Yin-Yang-Zeichen eindrücklich symbolisiert.

Mit gewissen Einschränkungen lassen sich auch Freuds Vorstellungen von der grundsätzlichen *Bisexualität* des Menschen, an denen er ungeachtet seiner dazu im Widerspruch stehenden Theorie von der weiblichen Entwicklung zeit seines Lebens festhielt, hier subsumieren. Freud glaubte daran, „daß alle menschlichen Individuen infolge ihrer bisexuellen Anlage und der gekreuzten Vererbung männliche und weibliche Charaktere in sich vereinigen, so daß die reine Männlichkeit und Weiblichkeit theoretische Konstruktionen bleiben mit ungesichertem Inhalt" (1925 a, S. 30). Später (1933) beschreibt er die Bisexualität, „als ob das Individuum nicht Mann oder Weib wäre, sondern jedesmal beides, nur von dem einen so viel mehr als vom anderen" (S. 121).

Alle Androgynitätsvorstellungen implizieren in ihrem Kern eine Phantasie von der Ungeteiltheit des Menschen. Sie heben die irreversible Getrenntheit der Geschlechter auf, indem sie sie zu einer vorübergehenden oder „rein körperlichen" machen. Grundsätzlich ist der Mensch hier in der Lage, „Männlichkeit" und „Weiblichkeit" — wenn auch oft nach längerer Anstrengung — so in sich zu vereinen, daß ein „vollkommenes", den konflikthaften Niederungen der Geschlechterdifferenz enthobenes ICH (Braun, 1985) entstehen kann.

In der Sprache der unbewußten Phantasie lautet dies:

„Ich weiß zwar, daß ich ein männliches (weibliches) Geschlecht habe, aber das ist nur vorübergehend oder betrifft nur einen Teil von mir. Wenn ich nur lange genug warte (mich genug bemühe), wird dies anders werden. Ich werde dann Mann *und* Frau sein, und damit vollkommen und unabhängig von meinem

Gegengeschlecht. Ich werde autark sein und nichts mehr entbehren. Ich brauche niemanden um etwas zu beneiden, was ich nicht habe, denn es ist mir grundsätzlich verfügbar oder wird es doch sein. Da ich den anderen in mir trage, kann er mich auch nicht wirklich verlassen. Mit seinem ‚Seelenbild' in mir bin ich auch ohne ihn komplett."

Solche „androgynen" Phantasien enthalten scheinbar keine geschlechtsspezifischen Varianten. Die frühen Objekte des Kindes (Mutter bzw. Vater) sind nicht unmittelbar repräsentiert, ebensowenig die mit ihnen verbundenen Beziehungserfahrungen. Viel eher scheint es sich um Apriori-Setzungen zu handeln, die in unserem Falle allerdings durchweg von *männlichen* Autoren vorgenommen sind. So gesehen wären es vor allem *männliche* Sehnsüchte nach einer inwendigen Vervollkommnung durch das Weibliche und/oder narzißtischer Ganzheit und Autarkie, die im Androgynitätskonzept ihren Ausdruck finden.

Invariante Strukturen in unbewußten Phantasien über die Geschlechterdifferenz

Betrachtet man nun die so gewonnenen, in die Sprache der unbewußten Phantasie transformierten Texte, dann ist man von den Gemeinsamkeiten in Struktur und Inhalt überrascht, die sie ganz offensichtlich aufweisen. Der vorgenommene Auszug von Invarianz aus scheinbar so unterschiedlichen Theorien über die Geschlechterdifferenz wie etwa die von Freud und Chodorow bringt diese Unterschiede offenbar an zentralen Stellen zum Verschwinden und fördert statt dessen eine gemeinsame Basis ans Tageslicht, die eine möglicherweise ubiquitäre, geschlechtsunabhängige Reaktion auf die Entdeckung der Geschlechterdifferenz enthüllt.

Inhaltliche Invarianzen

Alle drei Phantasien validieren ein *dyadisches Beziehungsmuster* (mit Mutter!), in dem Störfaktoren weitgehend ausgeschlossen sind: Es gibt keine wirkliche *Abhängigkeit* vom Gegengeschlecht, keinen *Neid*, keinen sexuellen *Rivalen*, keine *Schuld* und damit auch keinen Anlaß zur *Wiedergutmachung*.

Wo die *Mutter* erscheint, ist sie *Selbstobjekt* (d. h. ihre Interessen sind mit denen des Kindes identisch). Sie hat keine andere wirklich bedeutsame Beziehung als die zum Sohn (zur Tochter). Ihre *Sexualität* ist nicht von Bedeutung, deshalb gibt es auch keinen erwachsenen Rivalen (*Verleugnung*). Immer hat ein *anderer* (vom Gegengeschlecht) Grund zum Neid (*Projektion*).

Alle drei Phantasien versichern überdies gegen *basale Risiken*, wie sie offenbar mit der Entdeckung des Geschlechtsunterschieds verbunden sind: Dazu gehören *Trennungsangst, Kränkung* und andere *traumatische Erfahrungen* von Unvollkommenheit, Ohnmacht und Abhängigkeit. In ihrem Zentrum steht die *Illusion von der Unzerstörbarkeit der Primärbeziehung, die durch die Erfahrung des Geschlechtsunterschieds scheinbar nicht beeinträchtigt, sondern vielmehr bekräftigt wird.* Gleichzeitig stützen und validieren sie die *eigene Geschlechtsidentität* und ihre Überlegenheit über das jeweilige Gegengeschlecht.

Invariante Denk- und Abwehrstrukturen

Wenn man davon ausgeht, daß Kinder in der zweiten Hälfte des zweiten Lebensjahres den Geschlechtsunterschied entdecken und von da an mit der Aufgabe konfrontiert sind, diese Entdeckung kognitiv und emotional zu verarbeiten, und wenn es weiter zutrifft, daß das hier untersuchte Phantasiedenken der Verarbeitung dieser Entdeckung und der damit verbundenen Ängste dient, dann müßten sich in den geschilderten Phantasien auch jene *kognitiven Strukturen* aufzeigen lassen, die für das psychische Funktionieren eines zwei- bis vierjährigen Kindes charakteristisch sind. Dieser Nachweis läßt sich in mehrfacher Hinsicht führen.

Gemeinsame Abwehroperationen. In der männlichen ebenso wie in der weiblichen Version unbewußter Phantasien über die Geschlechterdifferenz spielen Abwehrmechanismen der *Spaltung*, der *Projektion*, der *Verleugnung* ebenso wie der *Idealisierung* und *Abwertung* eine zentrale Rolle. Dabei handelt es sich um Abwehroperationen, die aus der Sicht der psychoanalytischen Objektbeziehungstheorie der Frühphase der menschlichen Entwicklung zuzuordnen sind, wo sie mit dem Ende des dritten Lebensjahres (dem von Blanck und Blanck [1974, 1979] so genannten „Angelpunkt der Entwicklung") allmählich (aber niemals vollständig) durch die Verdrängung ersetzt werden (vgl. Kernberg, 1975; Rohde-Dachser, 1979).

Präoperationales Denken. Eine ähnliche zeitliche Zuordnung ergibt sich bei näherer Betrachtung auch für die involvierten *kognitiven Strukturen.*

Hier können wir auf Erkenntnisse der kognitiven Entwicklungspsychologie zurückgreifen, vor allem die Theorie von Piaget über die kognitiven Entwicklungsstufen beim Kinde (vgl. Piaget und Inhelder, 1966). Zwischen dem zweiten Lebensjahr und dem Schuleintritt beschreibt Piaget eine Phase des *präoperationalen, anschaulichen Denkens.* Das Kind kann sich in diesem Lebensstadium bereits sprachlich äußern. Aus diesen sprachlichen Äußerungen lassen sich die Art seines Denkens, seine Einsichten in Probleme und Ursache-Wirkungs-Zusammenhänge, seine Sicht von der Welt, von seinen Mitmenschen und sich selbst erschließen (vgl. Oerter und Montada, 1987). Das präoperationale Denken ist durch *Egozentrismus* und *Zentrierung der Aufmerksamkeit auf ein Merkmal eines Gegenstandes oder einer Person unter Außerachtlassung anderer gekennzeichnet* (Oerter und Montada, a. a. O.; zur Objektwahrnehmung auch Melito, 1983).

Die untersuchten kindlichen Phantasien über die Geschlechterdifferenz lassen sich zumindest in der „männlichen Version" eindeutig dieser Entwicklungsstufe zuordnen: Alle Theorien der Geschlechterdifferenz, die sich an *einem* konkreten, leicht sichtbaren Körpermerkmal festmachen (wofür sich der Penis natürlich in besonderer Weise anbietet), unter Auslassung aller anderen *gleichzeitig* möglichen (und notwendigen!) Unterscheidungskriterien, entsprechen in ihrer Struktur dem von Piaget beschriebenen *präoperationalen Denken* der Drei- bis Sechsjährigen und verarbeiten deshalb mit Wahrscheinlichkeit auch die für diese Zeit charakteristischen subjektiven Erfahrungen. Die Zentrierung des männlichen Phantasiedenkens auf den Penis als einziges und wesentliches Unterscheidungsmerkmal zwischen den Geschlechtern wäre hier geradezu prototypisch. Prototypisch ist auch die *egozentrische* Ausrichtung der Phantasien, nämlich an der Person des *Kindes, seiner* Perspektive, die als die einzig mögliche angesehen wird, und die damit verbundene Unfähigkeit zum Perspektivewechsel auch angesichts widersprüchlicher Erfahrungen (vgl. Oerter und Montada, S. 420 f.).

Inwieweit sich die *weibliche* Version mit ihrer Betonung der *Ähnlichkeit* von Mutter und Tochter, bei der es weniger um ein konkretes Körpermerkmal als um eine *gemeinsame Beziehungserfahrung* geht, hier nahtlos subsumieren läßt, scheint dagegen weniger eindeutig. *Zwei Erklärungen,* die beide zu überprüfen wären, könnten den vom präoperativen Denkstil abweichenden Modus der weiblichen Phantasie über die Geschlechterdifferenz verstehbar machen. Einmal wäre denkbar, daß die Ausblendung des wahrnehmbaren Geschlechtsunterschieds bereits eine Abwehrreaktion darstellt, mit der das kleine Mädchen auf den scheinbaren Mangel eines eigenen sichtbaren Genitales reagiert (zur Neigung zwei- bis dreijähriger Mädchen, den entdeckten Geschlechtsunterschied immer wieder zu verleugnen, vgl. Galenson und Roiphe, 1977; Galenson, 1986). Die andere Frage wäre, ob das von Piaget entwickelte Modell der kognitiven Entwicklung beim Kinde überhaupt ohne weiteres auf Mädchen übertragbar ist: Folgt man Gilligan (1982), dann waren Piagets Versuchspersonen ganz überwiegend männlichen Geschlechts; die stillschweigende Generalisierung der dort gefundenen „Gesetzmäßigkeiten" auf die kindliche Entwicklung *beider Geschlechter* wäre von daher grundsätzlich zu problematisieren.

„Männliche" und „weibliche" Versionen unbewußter Phantasien über die Geschlechterdifferenz

Neben den beschriebenen fundamentalen Gemeinsamkeiten weisen männliche und weibliche Phantasien über die Geschlechterdifferenz aber auch *gravierende Unterschiede* auf, die sowohl den Inhalt als auch die Struktur betreffen:

1. Die *männliche Version* betont den *Unterschied* zum Primärobjekt, die *weibliche Version* die *Ähnlichkeit.*

2. Die *männliche Version* stellt ein *sichtbares Geschlechtsmerkmal* in den Vordergrund, die *weibliche Version* eine *Beziehung.*

3. In der männlichen Version hängt *alles* vom *Besitz des Penis* ab, der hier die Funktion einer *elementaren Sicherheitsgarantie* übernimmt (dies könnte ein neues Licht auf die Bedeutung der Kastrationsangst für die männliche Entwicklung werfen).

In der weiblichen Version hängt alles von der *Beziehung zur Mutter* ab, die vermutlich vor allem auch deshalb projektiv von Aggression, Neid und Schuld entlastet werden muß.

4. In der *männlichen Version* wird eine (männliche) Person regelmäßig durch den Penis repräsentiert und seinetwegen begehrt oder auch gefürchtet. Der Penis fungiert auf diese Weise als *Partialobjekt*, so wie die „gute" und „böse" Brust bei M. Klein, ohne daß das Fehlen der dazugehörigen Person (des Vaters nämlich) als „Mangel" auffällig würde. Man könnte auch sagen, daß es sich hier um Pars-pro-toto-Strukturen handelt, wie sie uns ähnlich auch in fetischistischen Perversionen begegnen, die man vielleicht doch nicht rein zufällig fast ausschließlich bei Männern antrifft. Jedenfalls scheinen Frauen viel eher in der Lage, sich lustvoll in ihre körperliche Ähnlichkeit mit der Mutter (z. B. in die gemeinsame Gebärfähigkeit) hineinzudenken, während der Gedanke „Vater und ich haben beide einen Penis, deshalb verbindet uns eine unverbrüchliche, einzigartige Beziehung" in dem von uns untersuchten kindlichen Phantasiedenken so nicht auftaucht und vermutlich auch wegen seiner homosexuellen Implikationen gefürchtet wird.

5. In der *weiblichen Version* spielen *Gefühle* (vor allem eigene, aber auch die vermuteten des Vaters/Mannes) eine Rolle, in der *männlichen Version* ist nur von den (vermuteten!) Affekten des Gegengeschlechts die Rede (Enttäuschung, Neid, Eitelkeit, Leidensbereitschaft, Freude über „einen Jungen" etc.). Die „Abtretung" der Emotionalität an die Frau erscheint hier fast total.

6. Die *männliche* Version bekräftigt den Status quo; sie begründet, warum alles so ist, wie es ist, und enthält Anweisungen (an die Frau) zu seiner Aufrechterhaltung. Die *weibliche Version* enthält demgegenüber ein stärker *utopisches Element:* Auch sie beschreibt, warum alles so ist, aber mit dem Ziel der Veränderung.

7. Die *männliche Version* liefert der Frau ein Weiblichkeitsmodell, zusammen mit *Rollenvorschriften,* die ihr den Weg dahin

weisen. Auch in der *weiblichen Version* werden Rollenvorschriften an den Mann adressiert, die sich jedoch nicht primär auf seine „Männlichkeit" richten. Diese wird vielmehr vorausgesetzt und teilweise auch kritisch gesehen, nicht aber ernsthaft in Frage gestellt. Vielmehr geht es um eine Handlungsaufforderung, einen Appell des Typs „tu was!", „kümmere dich!".

8. In beiden Versionen findet man *latente Rollenzuweisungen* an das jeweils andere Geschlecht: Die *männliche Rollenzuweisung an die Frau* ist vom *komplementärnarzißtischen Typus* (vgl. Willi, 1975): „Folge mir, sei mir untertan, denn ich bin vollkommen. Wenn du bei mir bleibst (ein Teil von mir wirst), wirst du an dieser Vollkommenheit teilhaben!" In der Negation könnte sie lauten: „*Du sollst nicht merken*, daß du auch ohne mich vollwertig bist und existieren könntest." — Die *weibliche Rollenzuweisung* ist weniger eindeutig, stärker ambivalent, so zum Beispiel: „Du wirst gebraucht, entziehe dich nicht!" Aber auch: „Enttäusche mich nicht; du wirst mich enttäuschen!" Und als fundamentale Botschaft: „Wenn du mir ähnlich wirst oder es doch versuchst (du kannst es nicht!), könnten wir zusammen glücklich werden. Ich bin es, die einen Weg zum Glück weiß, den du vergessen hast. Ich möchte ihn dir zeigen."

Sandler (1976 a) meint, daß der Adressat einer solchen Phantasie den Sinn der Inszenierung unbewußt versteht und die ihm latent angesonnene Rolle übernimmt. Wenn dies zutrifft, dann akzeptiert er aber auch die insgeheim damit verknüpften Versprechungen, Belohnungen und (Ent-)Täuschungen. Hier führt uns die Untersuchung der unbewußten Phantasien von Männern und Frauen also mitten hinein ins „Arrangement der Geschlechter" (Dinnerstein), ihrer Kollusion, ihrer Sehnsüchte, ihrer wechselseitigen Glücksverweigerung, ihres angestrengten Suchens und — oft genug — auch ihres Scheiterns.

Die „Bestätigung" unbewußter Phantasien über die Geschlechterdifferenz: Herstellung von Wahrnehmungs- und Denkidentität

Unbewußte Phantasien können über längere Zeit nur überdauern, wenn sie von außen *wahrnehmbar* bestätigt werden, die innere Phantasieszene also eine über Sinneseindrücke vermittelte Entsprechung in der Außenwelt findet. Wie gelangen die hier beschriebenen unbewußten Phantasien über die Geschlechterdifferenz zu einer solchen *„Wahrnehmungsidentität"* (Freud, 1900)? Vor allem aber: Wie gelingt ihre Validierung über scheinbar logische (also sekundärprozeßhafte) Ableitungen im Rahmen eines wissenschaftlichen Theoriemodells? Dies führt uns zur Frage einer möglichen *„Denkidentität"* (Freud, 1900) für unbewußte Phantasien, die Freud ausschließlich dem Sekundärprozeß vorbehalten wollte, allerdings ohne auszuschließen, daß auch die komplizierteste Denktätigkeit letzten Endes einen „durch die Erfahrung notwendig gewordenen *Umweg* zur *Wunscherfüllung"* (1900, S. 572) darstellt.

Die Herstellung von Wahrnehmungsidentität

Alle im Unbewußten festgehaltenen Phantasien über Wesensunterschiede zwischen Mann und Frau und das jeweils daraus resultierende Verhältnis der Geschlechter können grundsätzlich in der Realität wiederkehren und dort beobachtet werden. Selbstverständlich *gibt* es vom Mann abhängige Frauen; *es gibt* Mütter, die sich nur einen Sohn und nie ein Mädchen wünschen; Frauen, die keine intensiveren kulturellen Interessen verspüren oder deren Überich korrupt ist; und *es gibt* uneinfühlsame Männer, enttäuschte Frauen, wunderbare Mutter-Tochter-Beziehungen, sanfte, weiblich anmutende Männer („Softies") und aktive, durchsetzungsfähige („phallische") Frauen. Man kann sie tagtäglich antreffen, im eigenen Alltag, mehr noch in den Massenmedien. Für die unbewußte Phantasie sind diese Wahrnehmungen der „Beweis". Gegenteilige Beobachtungen oder einfach die Erfahrung der gelebten ungeheuren Vielfalt von Mann-Frau-Beziehungen können daran nicht rütteln. Sofern ihnen überhaupt Bedeutung zuerkannt wird, figurieren sie — wie aus der Stereotypforschung hinlänglich bekannt (vgl. z. B. Tajfel, 1981) — als die berühmten „Ausnahmen, die die Regel bestätigen".

Über die Nutzung des sozial Vorfindbaren hinaus können sich Individuen ihre unbewußten Phantasien über die Geschlechterdifferenz immer dadurch neu bestätigen, daß sie die involvierten Rollenvorstellungen selbst in Szene setzen und sich gleichzeitig eine Umgebung schaffen, die ihrerseits bereitwillig den komplementären Part übernimmt. Mit anderen Worten, sie validieren ihre unbewußte Phantasie dadurch, daß sie sie immer wieder neu *inszenieren*. Was in der Psychoanalyse als Wiederholungszwang bekannt ist und in der Praxis des Eheberaters als Klage auftaucht, trotz verzweifelter Anstrengungen immer wieder in der gleichen „Beziehungskiste" zu landen, hat hier eine wesentliche Determinante.

Die Herstellung von Denkidentität

Bei der Untersuchung des Zusammenhangs von unbewußter Phantasie und Mythenbildung in psychoanalytischen Phantasien über die Differenz der Geschlechter stoßen wir auf das interessante Phänomen, daß eben jene Theorien, die ersonnen wurden, um unbewußtes Phantasiedenken ans Licht und damit unter die Herrschaft des Ichs zu bringen, *auch* Verwendung finden, um diese Phantasien zu bestätigen und *als Theorie* zu validieren. Dabei darf die logische Konsistenz der Theorie keine sichtbare Einbuße erleiden; sie ist es ja gerade, die dem *Rationalisierungsvorgang* — um einen solchen dürfte es sich handeln — seine Überzeugungskraft verleiht, mit anderen Worten: „*Denkidentität*" herstellt. Was macht diesen Rationalisierungsvorgang möglich? Was ist nötig, um Phantasie und „Wahrheit" derart *unerkannt nebeneinander* im gleichen theoretischen Gedankengebäude unterzubringen?

Hier spielen sicherlich zunächst *institutionelle Mechanismen* eine Rolle: Eine einmal etablierte Theorie wird um so weniger hinterfragt, je angesehener die professionelle Gruppe ist, die sie vertritt und je höher der wissenschaftliche Rang ihres Urhebers innerhalb dieser Expertengruppe. Dies gilt vor allem dann, wenn die Profession sich auf die Gültigkeit der Theorie geeinigt hat, ihr praktisch den Status eines Paradigmas zuerkennt (vgl. Kuhn, 1962). Kritik am herrschenden Paradigma stempelt den Kritiker leicht zum Dissidenten, der eher aus der Gruppe eliminiert wird, als daß er Gelegenheit bekäme, den „Wahrheitsbeweis" zu führen (a. a. O.). Das entbindet die Vertreter der etablierten Theorie jedoch nicht, allzu offenkundige Widersprüche im herrschenden Paradigma zu „erklären" oder auf andere Weise zu ihnen Stellung zu nehmen.

Im Falle der Freudschen Weiblichkeitstheorie geschieht dies meinem Eindruck nach vorwiegend durch einen *Prozeß der fortgesetzten Widerlegung*. Nur wenige Analytiker reden heute noch ganz ungeniert von „Penisneid" und „weiblichem Masochismus"; trotzdem bleiben diese Vorstellungskomplexe im Gespräch, und zwar in einer aus zunächst schwer begreiflichen Gründen immer neu zu vollziehenden *Negation*. Kein psychoanalytisches Buch, kein Zeitschriftenartikel zum Thema „Weiblichkeit" ohne die obligate Auseinandersetzung mit den einschlägigen Freudschen Vorstellungen zu diesem Thema, und das seit vielen Jahrzehnten! „Was ständig wiederholt wird, muß existieren!", sagt sich das Unbewußte, das keine Verneinung kennt.

Die feministischen Weiblichkeitstheorien werden in der traditionellen Psychoanalyse von den etablierten Experten (die meistens Männer sind) dagegen kaum rezipiert und deshalb bis heute auch nicht als ernstzunehmender Widerspruch empfunden, der in der Lage wäre, das Paradigma zu gefährden. Nach meinem Eindruck integrieren sie in erster Linie eine interessierte Gruppe weiblicher Analytiker, deren Einfluß auf den wissenschaftlichen Diskurs der Profession jedoch bis jetzt eher dürftig bleibt. Das hier charakteristische unbewußte Phantasiedenken zieht seine Bestätigung vermutlich vor allem aus der gemeinsamen sozialen Lage (die eine der *spürbaren* und *wahrnehmbaren* Benachteiligung ist) und der damit verbundenen theorieimmanenten *Vision* von einer „besseren" Gesellschaft.

Daneben sind es bestimmte *Denkoperationen*, die sich dazu eignen, unbewußtes Phantasiedenken in wissenschaftlicher Theoriesprache zu bekräftigen. Freuds Theorie der Weiblichkeit wurde unter diesem Aspekt bereits mehrfach recht kompetent untersucht (vgl. z. B. Schafer, 1974; Irigaray, 1974; Schlesier, 1981). Ich werde mich auf diese Untersuchungen beziehen und im übrigen lediglich auf einige Denkoperationen verweisen, die für die (un-bemerkte) Mythologisierung von Wissenschaftssprache geradezu prädestiniert erscheinen (weitere Hinweise bei Barthes, 1957). Es sind dies vor allem *Fehlattribuierungen, Auslassungen, Assozia-tionen, Dissoziationen, Überdehnung von Begriffen, analogische Beweisführung, metaphorische Ausdrucksweise* und die unbe-merkte *Konkretisierung von Metaphern* (ein Prozeß, den Mentzos [1971] auch als „regressive Desymbolisierung" beschrieben hat).

Bei Freud und seinen orthodoxen Nachfolgern findet man in diesem Kontext vor allem ein charakteristisches *Driften zwischen Metapher und Wesensaussage, Phantasie und Realität*. Der Ebe-nenwechsel erfolgt unbemerkt, ohne daß die damit erzeugte Wi-dersprüchlichkeit des Diskurses auffällig würde und nach Klärung verlangte. So erwähnt Freud wiederholt, daß das kleine Mädchen auf die Entdeckung seiner Penislosigkeit mit der Phantasie rea-giere, es sei „kastriert". Beinahe gleichzeitig spricht er jedoch von der „*Entdeckung* seiner Kastration", der Weigerung, „die *Tat-sache* ihrer Kastration anzunehmen", und vom Bedürfnis der Frau, ihre „*sexuelle Minderwertigkeit*" zu verbergen (zitiert nach Chodorow, 1978, S. 189, alle Hervorhebungen von mir, C. R.-D.). Von der Klitoris ist als „verkümmertem Penis" die Rede oder auch als von einem Organ, das in *Wirklichkeit* nur ein ungenü-gender Ersatz für den Penis ist (a. a. O., S. 190). Bei Abraham liest man dann über die Bedeutung dieser Organe:

„Wir müssen die *Tatsache* im Auge behalten, daß sexuelle Aktivität in grundlegender Weise mit dem männlichen Organ verbunden *ist*, daß die Frau nur die Libido des Mannes erregen oder auf sie reagieren *kann*, und daß sie darüber hinaus zu einer abwartenden Haltung *gezwungen ist*" (zitiert nach Chodorow, 1978, S. 189; alle Hervorhebungen von mir, C. R.-D.).

Haben wir es hier mit einer verdeckten *Konkretisierung von Metaphern* zu tun, dem Verlust ihres „Als-ob-Charakters", wie er uns sonst vor allem in den Denkstörungen von Borderline-Patienten begegnet (vgl. Mentzos, 1971; Rohde-Dachser, 1979), so macht Schafer (1974) auf die *Überdehnung von Konzepten und damit verbundene Fehlattribuierungen* in Freuds Theoriebildung aufmerksam, die den gleichen mystifizierenden Effekt erzielen.

„Um nur ein Problem herauszuheben: Freud begünstigte vorschnell die Etikettierung ‚Penisneid' für einen vielschichtigen Bereich von Gefühlen, Wünschen und Phantasien, von denen Penisneid lediglich ein Teil ist, obwohl oft höchst intensiv und folgenreich. Hier kann der Einfluß des Phallozentrismus kaum übersehen werden" (S. 348; Übersetzung von mir, C. R.-D.).

Auslassungen resultieren vor allem aus dem mangelnden Interesse an der Subjekthaftigkeit von Frauen und Müttern, abgesehen von ihren negativen Gefühlen über ihre Weiblichkeit und den Wert ihres Geschlechts und ihren kompensatorischen Strebungen, geliebt und geschwängert zu werden, besonders mit Söhnen (Schafer, 1974, S. 359). Über Freuds „Lücken" sagt Schafer in diesem Zusammenhang: „Es scheint, daß er den Vater und den Kastraten in sich und anderen Männern kannte, nicht aber die Mutter und die Frau" (a. a. O., S. 357).

Aussagen und Auslassungen in einem Theorietext wiederum verflechten sich zu einem Netz von *Assoziationen* (und *Dissoziationen*), die unabhängig von ihrem jeweiligen logischen Kontext eine *Gestalt* erzeugen können, die mit dem involvierten Phantasiedenken koinzidiert und es auf diese Weise bestätigt (z. B. phallozentrische Bilder, aber auch das Bild eines harmonischen Mutter-Tochter-Paares oder eines androgynen Wesens, das narzißtisch in sich ruht und ohne Verlangen scheint).

In der *analogischen Beweisführung* schließlich legitimiert sich eine Behauptung mit Hilfe eines Vergleichs; dabei gewinnt das herangezogene Vergleichsobjekt unversehens normierende Funktion, wie etwa in Freuds (an anderer Stelle vorsichtig relativierter) Feststellung:

„Die männliche Geschlechtszelle ist aktiv beweglich, sucht die weibliche auf und diese, das Ei, ist unbeweglich, passiv erwartend. Das Verhalten der geschlechtlichen Elementarorganismen ist sogar vorbildlich für das Benehmen der Geschlechtsindividuen beim Sexualverkehr" (Freud, 1933 b, S. 122).

Damit haben wir einige der komplexen Mechanismen beschrieben, mittels derer das unbewußte Phantasiedenken über die Differenz der Geschlechter jene Denk- und Wahrnehmungsidentität herstellt, die es zu seiner Erhaltung benötigt. Was offen bleibt, ist die Frage, *warum* diese Phantasiebildung offenbar auch ungeachtet aller später gewonnenen „reiferen" Einsichten mit derartiger Hartnäckigkeit persistieren und immer wieder an die Oberfläche drängen.

Überlegungen zur Persistenz unbewußter Phantasien über die Differenz der Geschlechter

Meine Vermutung ist, daß unbewußte Phantasien über die Differenz der Geschlechter nicht nur eine zentrale Funktion für die Aufrechterhaltung der Geschlechtsidentität besitzen, sondern darüber hinaus für die Aufrechterhaltung der psychischen Organisation überhaupt. Folgt man Kohlberg (1966, 1969) und auch Simon (1984), dann strukturieren Kinder bereits sehr früh in ihrem Leben die Myriaden verfügbarer Informationen durch *binäre Zuordnungen.* Anders ausgedrückt, sie reduzieren Komplexität, indem sie aus der Vielfalt von Eindrücken einen Auszug von Invarianz herstellen. *Ein* solcher Auszug ist die binäre Zuordnung von Erfahrungen zu den Invarianten „gut" und „böse", ein anderer ist die nach dem Geschlecht. Die binäre Klassifikation von Informationen nach dem Schema „männlich/weiblich" ist so vermutlich eines der zentralen psychischen Strukturprinzipien überhaupt (vgl. dazu Frieze et al., 1978, S. 114 ff.). Kognitive Entwicklungspsychologen sind sogar der Auffassung, daß dieser (irreversible!) kognitive Akt die Basis jeder späteren Identifizierung darstellt: Sobald ein Kind sich selbst als männlich oder weiblich definiert hat, wird es jene Verhaltensweisen imitieren, die mit diesem Selbstbild kongruent sind. Die umgebende Kultur verstärkt diese Kategorisierungsneigung, die auch dem konkreten Denken des Kindes in jener Altersstufe entgegenkommt (a. a. O.). Es ist dieses noch primitive, „präoperationale" Denken, das der so erworbenen Geschlechtsidentität und den damit verbundenen Vorstellungen von Männlichkeit und Weiblichkeit seinen Stempel aufprägt. Sozialpsychologische Untersuchungen haben ergeben, daß die so geformten Stereotypen sich trotz fortschreitender Reifung des Kindes auf anderen Gebieten über Jahre hinweg erhalten, Beeinflussungsversuchen erfolgreich trotzen und sich (wenn überhaupt!) erst mit der Pubertät zögernd verändern, wobei *neue* Informationen und Erfahrungen, die im Widerspruch zu den bisher festgehaltenen Kategorisierungen stehen, eine gewisse Rolle spielen können, aber nicht müssen (a. a. O., S. 121 f.). Auch diese Resultate deuten darauf hin, daß es sich bei der Geschlechtskategorisierung um einen offenbar zentralen „Organisator" handelt (Kohlberg), der vor allzuviel Korrekturen und Grenzverwischungen abgeschirmt werden muß, weil nicht nur die Aufrechterhaltung der Geschlechtsidentität, sondern — viele basaler noch — der psychischen Organisation als solcher von seinem ungebrochenen Funktionieren abhängt.

Möglicherweise stoßen wir hier auf jenen „gewachsenen Fels", den Atwood und Stolorow (1984) meinen, wenn sie von den „invarianten Strukturen" der *subjektiven Repräsentanzenwelt* eines Individuums sprechen. Diese Strukturen konstituieren eine Art *präreflektiven Bezugsrahmen,* in den Ereignisse assimiliert werden und der seinerseits die Erfahrung strukturiert. Seine *Funktionen* werden ähnlich beschrieben (a. a. O., S. 91 f.), wie ich dies oben für die unbewußten Phantasien versucht habe. Sein letztlich unverzichtbarer Zweck liegt auch für Atwood und Stolorow in der *Organisation von Erfahrung* überhaupt (a. a. O.).

Wenn es aber zutrifft, daß unbewußte Phantasien über die Geschlechtsdifferenz ein elementares psychisches Strukturprinzip zum Ausdruck bringen, dessen Statik die psychische Organisation garantiert, dann gilt Ähnliches vielleicht auch für jene auffälligen Invarianzen, auf die wir bei unserer Untersuchung von immerhin drei psychoanalytischen Theorien über die Geschlechterdifferenz gestoßen sind: Allen gemeinsam war die *Phantasie einer (trotz Geschlechtsdifferenz!) ungebrochenen Dyade mit dem Primärobjekt, ohne die trennenden Aspekte von Neid, Eifersucht und Schuld und ohne Angst vor Trennung.* Wäre es denkbar, daß Menschen sich eine solche Phantasie als Basis ihres psychischen Funktionierens schaffen (und erhalten!), weil sie ihnen jene basale Sicherheit liefert, die notwendig ist, um sich später, als äußerlich „autonomes" Individuum, in zwischenmenschlichen Beziehungen (insbesondere zum „Gegen"-Geschlecht) wirklich zu riskieren? Das würde bedeuten, daß *Wunscherfüllung, Sicherheitsgefühl, Kränkungsschutz, Identitätsgarantie* und *psychisches Funktionieren* (die oben beschriebenen Funktionen der unbewußten Phantasie) unverbrüchlich mit dem Bild einer Mutter verbunden sind, der gegenüber wir uns nicht schuldig fühlen müssen und von der wir wissen, daß sie uns nie verläßt. Die Ausgestaltung dieses Bildes variiert zwischen Mann und Frau (und sicher auch mit dem jeweiligen soziokulturellen Kontext), sein Grundmuster aber ist für beide identisch. Es ist jenes Muster, nach dem Menschen offenkundig eine „Wirklichkeit" für sich konstruieren, die sich mit üblichen Mitteln nicht objektivieren läßt, die aber der Aufrechterhaltung ihrer psychischen Organisation (ihrer „Autopoiese") dient und über die sie sich mit anderen Individuen, die eine ähnliche innere „Wahrheit" in sich tragen, verständigen können (zu der damit angeschnittenen Frage der Autopoiese vgl. Maturana, 1984).

Schlußbemerkung

Kehren wir zurück zum Anfang, zum dort beschriebenen Zirkel von Aufklärung und Remythologisierung in der Psychoanalyse. Was haben wir erfahren? Wir haben in unserer Untersuchung psychoanalytische Theorien über die Differenz der Geschlechter auf die Ebene der unbewußten Phantasie transformiert und diesem „Text hinter dem Text" dann weiter nachgespürt bis an einen Ort nahe den Wurzeln psychischen Funktionierens. Diese Reise war möglich, weil wir das methodische Instrumentarium der Psychoanalyse benutzten, einer wissenschaftlichen Disziplin also, deren Theorien zur Geschlechterdifferenz wir gleichzeitig als Mythen dekuvrierten. Wir stießen dabei auf eine „Wirklichkeit", die — wollte man sie in einer ontologischen Sprache dingfest machen — sich diesem Versuch vermutlich ähnlich spröde entzöge, wie alle anderen hier untersuchten Theoreme. Es gibt auf dieser Reise also kein endgültiges Ziel, aber vielleicht doch immer wieder ein *Erkennen*, das für einen Moment die Illusion von „Wahrheit" schafft, bis wir wieder konstatieren werden, daß wir einen Mythos festgehalten haben.

Es gilt, was Ludwig Wittgenstein 1971 an seinen Freund Paul Engelmann schrieb: „In den besseren Stunden aber wachen wir soweit auf, daß wir erkennen, daß wir träumen" (zitiert nach Watzlawick, 1987).

Louise Schmidt-Honsberg

Gedanken zur weiblichen Homosexualität (1989)

Einleitung

Die weibliche Identität ist — was die primäre Identität angeht, nämlich die des menschlichen Wesens im allgemeinen und die sexuelle Identität im besonderen — eng an die Mutter gebunden. Die Liebe des Mädchens zur Mutter ist nicht primär phallisch, sondern primär weiblich; es sind die Liebe zur anderen Frau, der Spiegel im Auge der Mutter, die den Grundstein für die Entwicklung des autonomen weiblichen Selbst bilden; und die Erkenntnis des kleinen weiblichen Wesens des „ich bin" und „ich bin etwas wert" ist unlöslich damit verknüpft.[1] Das Gelingen dieser ersten gleichgeschlechtlichen Liebe ist dann auch Voraussetzung für die Lösung von der Mutter und die Zuwendung zur Welt des Fremden, anderen, und damit auch zum Mann.

Erfährt diese Liebe zwischen Mutter und Tochter nicht eine gewisse Erfüllung (das Gut-genug-Halten im Sinne Winnicotts ist hier gemeint), so hat eine spätere homosexuelle Liebe als Beziehungsform zwischen Frauen stets auch mit der immerwährenden Suche nach Erfüllung gerade dieser Liebe zu tun.

In der Literatur, aber auch in der Wiederbelebung der Mutter-Imago im analytischen Prozeß finden wir in großer Differenziertheit das wieder, was an primärer und gefühlsmäßiger Qualität die Beziehungen zwischen Mutter und Tochter charakterisiert. Gerade in der Beschreibung des *Mangels* wird die Sehnsucht oft aufs feinste präzisiert und ausgedrückt, eine Sehnsucht, die die innere Wahrnehmung schärft und die Strukturen dieser ersten Liebe hervortreten läßt.

---

[1] Die „Kathexis" zwischen Mutter und Tochter ist, wie A. Rich (1976) schreibt, „die große ungeschriebene Geschichte", und „die Qualität eines Mutterlebens ist ihr primäres Vermächtnis an die Tochter" (S. 239).

Die Liebe und Zuwendung zur anderen Frau — in welcher Form sie sich auch äußert — ist sicherlich für jede Frau ein wichtiger Bestandteil ihres Lebens, denn das weibliche Selbst bedarf immer auch der *geistigen Repräsentation* im Bild der anderen.

Die eigene Lebenserfahrung ist in bezug auf die weibliche Homosexualität sicherlich sehr unterschiedlich, unterschiedlich auch der Umgang mit diesem Thema. Gleich ist jedoch, *daß* das Thema vermutlich stark gefühlshafte Seiten in uns anspricht, da es einen gesellschaftlich tabuierten und seelisch oft unbekannten ‚dunklen‘ Bereich in uns berührt. Aktiviere ich die Seite der Gleichheit — das homo — in mir, so belebt sich die Mutter-Imago im umfassenden Sinn: Die *Sehnsucht nach dem Ursprung, der uranfänglichen Einheit.* Das Vertrauen, das allumfassende Gehaltenwerden, aber auch die Möglichkeit der uranfänglichen Vernichtung, die Nähe des Todes zur Geburt, des Hungers zur Sättigung tauchen als das weibliche Prinzip in seinem Aspekt als Herrin über Leben und Tod in mir auf. Aktiviere ich nun die andere Seite des Wortes — das sexuell —, so belebt sich die eigene sexuelle Identität, die Imago der Frau, der Liebenden und Geliebten. Es ist die *Sehnsucht nach Erkenntnis* (nicht nach Einssein), die nun wach wird, die Sehnsucht nach Erkenntnis des Wesens der eigenen Geschlechtlichkeit durch die Begegnung mit der(m) Gleichen — der Mutter, der Schwester, dem Vorbild, dem Spiegel — und durch die Begegnung mit dem Fremden, dem grundsätzlich anderen, dem Männlichen. Jede sexuelle Beziehung zu einem anderen Menschen, gleich, ob homo- oder heterosexuell, ist in diesem existentiellen Sinne immer auch die Suche nach der Erkenntnis des Selbst, d. h. die Suche nach der Wahrheit der Liebe.

Konfrontiert mit den gesellschaftlichen Bildern der Weiblichkeit empfinden Frauen oft ein tiefes Unbehagen, ein Gefühl der Unwahrheit über die Darstellung und Bewertung von essentiellen, wesenhaften Anteilen ihrer Entwicklung und ihres Seins. Der Wunsch und die Suche nach einer Tradition weiblichen Selbstverständnisses entspringt dem intensiven Bedürfnis nach Wahrheit über sich selbst. Offenbar war die weibliche Anatomie einst nicht Schicksal im Sinne Freuds — nämlich Ursache und gleichzeitig Symbol von Minderwertigkeit —, sondern im Gegenteil Ursache und Symbol von Potenz, Kreativität, Fülle und Lust. Frauen waren, so zeigen es uns viele Mythologien, erste Symbole der Verehrung des Menschen, und noch heute sind die „Mysterien der Geburt und der Menstruation genauso überzeugend wie der Tod selbst" (Campbell, 1959, S. 20 f.). Die frühen Darstellungen weiblicher Figuren (vgl. z. B. Neumann, 1956) bestätigen die weibliche Kraft, nicht vorwiegend im Sinne von Macht und Herrschaft über andere, sondern im Sinne der Kraft, sie selbst zu sein.[2]

Nach psychoanalytischer Auffassung erfolgt die Vermittlung der Welt und aller Erfahrung — auch des weiblichen Selbst — immer durch das männliche Prinzip. Die Natur der Frau ist keine primär weibliche, sondern eine bisexuelle, in der das Weibliche als Rest bleibt, nachdem das Männliche aufgegeben werden muß. Luce Irigaray (1976) nimmt zu diesem Aspekt eine radikale Position ein. Sie hält die Theorie der Bisexualität für eine „große Falle", da sie das Bemühen widerspiegele, den Geschlechtsunterschied aufzuheben, statt die wahre Differenz der Frau zu offenbaren:

„Jetzt wollen sie die Macht teilen, weil sie sie ganz nicht mehr haben können", schreibt sie. Und weiter: „Ich will nicht teilhaben an ihrer phallischen Macht [. . .]" (S. 20). Sie versucht, die Frau wesentlich über ihre Sexualität zu beschreiben: „Zwischen uns gibt es keinen Bruch zwischen Jungfrau und Nichtjungfrau. Kein Ereignis, das uns zur Frau machen würde [. . .] Das Geschlecht deines/meines Körpers wurde uns nicht durch einen Eingriff gegeben, durch den Einfluß einer Macht, einer

---

[2] Die meditative Betrachtung solcher Darstellungen gibt dem Weiblichen Aspekte seiner Selbst „zurück" und spiegelt diese geistig wider, wie es keine Pietà von Michelangelo, keine Venus von Botticelli vermag. — Bestrebungen allerdings, die Frau als „Göttin" wieder aufzurichten, und über die Identifizierung mit frühen Bildern wieder in ihre „Rechte" einzusetzen, entsprechen eher dem verborgenen Machtanteil. Die antike Göttin ist auch niemals Darstellung „der Frau" gewesen, sondern der weiblichen Kräfte im Kosmos. Jede Frau ist ein Mensch und als solcher immer (nur) ein Teil des Göttlichen. Die Bestimmung der Frau als Ganzes *heute* muß außerdem die *mentale* Struktur unseres Zeitalters (im Sinne Gebsers, 1976) miteinbeziehen.

Funktion, eines Organs. *Du bist bereits die Frau, ohne besondere Interventionen noch Manipulationen"* (S. 12).

M. Torok (1964) hat dargelegt, daß es das Fehlen geistiger Repräsentanzen des eigenen weiblichen Wesens in seiner Liebesfähigkeit ist, welches als Quelle des Penisneides anzusehen ist.

„Was", so schreibt sie, „könnte dieser verbotene Teil des Selbst anderes sein als das verdrängte eigene Geschlecht?" (S. 200). Und weiter: „Nichts könnte sich zur Darstellung des Unerreichbaren, weil Verbotenen, besser eignen als das Geschlecht, das man nicht hat [...] genau das Verbot jener Körpererfahrungen, die sich auf das eigene Geschlecht beziehen, wird hier in großartiger Weise symbolisiert" (S. 199). Tatsächlich sei „nichts" in dieser inneren Dynamik „weniger wichtig als der Penis selbst. Dieses Partialobjekt wird uns als Verschleierung eines Wunsches erscheinen, als künstliches Hindernis auf dem Wege, durch die Befreiung von gehemmten Akten zu sich selbst zu finden" (S. 195).

In diesem Sinne kann die Geschichte des weiblichen Selbst, der Entwicklung der weiblichen Ich-Identität und die Geschichte der sexuellen Identität *nicht* die Geschichte des Phallus sein, wie etwa Grunberger (1971) und in Verbindung mit ihm auch Chasseguet-Smirgel (1975) dies darstellen. Grunberger schreibt, für beide Geschlechter sei der Phallus das Symbol für „Fruchtbarkeit, Vollkommenheit und Integrität" (S. 209). Er entwirft ein phallokratisches Bild par excellence, in dem der weibliche Körper noch nicht einmal im Unbewußten vorkommt.[3] In einer grandiosen

---

[3] „Jede Triebbefriedigung oder Ich-Bereicherung des Kindes nimmt in seinem Unbewußten phallischen Charakter an [...]" (S. 209). Das Ideogramm, das die Sprache des Unbewußten hierfür [d. h. für die Vollkommenheit, das Selbst; d. Verf.] verwendet, ist der Phallus oder in seiner negativen Form der fehlende oder beschädigte Phallus, d. h. die Kastration" (S. 208). Im Laufe der Entwicklung nun gehe dieses Bild in das des realen Penis über — und so werde der Besitz des Penis nun Garant der Sicherung der narzißtischen Integrität. Auch für die Frau repräsentiere der Phallus das Körper-Ich, „wobei die Vorstellung der Ich-Integrität an die Integrität des Zeugungsorgans gebunden ist und umgekehrt" (S. 232). Erstaunlich aber ist, daß Chasseguet-Smirgel in ihrem Buch diesen Bildern folgt. Vgl. auch die Rezension Dettmerings in der *Psyche*, 37 (1983) S. 950 f.

Uminterpretation überwindet Grunberger auch die letzte gedankliche Hürde, wenn er über die Welt der Symbolik schreibt: „[...] daß nicht nur, wie man immer schon sagte, längliche Gegenstände Penisbedeutung haben, sondern auch kugelförmige Gegenstände. Die Kugel ist tatsächlich eine vollendete Form absoluter Vollkommenheit" (S. 233), damit für ihn jedoch nicht integratives Symbol, Symbol der Vereinigung von weiblichen und männlichen Kräften, sondern Symbol des Phallus. In der Welt der geistigen Repräsentanzen also gibt es keine weiblichen Organe mehr, sie sind endgültig geistig inexistent.

Ist der Phallus Symbol der Vollkommenheit für beide Geschlechter und streben nach Grunberger auch aus *diesem* Grunde beide danach, so repräsentiert er sich im individuellen Leben für beide erstmals in der mächtigen Mutter der Stillzeit. Auch die Brüste werden so zu Phallussymbolen, sind wiederum nicht mehr ureigentlich weiblich, weil es ureigentlich Weibliches nicht gibt und geben darf.

Grundsätzlich wie die weibliche Lust ist die weibliche Kraft zu gebären, welches nun die Verbindung im weiteren Sinne zur Mutter ist und diese herstellt. „Mütter und Töchter haben immer — jenseits der mündlich überlieferten Kunde weiblichen Überlebens — ein Wissen ausgetauscht, das unterschwellig, subversiv und präverbal ist, das Wissen, das zwischen zwei sich gleichenden Körpern fließt [...]" (Rich, 1976, S. 212).

Margaret Mead spricht in diesem Zusammenhang von einer tiefen biologischen Affinität zwischen Mutter und weiblichem Kind, von der wir heute noch zu wenig wüßten. In dem späteren eigenen Gebären der Tochter liegt in gewissem Sinne die Umkehrung der ursprünglichen Positionen, denn erst das tiefe Annehmen der eigenen Mutter als Kind in den eigenen Schoß bedeutet für die Tochter Lösung von ihr — die Mutter in den eigenen Schoß aufzunehmen, ist die weibliche Seite der Fruchtbarkeit und Kreativität im körperlichen und geistigen Sinne.[4]

---

[4] Im übertragenen Sinne bedeutet dies die Integration weiblicher Kreativität in den eigenen geistigen Prozeß. Neumann spricht in diesem Zusammenhang von dem Wandlungsaspekt des Weiblichen.

Im Demeter-Kore-Mythos finden wir diese Dynamik, in der die weibliche körperliche Fruchtbarkeit und geistige Kreativität noch in die zyklische Wiederkehr von Leben und Tod eingebettet ist, ein letztes Mal vor ihrem kulturellen Untergang dargestellt. Wie zu Beginn des Lebens die Tochter den körperlichen und geistigen Eingang in die Welt über das Wesen und das Wesentliche der Mutter sucht, so sucht die Mutter zum Abschluß ihres Lebens den Eingang zum Tode in der Geborgenheit des töchterlichen Schoßes, will aufgenommen sein und ausruhen.

Literarische Darstellungen

Ich habe im Vorhergehenden versucht, einige Gedanken über die erste Liebe zwischen Mutter und Tochter und die spätere zwischen Frauen in ihrer Bedeutung für die weibliche Selbstentwicklung darzustellen. In der Literatur der lesbischen Liebe, deren folgende Auswahl durchaus subjektiv und ausschnitthaft ist, finden wir einerseits Darstellungen dieses Aspekts, andererseits aber auch Darstellungen, in denen einer späteren lesbischen Beziehung die *Sehnsucht und Unerfülltheit* der frühen Liebe zur Mutter als entscheidende Dynamik zugrunde liegt. Hier ist es (dann) der negative Spiegel, der uns den Mangel zeigt und das Leiden. Ein Leiden, das immer wieder kreativ gewendet werden kann und im Kunstwerk, z. B. auch in der Literatur, seine produktive Gestalt findet.

Vielleicht vermittelt uns Sappho (um 600 v. u. Z.), deren Dichtung zur ältesten in unserem Kulturraum erhaltenen weiblichen Literatur gehört, noch relativ ungebrochen den positiven und förderlichen Aspekt der frühen homosexuellen Beziehung. Ihre Dichtung zeigt sie uns nicht nur als sensibel und leidenschaftlich Liebende, sondern auch als geistige Lehrerin und mütterliche Freundin.

„Den orphischen arrenes erotes", so schreibt Bachofen (1954) — fast schwärmerisch — über sie, „tritt das lesbische Verhältnis des Weibes zu seinem eigenen Geschlecht gleichartig zur Seite. Erhebung aus den tiefen Stufen der Sinnlichkeit, Läuterung der physischen zur psychischen Schönheit ist auch hier einziges Ziel. Auf Erziehung ihres Geschlechts ist Sapphos Bestreben gerichtet [. . .] und nicht einer allein widmet sie ihre Sorge, zu allen treibt sie Eros [...] wo immer sie leibliche Schönheit findet, da treibt sie Eros, auch die geistige zu erzeugen [...]" (S. 248).

Im ersten lesbischen Roman der modernen Literatur „The well of loneliness" von Hall (1928) begegnet uns eine Frau, die auf den Jungennamen Stephen getauft wurde, da man an ihrer Stelle eigentlich die Geburt eines Sohnes ersehnt hatte. Sie wächst unter liebevoller väterlicher Fürsorge quasi als Junge auf und repräsentiert dabei den unerfüllten, negativen Aspekt der homosexuellen Liebe. Die Mutter hat die Tochter sozusagen mit der Geburt abgegeben, sie hat nie eine tiefere Beziehung zur Tochter entwickelt, diese körperlich immer insgeheim und mit Schuldgefühlen beladen abgelehnt. Es war, wie sie später der Tochter sagt, „ein Wunsch, Dich nicht zu berühren und nicht von Dir berührt zu werden" (S. 203). Den ganzen Roman durchzieht die Schilderung einer idealisierten Vaterfigur, nach dessen Tod das Mädchen Stephen ihre erste lesbische Beziehung eingeht, und die Beschreibung des tief unglücklichen Verhältnisses von Mutter und Tochter, gekennzeichnet durch Kälte und später Eifersucht auf die enge Vater-Tochter-Beziehung von seiten der Mutter und durch die immerwährenden hilflosen, schmerzhaften Versuche seitens der Tochter, sich der Mutter anzunähern.

Die Autorin Hall war wie viele ihrer Zeitgenossen beeindruckt von Krafft-Ebing und hielt ihre Veranlagung für angeboren. Die Tragik des Romans liegt in der Vorstellung, daß keine Beziehung zwischen Mutter und Tochter möglich ist, daß eine geradezu körperliche Abneigung besteht. Die unüberbrückbare Kluft zwischen Mutter und Tochter findet ihren Ausdruck und Höhepunkt in einer heftigen Szene: Die Mutter hat von der homosexuellen Beziehung ihrer Tochter zu einer älteren Frau erfahren und macht ihrer Tochter die heftigsten Vorwürfe, die in zweierlei gipfeln: erstens der nachträglichen Rechtfertigung ihrer Ablehnung gegenüber der Tochter, die sie bisher immer schuldgefühlshaft erlebte, nun aber in der Anormalität und Widernatürlichkeit der Tochter begründet sieht; und zweitens im Vorwurf, der die Tochter noch tiefer und zentraler trifft, nämlich dem, ihre lesbische Beziehung sei *keine Liebe*: „Das sind Dinge, die nur zwischen

Mann und Frau gesagt werden". „Ich habe Deinen Vater geliebt und er mich, das war *Liebe*" (ebd., S. 204).

Die Romanheldin spürt in diesem Moment, daß es ihr ans Leben geht; sie weiß, sie muß ihre Liebe zu einer Frau verteidigen, um nicht zu sterben — und hier wird das deutlich, was uns später unter psychoanalytischen Gesichtspunkten wieder begegnen wird: die Notwendigkeit des Ichs, die homosexuelle Liebesbeziehung aufrechtzuerhalten, um nicht der archaischen Mutter-Imago und ihrer destruktiven Kraft endgültig ausgeliefert zu sein. Stephen verteidigt also ihre Liebe:

„Es war gut, gut, gut. Ich weiß nicht, wer und was ich bin, aber ich werde es Dir [Mutter] nie vergeben, daß Du versuchst, mich dazu zu bewegen, mich meiner Liebe zu schämen. Ich bin nicht beschämt darüber [...]" Und sie stammelt dann weiter: „[...] gut und schön war sie, die Liebe, *der beste Teil meiner Selbst,* und ich gab alles und fragte nach nichts [...]" (S. 204).

Der Vater hatte die lesbischen Neigungen seiner Tochter erkannt, hielt sie jedoch für angeboren (was der Epoche entsprach). Sein früher Tod im Roman ist ein Hinweis auf das Erleben der homosexuellen Frau, vom Vater in ihrer Sehnsucht nach sexueller Liebe und Geborgenheit verlassen worden zu sein. Statt dessen wird eine starke Identifizierung der Tochter mit ihm beschrieben, und in späteren Liebesbeziehungen liebt Stephen ein junges Mädchen so, wie der Vater sie hätte lieben sollen — zärtlich und beschützend. Der Roman endet mit Schilderungen der gesellschaftlichen Isolierung und inneren Einsamkeit lesbischer Frauen der 20er Jahre, aus der die Romanheldin schließlich ihre jüngere Partnerin entläßt, die sich einem Mann zuwendet.

Meisterhaft hat Virginia Woolf (1927), die von ihrem Mann einmal sagte, „er ist meine Mutter", in der Romangestalt der Mrs. Ramsay autobiographische Züge ihrer Mutterbeziehung verarbeitet. Mrs. Ramsay erscheint als eine völlig auf die Bedürfnisse ihres Mannes ausgerichtete Frau, die von einer jungen Malerin umschwärmt wird.

„Konnte lieben — oder was die Leute so nannten — sie und Mrs. Ramsay eins werden lassen? Denn es war *nicht Erkenntnis*, wonach es sie verlangte, *sondern Einswerden*, nicht Inschriften auf Tafeln, nichts, was sich in irgendeiner den Menschen bekannten Sprache niederschreiben ließ, sondern *Vertrautheit selbst*, die Erkenntnis ist, hatte sie gedacht, als sie den Kopf an Mrs. Ramsays Knie lehnte" (S. 65).

Virginia Woolf formuliert hier die fundamentale Sehnsucht der homosexuellen Liebe als die Sehnsucht nach Vertrautheit. Nicht das Liebesobjekt in der Begegnung und damit das Selbst in seinen fremden, ergänzenden Anteilen *zu erkennen* wird angestrebt, sondern Erkenntnis durch Verschmelzung, wie Sylvia Plath (1975) schreibt, den Zustand einer psychischen Osmose" zu erreichen, die „zurückführt zu den geheimen Kammern [. . .] eins mit dem angebeteten Objekt [. . .]" (S. 32).

Bei vielen Autorinnen — so z. B. bei Kate Millet (1974; 1977), Isabel Miller (1972) — finden wir den substituierenden — und damit auch den heilenden — Aspekt einer lesbischen Beziehung deutlich ausgedrückt, die Möglichkeit, in der anderen, idealisierten Frau die positiven Anteile der Mutter-Imago zu beleben und damit Teile der eigenen Ich-Identität zu restituieren. Eindringlich werden aber immer wieder auch die negativ bedrohlichen Aspekte einer homosexuellen Beziehung literarisch dargestellt. So zum Beispiel in dem Buch „Sonja" von Offenbach (1980), das mir eine Patientin in einer bestimmten Phase der Analyse mitbrachte: Verzweifelte Liebe und Liebessehnsucht, die erste überwältigende Zeit der Erfüllung, das Gefühl, das erste Mal zu leben, der erste Einbruch, dann Mißtrauen und Eifersucht, das Gefühl, eingeschlossen zu sein in einer umklammernden Abhängigkeit, Versuche, sich zu befreien mit panischen Verlustängsten; schließlich das Ende einer Beziehung durch Trennung oder Tod.

Kate Millet hat in ihren beiden Büchern „Flying" (1974) und „Sita" (1977) literarisch einen hohen Grad an — auch schonungsloser — Offenheit erreicht. Das Quälende, Demütigende, Aggressive, dann wieder ekstatisch Aufblühende einer lesbischen Beziehung wird von Millet eindrucksvoll beschrieben, und die blitzschnell wechselnde Abfolge seelischer Zustände wird deutlich. Sie erinnert sich an ihre erste lesbische Beziehung zu Celia:

„Wir begannen als Gleiche, mutig und witzig — und in gleicher Weise unabhängig: ein perfektes Paar. Aber ich war Augenblicken von Schwäche und Unsicherheit ausgeliefert [. . .] ich brauchte sie." Ihre Partnerin wehrt ihre eigenen Abhängigkeitsimpulse ab. „Als ich sah, wie sich meine Liebe entfernte, klammerte ich mich an, versuchte verzweifelt, mein Glück zu retten. Sie wurde hart, kalt, grob. Ich bettelte, sie verachtete." „Nichts von der Freude, mit der alles begann, ist geblieben, diese große Blume der Verliebtheit. Celia, das großartige neue Leben vom letzten Sommer. Der große Kampf um die Homosexualität so trüb wie der Tod, eine Kampagne aus Verzweiflung" (1974, S. 81).

Dann wiederum gibt es Szenen, in denen sie meisterhaft die Zärtlichkeit, die gegenseitige Erfüllung und Verschmelzung in der homosexuellen Liebe beschreibt; Szenen von großer erotischer Kraft.

„Heute nacht verstummen alle Stimmen meines Lebens, ihre schmutzigen steinharten Worte: Sünde, Perversion, Untreue, Skandal. Jetzt übertöne ich sie, bin meiner sicher, nicht nur wegen der sinnlichen Freuden, die an sich schon eine Ethik sind, [. . .] in der Freude an der Schönheit unserer Frauenkörper kann ich diese Worte von mir weisen und weiß, daß, wenn ich sterbe, ich doch in diesem Augenblick gelebt habe" (1977, S. 196).

Leidenschaftlichkeit und Verzweiflung in der Sexualität, Einsamkeit und Abhängigkeit, ja geradezu Besessenheit von der Partnerin sind Themen der literarischen Gestaltung auch bei einer anderen Autorin — Violette Le Duc, deren Roman „Die Bastardin" (1964) von Kate Millet als Meisterwerk der lesbischen Literatur bezeichnet wurde. In eindringlicher Klarheit steht uns die Existenz einer Frau vor Augen, die vom Anfang ihres Lebens an mit dem psychischen Tod bedroht war — der stählerne Blick ihrer Mutter signalisierte ihr die Schuld, überhaupt geboren zu sein — als uneheliches Kind — ein lebendiger Fehltritt. Nur die Zärtlichkeit der Großmutter habe sie vor der totalen Vernichtung bewahrt. Als diese früh starb, rettete sich das kleine Mädchen, indem es die Mutter vergötterte, ihr ihr ganzes Leben schenkte. Als die Mutter wieder heiratete, zerbrach diese Welt, aus der die Männer ausgeschlossen waren; das Mädchen war 14 Jahre alt, von der Trennung überwältigt. Sie flüchtet sich zum Phantom ihres unbekannten Vaters — eine „Figur des Unmöglichen" — und findet über seine ihr bekannte Leidenschaft für Bücher einen Zugang zu ihren eigenen schriftstellerischen Fähigkeiten. Das rettet ihr Leben. In ihren Liebesbeziehungen, die sowohl Männer wie Frauen umfassen und die sie in ihrem Roman beschreibt, ist sie auf für alle unerträgliche Weise besessen: Sie beneidet den anderen um jedes Anzeichen von Eigenständigkeit, Ausgeglichenheit und Gleichgewicht. Während sie nichts heftiger als die Trennung fürchtet, versucht sie gleichzeitig, das geliebte Wesen zu verschlingen oder zu zerstören, um völlig auszuschalten, was sie unterscheidet. „Ich rächte mich für ihre allzu vollkommene Anwesenheit", schreibt Le Duc über ihre Freundin Hermine. Von ihr — wie von einem Mann — wird sie verlassen, was jedoch gerade ihre Leidenschaft neu entflammen läßt, als wäre die reale Abwesenheit und damit der totale Zugriff auf das Liebesobjekt in der *Phantasie* erst die Bedingung ihrer wahren Liebe. Doch sie selbst erkennt diese Illusion.[5]

Anaïs Nin, von der ich abschließend berichten möchte, hat sich zeit ihres Lebens mit der eigenen Homosexualität beschäftigt. Sie versucht, diese Erfahrung zu beschreiben, in ihrer Bedeutung zu verstehen und mit ihrer Liebe zum Mann in Beziehung zu bringen. Die Begegnung mit June (der Frau ihres Geliebten, H. M.) beschreibt sie in ihrem Tagebuch wie folgt: „Du bist die einzige Frau, die dem Anspruch meiner Phantasie gerecht wird." Und Junes Antwort ist: „Wie gut, daß ich bald fortgehe. Du würdest mich sehr schnell demaskieren" (1931—34, S. 25). Nin reflektiert dann über diese intensive Erfahrung:

„Sie berührt nicht dasselbe sexuelle Zentrum meines Wesens, das die Männer berührt, das erreicht sie nicht. Doch was in mir berührt sie dann? Ich habe sie begehrt, als sei ich ein Mann, aber ich habe mir auch gewünscht, sie mit den Augen, den Händen, den Sinnen zu lieben, die nur allein die Frauen besitzen. Es ist eine sanfte behutsame Penetration" (S. 27).

---

[5] In der Identifikation mit dem unbekannten Vater — einer phantasmatischen Vater-Imago — findet Violette Le Duc die Möglichkeit zu überleben. Es ist die Arbeit des Schreibens und eine starke Beziehung zur Natur, zu den Dingen, ein unruhiges Umherstreifen und Vagabundieren, durch das sie sich selbst spürt. Wir werden gerade diese lebenswichtige Funktion der Vater-*Identifizierung* für die Entwicklung und Erhaltung des kindlichen Ichs in der psychoanalytischen Beschreibung der weiblichen homosexuellen Dynamik wiederfinden.

Nin ist sich bewußt, daß es weniger June ist, die sie liebt („Ich glaube nicht, daß sie lieben kann"), als vielmehr das eigene Gefühl, das sie berauscht. „Ich bin von meiner Liebe zu ihr ganz erfüllt, und zugleich habe ich ein Gefühl, als müßte ich sterben. Unsere Liebe würde den Tod bedeuten, die Umarmung von Phantasiebildern" (S. 29).

Nin fragt sich, ob sie lesbisch ist. Sie sei es nicht, da sie die Männer nicht hasse, sondern liebe. Zu H.M. sagt sie in dieser Zeit folgendes über den Kern der *Sehnsucht* der Beziehung zwischen Frauen:

„Wenn es eine Erklärung des Mysteriums gibt, ist es folgende: Die Liebe zwischen Frauen ist eine *Zuflucht* und eine Flucht in die Harmonie. Bei der Liebe zwischen Mann und Frau gibt es Widerstand und Kampf. Zwei Frauen verurteilen einander nicht, behandeln einander nicht schlecht, finden einander nicht lächerlich. Sie überlassen sich der Sentimentalität, dem gegenseitigen Verständnis, der Romantik. Eine solche Liebe ist der Tod, das muß ich zugeben." (S. 42).

Nin erkennt, daß sie diesen „Tod" (Tod des Ichs durch Verschmelzung) nicht möchte: „Ich möchte mit June in absoluter Leidenschaft leben können, doch später möchte ich auch in der Lage sein, zu verstehen, was ich erlebt habe" (S. 53). Sie nimmt die Anstrengung der Bewußtwerdung auf sich, da sie spürt, daß sie sonst in einem ähnlichen Chaos zu versinken droht wie June. Hier wird die Anstrengung des Ichs beschrieben, frühe chaotische und narzißtische Rauschzustände in das Selbst zu integrieren. Sie sind erlebt, aber sie wollen auch reflektiert sein. „Ich bin die Dichterin, die klar sehen muß. Ich bin nicht einfach nur die Dichterin, die sich an Junes Schönheit berauscht" (S. 37).

In ihrem Roman „Leitern ins Feuer" (1959) trifft die Hauptfigur — Lilian — auf eine Frau — Sabina — mit dem déjà-vu-Gefühl „ich kenne dich". Sie ist fasziniert von der Ausstrahlung vieler Liebeserfahrungen, die Sabina signalisiert, während Sabina umgekehrt sich von der Unerfahrenheit und Offenheit angezogen fühlt.

Lilian „erkannte, daß Sabina ebensosehr sie sein wollte, wie sie sich wünschte, Sabina zu sein. Beide wollen ihre Körper austauschen, ihre Gesichter [...] Sabina begehrte Lilians Unerfahrenheit und Lilian be-

gehrte Sabinas tief gezeichneten Körper" (S. 115). In der körperlichen
Verbindung erkannten beide jedoch, „daß es nicht das war, was sie ersehnten, suchten und wovon sie träumten [. . .] Körper, die sich berührten, waren nicht die Antwort auf ihr geheimnisvolles Sehnen, zur anderen zu werden. Sie wollten sich nicht besitzen (Erkenntnis), sondern sie
wollten zur anderen werden (Einssein), nicht die andere nehmen, sondern sie trinken, aufsaugen, sich selbst austauschen [. . .] Ihre Körper
berührten und trennten sich dann, als hätten sie beide einen Spiegel berührt, ihr eigenes Bild in einem Spiegel. Sie hatten das kalte Glas, hatten den Spiegel gespürt, der niemals auftauchte, wenn sie von einem
Mann genommen wurden. Sabina hatte lediglich ihre eigene Jugend berührt und Lilian ihre befreiten Leidenschaften." (S. 117)

Als sie in der Morgendämmerung aufwachen, stellt sich in Lilian
die Eifersucht um den Mann, der diese Nacht ausgeschlossen war,
wie ein Feind zwischen sie und Sabina. Nin beschreibt hier meisterhaft, wie die homosexuelle Erfahrung einen Versuch darstellen
kann, über die körperliche Liebe zu einer anderen Frau den in
sich schattenhaft vorhandenen, aber nicht gelebten Teil der eigenen Impulswelt zu integrieren.[6]

Dieser durchaus subjektive literarische Überblick sollte zeigen,
wie — bei aller Unterschiedlichkeit der Lebensformen, und dem

---

[6] Sie charakterisiert im Zusammenhang mit dem Verlust ihres Kindes
im 6. Monat ihrer Schwangerschaft auch ihre Beziehung zum Mann. „Ich
liebe den Mann als Schöpfer, als Liebenden, Gatten, Freund, aber zum
Mann als Vater habe ich kein Vertrauen. Ich glaube nicht an den Mann
als Vater" (1931–34, S. 369). Um die Dynamik der weiblichen homosexuellen Entwicklung vollständig darzustellen, müßte an dieser Stelle
die Charakterisierung der Vater-Imago in der Literatur erfolgen. Kurz
gefaßt läßt sich vielleicht sagen, daß eine intensivere literarische Auseinandersetzung mit dem Vaterbild sich immer dann findet, *wenn dieser
— auch — idealisierte Züge trug* (vgl. dazu Hall, le Duc und Nin). In der
Welt dieser Frauen haben Männer auch später einen durchaus wichtigen
Platz. Eine Auseinandersetzung erfolgt nur tangential oder fehlt ganz —
und die Männerwelt ist im Erwachsenenleben eher dämonisiert bzw.
vollständig ausgeklammert, wenn das Vaterbild phallisch abgewertet
wurde, abstoßende Züge trägt oder ganz fehlt. *Die Beschreibung der
komplexen und wesentlichen Identifizierung mit der Vater-Imago
würde jedoch den Rahmen dieser Arbeit überschreiten.*

Gewicht, das die homosexuelle Erfahrung im Leben einer Frau erhält, — die Suche nach der eigenen Ich- und sexuellen Identität im Mittelpunkt steht. Die Liebesbeziehung zu einer Frau, die den wesentlichen Bestandteil dieser Suche bildet, wirkt dabei einerseits rettend und heilend, bedeutet das Wieder- bzw. Neufinden verlorener oder nie entwickelter Anteile des Selbst, kann jedoch auch, wenn sie mißlingt, zu bedrohlichen Zuständen der Ich-Auflösung und Selbstaufgabe führen. Dann wird die Suche nach der eigenen Identität in der anderen Frau zu einem verzweifelten Überlebenskampf des Ichs.

Psychoanalytische Erkenntnisse

Frauen, die lesbische Partnerinnen behandeln, empfinden wohl oft dieses Faszinosum, das entstehen kann, wenn sich die homosexuelle Liebe auch in der Übertragung entwickelt. Die Sehnsucht nach der Begegnung mit der Gleichen, das (Wieder-)Erkennen auch der dunklen Seiten des eigenen Selbst im Spiegel, das Versprechen einer allumfassenden, unbedingten Liebe, die Erforschung weiblicher Sexualität im Vertrautsein mit dem weiblichen Körper, die „Verführung", die in der Idealisierung dieser Übertragungsbeziehung liegt, dies alles belebt die eigenen homosexuellen Wünsche und reaktiviert die erste gleichgeschlechtliche Liebe in beiden Positionen, der der Tochter und der der Mutter.

Doch während von der Patientin die Verschmelzungssehnsucht unter Umständen mit großer Kunst agiert wird, wird gleichzeitig ja nichts so sehr gefürchtet wie ihr Gelingen. Die Übertragung einer idealisierten weiblichen Imago dient ja nur einerseits der Restituierung oder Konstituierung verlorener bzw. fehlender Anteile des weiblichen Selbst. Andererseits jedoch entsteht sie zum Schutze gegen die enorm gefährlichen, andrängenden Haßimpulse, die mit der Wiederbelebung der Mutterbeziehung in jeder Verbindung zu einer anderen Frau mobilisiert werden und deren Bearbeitung es erst ermöglicht, zum eigenen Kern und damit zur Lösung von der Mutter-Imago zu gelangen.

In einem ihrer initialen Träume erträumt sich eine Patientin das Gelingen ihrer Verführung, das sie bewußt sehnlich wünschte, und wachte mit Entsetzen auf: „Wenn Sie mich lieben würden, das wäre das Ende", das Ende einer eben erst erahnten Möglichkeit, im Schutz einer anderen Frau, die dem Verschmelzungssog standhält, die Begegnung mit der bedrohlichen Mutter-Imago und die Lösung von ihr zu wagen. McDougall (1964) schildert die gleiche Dynamik.

„Die Gefühle, die ich für Sie (die Analytikerin zum Zeitpunkt einer intensiven Mutter-Übertragung) habe, sind unerträglich. Nie zuvor in meinem Leben habe ich jemanden so geliebt oder gehaßt. Wenn ich Sie liebe, werden Sie mich zerstören. Wenn ich Sie hasse, werfen Sie mich hinaus [. . .]", „oder aber, Sie binden mich auf ewig an sich, wie meine Mutter" (S. 112).

Häufig wird das Bild der Weiblichkeit in der Übertragung gespalten und aufgeteilt in eine idealisierte Figur (die Therapeutin) und eine abgewertete (die Patientin); wird jedoch der zugrundeliegende Haß mobilisiert, so kann sich diese Konstellation blitzartig umkehren.

Die psychoanalytische Theorienbildung hat sich nur vereinzelt mit der weiblichen Homosexualität auseinandergesetzt. Freud selbst analysiert den ihr zugrundeliegenden seelischen Konflikt noch vorwiegend auf der ödipalen Stufe (vgl. ders., 1920).[7] Auch später, als Freud die Bedeutung der präödipalen Mutterbindung erkennt, sieht er — da die Liebe des kleinen Mädchens zur Mutter ihm nur als phallische denkbar war — in der weiblichen Homosexualität vor allem die „äußerste Leistung des Männlichkeits-

---

[7] Ein junges Mädchen, so stellt er dar, wird von seinen Eltern in die Analyse gebracht, da es sich in eine ältere Frau zweifelhaften Rufes verliebt habe. Dieses Mädchen hing, wie Freud bald erkennt, ödipal am Vater, bis die Mutter, spät noch, schwanger wurde. In seiner Eifersucht und voller Haß auf die Mutter, die ihr die eigentlich ihr gebührende Liebe zum Vater und das Kind versagt, verzichtet das Mädchen nun ganz auf die Männer, setzt sich an ihre Stelle und begehrt die Frauen. Das Verbot des Vaters nun jedoch, ihrer Liebe nachzugehen, sowie auch die Zurechtweisung durch die Geliebte führen zu einem Selbstmordversuch, der sowohl bedeutet, im Tod beide Liebesobjekte zu besitzen, als auch, sie zu bestrafen.

komplexes" (1932, S. 139). In der Suche nach dem Grund für das Festhalten an der „Identifizierung mit der phallischen Mutter oder dem Vater" (ebd.) wendet er sich — eher unanalytisch — einem biologischen Erklärungsmuster zu: „Die Übermacht des konstitutionellen Moments scheint unbestreitbar" (ebd.). So wird ihm jede homosexuelle Frau seelisch (und biologisch) zum Mann.

Schon Helene Deutsch (1932) hat jedoch die hervorragende Bedeutung des präödipalen Dramas zwischen Mutter und Tochter erkannt:

„Ich sagte, daß die phallisch männliche Form die auffallendste ist. Immer aber verstecken sich hinter ihr viel tiefere Strömungen. Ich habe sogar den Eindruck, daß diese männliche Form manchmal vorgeschoben ist, um die mehr infantilen, aber doch vorherrschenden Tendenzen zu verdecken" (S. 238).

Auch verweist sie schon auf die weitreichende Bedeutung, die die lesbische Partnerwahl für die Ich-Identität besitzt:

„Die Verschiedenheit und Gleichheit, die Nicht-Identität und doch Identität, das quasi doppelte Erleben des Ichs, die gleichzeitige Befreiung von einem Teil des Ichs, das doch beibehalten und im Besitz des anderen gesichert ist — all das gibt dem homosexuellen Erleben starke Anziehungskraft" (1948, S. 308).

Meines Erachtens werden wir Entwicklungen, die eine homosexuelle Objektwahl vor allem auch im Zusammenhang mit einer Identifizierung mit einem phallisch betonten Vaterbild verstehen lassen, selten in unserer Praxis finden.[8] (Auch Freuds junge Patientin kam nicht von sich aus, sie erlebte sich nicht als krank bzw. an etwas anderem leidend als an einer unglücklichen Liebe.) Auslösend für den ersten homosexuellen Kontakt ist hier oft eine

---

[8] Überhaupt können wir nicht aufgrund einer homosexuellen Objektwahl auf eine behandlungsbedürftige Störung schließen oder auf eine notwendigerweise objektinkonstante Beziehung (vgl. auch Morgenthaler, 1980, S. 116 f.). Die Frage nach der „Norm" ist keine analytische: „Sollte die Psychoanalyse eines Tages aufhören, eine marginale Disziplin zu sein, welche die etablierte Ordnung von Überzeugungen und Vorurteilen in Frage zu stellen sucht [. . .] dann würde sie aufgehört haben, ihre Funktion zu erfüllen" (McDougall, 1978, S. 459).

seelische Krise, in der es zu einem Vergleich mit einem anderen Mädchen, einer anderen Frau, gekommen ist, die eine eindeutige Identität zu besitzen scheint und vom Mann begehrt wird. Die ödipale Phase ist oft genetisch bestimmt durch starke Rivalität zu einer vom Vater bevorzugten Schwester oder einer Mutter, die explizit „weiblich" wirkt (vgl. Socarides, 1968). In Ablehnung dieser weiblichen Rolle kommt es zu einer Identifikation mit dem ursprünglich idealisierten (nun unter Umständen gehaßten) Vater: Ich liebe ihn nicht, ich *bin* wie er und liebe *sie*. Geliebt wird später die Partnerin, wie ein fürsorglicher Vater sie hätte lieben müssen; die Beziehungen können tiefgreifend und kreativ sein, wie auch das sonstige soziale Leben erfolgreich gestaltet werden kann. Entscheidend scheint hier, daß die frühe Ich-Entwicklung nicht so brüchig ist, wie wir es im folgenden bei lesbischen Frauen kennenlernen werden, die zu uns in die Therapie kommen. Diese Frauen weisen nun ein seelisches Gefüge auf, in dessen Zentrum die hochambivalente Mutter-Imago herrscht. Auslösend für das Aufsuchen therapeutischer Hilfe sind häufig Trennungskonflikte; symptomatisch stehen Depressionen, Ängste, Suizidgefährdung sowie Eßstörungen und Suchtprobleme im Vordergrund (vgl. auch Socarides, 1968; McDougall, 1964).

In der Genese begegnen wir nun einer früh erlebten Ablehnung der Tochter durch die Mutter, die für das kindliche Ich offenbar einer Lebensbedrohung gleichgekommen ist. Die ursprüngliche Beziehung zwischen Mutter und Tochter ist mißlungen, die Identität der Tochter als eigenständiges Wesen bedroht. „Die homosexuelle Frau muß die angreifende, feindselige Mutter lieben, fürchtet aber die giftigen Stoffe, die aus dem Körper der Mutter kommen [...]" (Socarides, 1968, S. 303). „Der aggressive, mörderische Haß steht neben dem Bedürfnis, mit der Mutter zu verschmelzen" (ebd., S. 264).

Oft ist in der Analyse das Erleben der negativen Mutter zunächst nachhaltig verdrängt. Geschildert wird dagegen eine idealisierte Mutter-Tochter-Beziehung, immer jedoch begleitet von einem leisen Ton der Distanz, der Fremdheit, der Unberührbarkeit. Die erlebte Distanz wird erhöht durch den eigenen „Un-Wert"; dieses Erleben des eigenen Un-Wertes ist zentral und äußert sich vielfältig, als Erleben von Lebensuntüchtigkeit, Un-

weiblichkeit, moralischem Versagen, Unliebenswürdigkeit etc. Die
Mutter erscheint unerreichbar, manchmal als Ideal, oft jedoch nur
„fremd" und „anders".

Im Verlauf einer Analyse gewinnt dann allmählich die negative Mutter — häufig zunächst in Träumen — Kontur und kommt
schließlich als mörderischer Haßimpuls auch in die Übertragung.
So träumte eine meiner Patientinnen von den blutroten Finger-
nägeln der Mutter, die sich in den Rücken der Patientin, als Baby,
krallten. In der Therapie war dies jedoch die Zeit einer heftigen
Übertragungsliebe, verbunden mit einer enormen Verschmelzungssehnsucht, durch die ich als idealisiertes *un*ambivalentes
Objekt festgehalten werden sollte.

Gleichzeitig jedoch war die Patientin von der Angst erfüllt, ich
könnte ihrem Verschmelzungssog, deren Macht über andere
Frauen sie kannte, erliegen und so als schützendes Objekt für
immer verloren gehen. Sie kannte die Gefahren einer zunächst
das Paradies versprechenden Dyade zwischen Partnerinnen, die
in gegenseitigem Ersticken enden konnte. Der versuchte gemeinsame Selbstmord zweier ihr bekannter Frauen hatte die Patientin
selbst in einen gefährlichen Strudel selbstmörderischer Phantasien
gebracht. Impulse, ihre Freundin zu bitten, „fahr mich tot", wechselten mit Phantasien, als Rettende imaginärer Opfer aufzutreten. Diese Impulswelt war so stark geworden, daß sie um ihr eigenes Leben fürchtete. Das frühe Erleben der Ablehnung, des
„Nicht-sein-Dürfens" und deshalb „Nicht-Seins", wie eine Patientin es formulierte, führt dann weiterhin jedoch aufgrund der
erlebten Ungeborgenheit zum Erleben des „Nichts-ohne-die-Mut-
ter-Seins"; und so ergibt sich ein Teufelskreis, in dem die Tochter
der vernichtenden Mutter-Imago verhaftet bleibt.

„Wenn es dem Mädchen nicht gelingt, die Tatsache zu akzeptieren und
adäquat zu kompensieren, daß es ein selbständiges Wesen ist, dann
läuft es Gefahr, seine Ich-Grenzen zu verlieren, in eine Anaphasis und
den psychischen Tod zu geraten." (McDougall, S. 125)

So verbirgt sich hinter dem bewußt gelebten Muster: Du, Mutter,
bist für mich, Tochter, unentbehrlich, die umgekehrte Dynamik:
Ich, Mutter, kann ohne Dich, Tochter, nicht sein, und wenn Du

mir untreu wirst und von mir unabhängig, fühle ich mich entwertet und leer.[9]

Die Phantasien, die sich auf das Ungetrenntsein von der Mutter und später der Partnerin beziehen, sind mannigfaltig, und manchmal erscheint der Selbstmord zugleich als Erfüllung der Verschmelzungssehnsucht und einzige Möglichkeit der Trennung.[10] „Die Sehnsucht hört nie auf, die Gedanken und Gefühle der Lesbierin zu bestimmen [...] Sehnsucht ist wie eine Droge; sie liefert das Wunder einer magischen Innenwelt, aber sie kann auch die Vitalität erschöpfen und zu Apathie und Depression führen" (C. Wolff, 1971, S. 62).

Die Phantasie, mit der Mutter eins zu sein, ihr zu gehören, bezieht sich in der weiteren Entwicklung dann auch auf die anal-inkorporative Phase, in der uns nun die Mutter-Imago als zwanghaft kontrollierende gegenübertritt, als allmächtig über den Körper herrschend und alle libidinösen Regungen verwaltend. Die Tochter entwickelt auch auf dieser Stufe der beginnenden Körperlichkeit und sexuellen Erkundungen das Gefühl, abgelehnt zu werden, schmutzig und beschämend zu sein, und oft kommt es in einer späteren homosexuellen Beziehung zu einer Wiederbelebung dieser Konstellation, in der kontrollierende und beherrschende Impulse in quälenden Machtkämpfen ausagiert werden.

Andererseits wird später häufig — im Sinne einer Wiedergut-

---

[9] Auch McDougall ist gedanklich phallokratisch zentriert, wenn sie in diesem Zusammenhang von der Tochter als Phallus der Mutter, d. h. Symbol mütterlicher Vollständigkeit und mütterlichen Selbstwertes spricht. Ebenso bezeichnet sie die mütterliche Brust als das erste phallische Objekt und spricht von primärer Kastration. Gemeint ist die Bedrohung des kindlichen Selbst in diesem frühesten oralen Stadium. In ihren theoretischen Überlegungen gibt es also auch keine *direkte* Verbindung zwischen Mutter und Tochter, sie erscheint immer vermittelt über den männlichen Diskurs.

[10] Die Nähe dieser Charakterisierung zur Borderline-Struktur ist augenfällig. In der Tat wird von Kernberg erwähnt, daß bei *Borderline-Strukturen* häufig *lesbische Entwicklungen* zu beobachten sind, während sich *männliche Homosexualität* eher bei narzißtischen Störungen findet.

machung — dem Körper der Partnerin sehr viel Liebe und Zärtlichkeit entgegengebracht und in der körperlichen Liebe die Restituierung und Heilung des eigenen Körperbildes versucht. Diese
Dynamik hat einen hervorragenden Stellenwert in der lesbischen
Beziehung. Manchmal wird die Nähe der anderen Frau gesucht,
die körperliche Berührung jedoch nicht ertragen, die Sexualität
ausgeklammert, weil der eigene Körper (das Genitale) mit Verbot
belegt oder als zu schmutzig erlebt wird.[11]

Eine ausführliche Darstellung der Vaterbeziehung, die ja für
die weitere Entwicklung von Ich und sexueller Identität von Bedeutung ist, würde den Rahmen dieser Arbeit überschreiten.
McDougall (1978) sieht in der Homosexualität eine „dritte Struktur" (neben der neurotischen und der psychotischen), „denn die
unbewußte Identifikation des homosexuellen Mädchens mit seinem Vater gibt ihm eine gesonderte Identität" (S. 135). Ihrer
Erfahrung nach ist es jedoch die unbewußte Identifikation mit einem *abgewerteten, anal-abstoßenden* Vaterbild, die für die weitere Entwicklung entscheidend wird. Es ist ein Vater, „der in seiner besonderen elterlichen Rolle versagt hat und seine Tochter
einer verschlingenden oder allmächtigen, kontrollierenden Mutter überlassen hat. Die Mutter, die [...] gewöhnlich als Muster
der Weiblichkeit und keineswegs als maskulin-phallisch erfahren
wird, hat insgeheim dennoch den Wert des Vaters zerstört und
dem Kind dabei geholfen, die phallisch-genitalen Eigenschaften
des Vaters zu verleugnen" (ebd., S. 100). Dieser Vater, der ursprünglich einmal als Schutz gegen die Mutter gesucht und als
Liebesobjekt begehrt wurde, wird später voller Bitterkeit abgelehnt und oft mit Beginn der Pubertät gehaßt.

---

[11] McDougall zitiert eine Pat. wie folgt: „Meine Mutter und ich, wir
sind miteinander verschmolzen. An einem Ende hängen wir mit unseren
Mündern zusammen, am anderen mit unseren Vaginas. Wir bilden
einen Kreis aus kaltem Stahl [...] wenn er zerbricht, sind wir beide zer-
rissen." Und: „Ich durchbrach diesen Kreis, als ich das erste Mal eine
andere Frau liebte. Doch es gab da nur eine Vagina; und die gehörte
meiner Mutter. Mit ihren eiskalten Fingern hatte sie meine für immer
verschlossen" (1984, S. 113).

Hinter dem „bewußten Wunsch, den Vater auszuschalten oder herabzusetzen, enthüllten alle meine Patientinnen narzißtische Wunden im Zusammenhang mit dem Bild des indifferenten Vaters. Gestärkt durch die Überzeugung, daß die Mutter jedes liebevolle Verständnis zwischen Vater und Tochter untersagt, hatten diese Frauen den Eindruck, daß jedes Verlangen nach dem Vater, nach seiner Liebe oder seinem Penis gefährlich sei [. . .]" (ebd., S. 104).

Der Vater, als Liebesobjekt aufgegeben, ist über die unbewußte Identifizierung dennoch in die Ichstruktur der Tochter eingebettet, ja, gerade diese Identifizierung, mit wie negativen Qualitäten auch immer behaftet (Qualitäten, die sich später in destruktiven, oft anal getönten Selbsteinschätzungen äußern), ist doch „das letzte Bollwerk gegen den Zerfall", schützt das kindliche Ich gegen die archaische Bedrohung und unter Umständen vor einer psychotischen Regression. Je brutaler und gefährlicher jedoch der Vater real gewesen ist, desto schwieriger ist es später, die Projektion sadistischer Anteile der Mutter-Imago auf die Männer von den realen Erlebnissen zu trennen. Da der Vater anal-sadistisch erlebt wird, gibt es keine Möglichkeit, sich mit der genitalen Rolle der Mutter zu identifizieren. So liegt das Bestreben später darin, den Vater auszuschalten und mit der Mutter zu leben. „Diese Phantasien werden in den sexuellen Beziehungen mit weiblichen Partnern ausgelebt, die dadurch zu einem Substitut der Mutter werden" (ebd., S. 106).

Schlußbemerkung

Es war mein Anliegen zu zeigen, in welcher Weise die Entwicklung des weiblichen Selbst in Beziehung steht zur Ausbildung einer positiv spiegelnden Mutter-Imago, die auf der frühesten Liebe zwischen Mutter und Tochter basiert. Spätere homosexuelle Beziehungen zwischen Frauen haben immer auch mit dem Mangel und der unerfüllten Sehnsucht zu tun, die entsteht, wenn diese erste Liebe mißlingt. Ob es das Ideal einer gerade auf der *Erfüllung* der ersten Liebe beruhenden weiblichen Homosexualität geben kann oder wird, möchte ich offenlassen. Dies würde ja eine gelungene Ablösung von der Mutter-Imago und damit verbunden eine gleichermaßen gelungene Identifizierung mit allen Aspekten des Weiblichen voraussetzen. Irigary (1976) nennt die (Wieder-)Entdeckung der Liebe der Frau zu sich selbst einen „Wandel zu einer anderen Kultur", aber sie schreibt kritisch: „Es genügt nicht, nur unter Frauen zu sein, um diesen Wandel zu vollziehen, das ist sehr viel komplizierter, und die weibliche Homosexualität ist zum guten Teil noch zu erfinden" (S. 20).

Maya Nadig

Die gespaltene Frau —
Mutterschaft und öffentliche Kultur (1989)

A m Beispiel der Mutterschaft soll aufgezeigt werden, in welchem Ausmaß eine Gesellschaft die Belange der Frau beeinflußt und bestimmt. Ich ziehe hierfür einen Vergleich zwischen Mexiko und der Schweiz, um in einem weiteren Schritt die Frage aufzuwerfen, inwiefern die psychoanalytische Theorie und Praxis Spiegel und Verstärker gesellschaftlicher Verhältnisse sind und geschlechtsspezifische Herrschaftsmechanismen perpetuieren, anstatt sie aufzudecken.[1]

Die Mutterschaft ist ein soziales *und* ein individuelles Phänomen. Sie ist Ausdruck biologischer, sich im Individiuum vollziehender Prozesse der Veränderung, des Wachstums und der Vermehrung. Durch sie kommt Bewegung in die persönliche Identität der Frau. Gleichzeitig ist die Mutterschaft der grundlegende Faktor für das Überleben einer Gesellschaft. Sie unterliegt kulturell hoher Besetzung, gesellschaftlicher Formung und sozialer Kontrolle, häufig in Verbindung mit staatlicher Bevölkerungs- und Reproduktionspolitik. In der Mutterschaft ist der Widerspruch zwischen Individuum und Gesellschaft in besonderer Schärfe enthalten. Ähnlich wie bei der Adoleszenz und der Menopause werden bei der Mutterschaft biologische und gesellschaftliche Aspekte häufig verwechselt, ideologisch vermengt oder gegeneinander ausgespielt. Ethnologinnen haben Ende der siebziger Jahre angefangen, sich die Unterscheidung zwischen „sex"

---

[1] Um diesen Vergleich in der gebotenen Kürze darstellen zu können, war es notwendig, die gesellschaftlichen Verhältnisse in gewisser Weise zu typisieren und eine Vielfalt von Ausnahmen und Alternativen, die selber wieder Hinweise auf latente gesellschaftliche Entwicklungen und Widersprüche darstellen, außer acht zu lassen.

und „gender", d. h. zwischen den biologischen und den kulturellen Aspekten der Geschlechterdifferenz zu eigen zu machen (vgl. Ortner und Whitehead, 1981).

Wichtig wurde die Erkenntnis, daß sowohl die biologische als auch die soziale Seite der Geschlechterdefinition kulturell erzeugt sind und sehr unterschiedlich gehandhabt werden. Biologische und medizinische Definitionen, also sogenannte objektive Beschreibungen des menschlichen Körpers, wandeln sich im Laufe der Jahrhunderte und unterscheiden sich in ihrer Bedeutung von Kultur zu Kultur. Noch auffallender sind die Unterschiede der sozialen Geschlechterrollen. Die Psychoanalyse hat bis jetzt von der Einsicht, daß das biologische und das soziale Geschlecht verschiedene Dimensionen darstellen, die aber beide auf kulturellen Konstrukten beruhen, sehr wenig in die Metatheorie aufgenommen.

Geburt und Mutterschaft
in der indianischen Bauerngesellschaft

In den indianischen Bauerngesellschaften Zentralamerikas wird in Auseinandersetzung mit der Natur produziert. Das bedeutet, daß die Zeitorientierung aufgabenbezogen ist. Die Trennung zwischen „Arbeit" und „Leben" ist wenig ausgeprägt. Interpersonelle Kontakte und Arbeit vermischen sich, und es gibt kaum je das Gefühl des Konflikts zwischen „Arbeit" und „Zeit verbringen" (vgl. Thompson, 1976). Die Geschlechter sind im ökonomischen System der gegenseitigen Überlebenssicherung voneinander abhängig. Beide Geschlechter sind in fest umrissene, traditionelle Rollen eingebettet und verrichten Arbeiten, die sich komplementär zueinander verhalten. Die den Geschlechtern zugeordneten symbolischen und sozialen Räume sind nicht gleichzusetzen mit Frau = Familie = privat und Mann = Kultur = öffentlich, sondern eher mit Frau = Produktion und Reproduktion = transzendente Kräfte und Mann = Reproduktion = Natur (vgl. auch Paul, 1974, 1978).

In diesem System der gegenseitigen Abhängigkeit spielen die Ehe, die Mutterschaft und die allgemeinen reproduktiven Funktionen eine explizite und zentrale Rolle, denn der Bauer ohne Frau und die Bäuerin ohne Mann und ohne Nachkommen sind keine vollen Mitglieder ihrer Gruppe (Meillassoux, 1976). Die Entwicklung der Kinder zielt frühzeitig auf die Ehe und die Übernahme der Elternrolle. Die Adoleszenz bedeutet vorwiegend, daß die Jugendlichen sich für das andere Geschlecht zu interessieren beginnen, um dann bald zu heiraten. Das Mädchen wechselt die Familie; es zieht aus dem Eltern- in das Schwiegerelternhaus, wo es zuerst einen relativ abhängigen und unfreien Status innehat und die gleichen Arbeiten verrichtet wie zu Hause.

Die *Mutterschaft* ist Voraussetzung für einen freieren Status der erwachsenen verheirateten Frau. Das Kind ist das Zeugnis ihrer Vollwertigkeit als Frau und als erwachsenes Mitglied ihrer Gesellschaft. Mit einem Kind wird sie von der Schwiegermutter weniger kontrolliert, denn sie hat für die Linie des Mannes einen Nachkommen erbracht. Erst damit ist die Ehe besiegelt, und erst jetzt gehört die Frau endgültig zur Familie des Mannes. Nun darf sie, mit dem Kind zusammen, unbeaufsichtigt aus dem Haus gehen. Das Kind macht das Ehepaar zu einer eigenständigen Familie und gibt der Frau damit das Recht auf einen eigenen Hof, d. h. auf einen eigenen Funktions- und Machtbereich. Der soziale und materielle Raum, den eine Mutter besetzen und gestalten kann, ist also wesentlich größer als der Bereich einer kinderlosen Frau. Als Mutter und Familienzentrum kann sie mit den Frauen auf dem eigenen Hof und in der Nachbarschaft Bündnisse schließen und Solidargemeinschaften bilden. Diese spezifische soziale und kulturelle Bedeutung der Mutterschaft in der zentralamerikanischen Bauernkultur hat zur Folge, daß sich die Phantasien, Gefühle und Triebbewegungen der werdenden Mutter entlang einem anderen symbolischen System und entlang einer anderen sozialen Realität bewegen. Was in der Industriegesellschaft zwar Erfüllung bedeutet, aber gleichzeitig zu sozialer Deprivation und Isolation führt, symbolisiert in der Bauerngesellschaft die voll entwickelte Fähigkeit zum Erwachsensein und bringt größere soziale Anerkennung und materielle Unabhängigkeit mit sich. Wir müssen annehmen, daß die mit der Mutterschaft verbundene Krise ebenfalls unterschiedliche Bedeutungen hat, je nachdem, welche Mittel den Kulturen zur Verfügung stehen, damit umzugehen.

Im folgenden möchte ich am Beispiel der Maya-Kultur in Yucatán, wo ich 1987 drei Monate lang gelebt habe, zeigen, wie die

Gemeinschaft mit der Krise der Schwangerschaft und der Mutterschaft umgeht (vgl. dazu auch Elmendorf, 1973, 1976 a, 1976 b).

— Die Hebamme und die werdende Mutter lernen sich spätestens während der Schwangerschaft näher kennen. Eine Schwangere geht mindestens einmal im Monat zur Schwangerschaftsmassage, bei der die Hebamme den Körper von Verkrampfungen entspannt und die Bauchmuskulatur lockert. Bei diesen Massagen *(sobada)* stellen sich die beiden Frauen aufeinander ein und reden über die bevorstehende Geburt. Die Zeit der Schwangerschaft ist aber auch von Gefahren überschattet. Der böse Blick, falsche Nahrung und ungünstige Tageszeiten oder Witterungseinflüsse schädigen die junge Frau und den Fötus. Andererseits geht auch von der Schwangeren Gefahr für andere aus. Ihr heißes Blut kann Kinder, Pflanzen und junge Tiere krank machen. So wird sie von der Schwiegermutter einer besonderen Kontrolle und Einschränkung unterworfen (vgl. dazu auch Paul, 1974, 1978).

— Die Geburt geschieht zu Hause. Es helfen die Mutter, die Schwiegermutter, die Hebamme und der Ehemann. Die Frau wird während der Geburt vom Mann, von der Mutter oder der Hebamme umarmt und gestützt und an Bauch und Rücken massiert. Wird die Geburt schwierig, kommen immer mehr Frauen dazu, Schwestern, Schwägerinnen, Großmütter, alle ermuntern die Gebärende handgreiflich, mit Ratschlägen und Erzählungen über ihre eigene Geburt. Der Ehemann ist immer mit dabei und meist in der Lage, die notwendigen Entspannungsmassagen durchzuführen, sowohl während der Geburt wie auch danach. Das war früher selbstverständlich, weil die Geburt oft auf dem viele Kilometer vom Dorf entfernten Rancho stattfand.

— Nach der Geburt wäscht die Hebamme Mutter und Kind und erklärt der Mutter, wie das Kind zu pflegen sei. Zuerst kommt sie täglich, um nach den beiden zu sehen, sie zu waschen und zu beraten. Nach 20 Tagen erhält die Mutter eine Massage, die den Uterus wieder an den richtigen Ort bringen soll, und die Hebamme bindet ihr einen langen Schal, eine *faja*, so eng wie möglich um den Bauch, um den geöffneten Körper wieder zusammenzuschließen (vgl. dazu auch Jordan, 1978).

— Nach der Geburt gelten Mutter und Kind als anfällig für den Einfluß von Geistern und Winden aus dem Urwald. Deswegen bleiben die Türen für vier Wochen geschlossen. Verschiedene Gegenstände und Kräuter sollen das Kind und die Mutter gegen die Seelen der Verstorbenen, gegen böse Winde, Geister und gegen unwillkürliche schlechte Einflüsse von Menschen schützen oder dem Kind zu einem guten Wachstum, guten Zähnen, einer frühen und klaren Sprache und einer guten Gesundheit verhelfen. Wenn das Ende der Nabelschnur abfällt, muß es bei Knaben in den Buschwald, den Monte, geworfen, bei den Mädchen unter der Feuerstelle vergraben werden. Die symbolische Verknüpfung der Geschlechter mit ihrer zukünftigen geschlechtsspezifischen Arbeit wird früh inszeniert und dargestellt.

— Die Frau bleibt zwei Wochen lang im Haus, danach geht sie auch in das Küchenhaus und den Hof. Erst nach etwa einem Monat wird sie den Hof verlassen, und erst dann können fremde Menschen, also Nicht-Verwandte das Kind sehen. Von da an dürfen es alle Leute auf den Arm nehmen und herumtragen. Im ersten Monat ist das Kind vor allem bei der Mutter. Diese wird von der Schwiegermutter, der Mutter, den Schwägerinnen und dem Mann vollkommen umsorgt und gepflegt. Sie arbeitet nicht, geht kaum hinaus und ist selten allein. Sie stillt das Kind von den ersten Lebensminuten an; es bekommt die Brust, wann immer es unruhig wird oder Lust darauf zeigt. In den ersten Monaten wird es ständig herumgetragen, zuerst von der Mutter, später von allen Hausgenossen oder Besuchern. Der Vater nimmt aktiv an dieser Phase teil, er bleibt je nach Jahreszeit bis zu einem Monat zu Hause und trägt das Kind viel herum.[2]

— Die früheste Phase der engen Mutter-Kind-Beziehung, der erste Monat, wird mit dem Verlassen des Hofareals beendet. Mutter und Kind kommen von nun an mit Fremden in Berührung. Das Ende der zweiten Phase ihrer Beziehung wird durch die Maya-

---

[2] In den ländlichen Gegenden der Mittelmeerländer werden teilweise ähnliche Sitten gepflegt wie in Yucatán. In Galicien (Nordspanien) bleiben Frau und Kind nach der Geburt drei Monate lang im Haus, um sich zu schützen. Sie werden von den Frauen der Familie umsorgt, vom ganzen Dorf besucht und mit speziell kräftigenden und gesunden Nahrungsmitteln beschenkt.

Taufe im dritten oder vierten Monat symbolisch angezeigt. Es handelt sich dabei um ein aus kolonialer Zeit fast unverändert beibehaltenes Ritual, den *Hets mek*, der mit der Symbolik des Öffnens dem Kind den aktiven Zugang zur Welt sichern soll. Der Hets mek wird mit Mädchen im dritten, mit Knaben im vierten Monat vorgenommen. Die Zahl Drei stellt die drei Steine der Feuerstelle dar, die Vier bedeutet die vier Ecken des Feldes, das der Mann aus dem Buschwald heraus zum Feld macht. Alle am Hets mek beteiligten Eßwaren und Gegenstände symbolisieren den Prozeß der Öffnung, der Wahrnehmung der Welt draußen, der Hinwendung zur Realität. Die Beine des Kindes werden geöffnet, wenn es der Patin urnd dem Paten auf die Hüften gesetzt wird: Das Mädchen soll gut gebären und der Knabe mit geraden Beinen schnell gehen können. In dieser Position wird das Kind jeweils neunmal um Haus und Hof getragen; ihm folgen mehrere Kinder, die je nach Geschlecht Symbole seiner zukünftigen Tätigkeiten tragen: Hacke, Machete und Grabstock bzw. Nähkörbchen, Kochtopf, Kelle und Schminkutensilien; Schreibheft, Bleistift und Buch gelten für beide Geschlechter. Nach jeder Runde werden dem Kind verschiedene Nahrungsmittel gegeben, die seine geistige Öffnung darstellen: Ein gekochtes Ei symbolisiert das Verständnis für die Welt; Kürbiskerne, die auch von allen Geladenen verzehrt werden, symbolisieren das Aufblühen von Intelligenz und Vernunft. Ein Honiggebäck aus Mais soll die Entwicklung des Gedächtnisses und die Fähigkeit zur Wahrnehmung sozialer Zusammenhänge fördern. Mit dieser Zeremonie, an der die nähere Verwandtschaft teilnimmt — die Männer zählen die Rundgänge und verteilen Rum —, wird das Kind mit der Welt, der Ethnie in Verbindung gesetzt, die Symbiose mit der Mutter wird aufgebrochen, jetzt sind alle für seine Entwicklung mitverantwortlich.

Die psychodynamische Entwicklung der Mutter-Kind-Beziehung wird durch ethnisch-soziale Regeln bestimmt. Dies drückt sich in den Räumen, die der Mutter und dem Kind zugewiesen werden, klar aus: Die erste Phase des primären Autismus verbringen Mutter und Kind zurückgezogen in Haus und Hof. In der Phase der normalen Symbiose, die nach Margaret Mahler (Mahler et al., 1975) etwa bis zum vierten, fünften Monat dauert, wird das Kind schon mit sehr vielen anderen Menschen zusammengebracht. In dieser Zeit hat es eine vage Wahrnehmung von der Zweiheit, dem Anderssein der Mutter und erlebt eine gemeinsame Grenze nach außen. Auf dem Höhepunkt der Symbiose, wenn die erste Subphase der Loslösung und Individuation beginnt, findet der Hets mek statt. Von dieser Zeit an wird das Lächeln des Kindes zur spezifischen Reaktion der Mutter gegenüber. Die bisher nach innen gewendete und vom symbiotischen System in Anspruch genommene Aufmerksamkeit beginnt sich nach außen zu richten. Das Kind zeigt länger anhaltende Wachheit, Ausdauer, Zielgerichtetheit und Munterkeit.

Die dargestellten Verhältnisse sind in einem Punkt auffallend spezifisch: Sie zeigen, daß die Mayas alle Ereignisse um die Mutterschaft herum vorwiegend als ein soziales, gesellschaftliches Geschehen verstehen, an dem die unmittelbare und die weitere Umgebung teilnehmen und mittragen; d. h. die Belange der Frau werden nicht aus dem alltäglichen und öffentlichen Leben ausgeklammert. Die Schwangerschaft ist bereits von zahlreichen sozialen, zeitlichen und räumlichen Regeln begleitet, die die Schwangere beruhigen und ihre Kontakte und Alltagsabläufe verändern, sie aber auch zunehmend unter die soziale Kontrolle der erwachsenen Frauen bringen. Der Mann nimmt an Geburt, Kinderpflege und an häuslichen Angelegenheiten teil. Wenn der Mann einer hochschwangeren Frau nicht zur Arbeit geht, wissen alle: Jetzt hat sie geboren, er ist dageblieben. Die Krise ist im kulturellen Kreis aufgehoben. Indem sich die emotionale Teilnahme vergrößert und die Alltagsanforderungen an die Mutter reduzieren, weitet sich der Raum aus, der für eine kreative Desorganisation und Umorganisation notwendig ist.

— Schwangerschaft, Geburt und die Zeit danach sind soziale, familiäre Ereignisse, in die die nächsten und vertrautesten Personen eingebunden sind. Die primäre Mütterlichkeit ist eine soziale und keine individuelle Leistung. Das Prinzip der sozialen Mutterschaft (Niestroj, 1985) gilt vom ersten Tag an. Das Geburtsgeschehen ist in den Zeitablauf des Dorflebens und der Arbeit integriert. Die Mütter werden dabei, solange sie sich primärprozeßhaften Vorgängen überlassen, ständig begleitet oder abgelöst. Weil sie nie allein auf sich zurückgeworfen sind, geraten sie nicht

in den von Winnicott beschriebenen „krankheitsähnlichen" Zustand, auch wenn sie die emotionale Umorientierung zulassen.
Die sexuellen und triebhaften Anteile sind wenig verdrängt, die
emotionalen und körperlichen Befindlichkeiten der Mutter sind
hingegen teilweise von ethnischen Tabus belastet. Die Sexualität
der Frau, sei es die heterosexuelle oder die generative, ist oft gegenwärtig und wird von den Frauen spielerisch angedeutet und
geteilt.

— Die Mutter und das Kind werden nicht von innen, sondern
von außen bedroht: durch Personen, die aus dem Urwald kommen, von erhitzten Personen und vom bösen Blick (begehrliche,
neidische Augen) oder durch transzendente Kräfte wie böse
Winde, Geister etc. Die Gründe für Schwierigkeiten oder Un-
wohlsein von Mutter und Kind werden anders interpretiert als
bei uns. Sie werden in sozialen Problemen gesucht: in unkorrek-
tem menschlichen Verhalten oder im schlechten Verhältnis zu den
übersinnlichen Kräften, d. h. zur Natur. So ist eine kulturell vor-
gegebene Projektionsmöglichkeit vorhanden: Die zur Mutterschaft gehörige Ambivalenz und Aggression werden durch
ethnische Erklärungsmuster, die wie Abwehrmechanismen wirken, kanalisiert und aufgefangen. Daher gibt es keine Mutterschaftspsychose. (Verwirrungszustände tauchen eher bei kinderlosen Frauen auf.)

— Das Mutterbild ist ethnisch und kulturell vorstrukturiert
und mit entsprechenden Handlungsanweisungen für die Mutter
und die Umgebung verbunden. Das verinnerlichte Mutterbild
verweist nicht auf einen strukturellen Antagonismus zu Arbeit
und öffentlicher Kultur. Weil es Kultur und Familie miteinander
verbindet, nenne ich es ein „organisches Mutterbild".

— Es ist die unausgesprochene Aufgabe der Mutter, das Kind
in die Ethnie einzupassen. Es muß lernen, bestimmten ethnischen
Verhaltensmustern automatisch richtig zu folgen. Emotionale
Wärme ist keine Erziehungskategorie, sie ist aber in großem
Ausmaß vorhanden. Strafen fallen unter Umständen nach unserem Ermessen brutal aus, wenn das Kind die erforderlichen
Regeln nicht einhält. Als schlechte Mutter gilt diejenige Frau, die
zu oft nachgibt, zu lange stillt, das Kind nicht überwacht und
kontrolliert und nicht seine bestmögliche Einpassung in die

Gruppe anstrebt. Nicht das Wohlbefinden des Kindes ist ausschlaggebend, sondern das der Gruppe mit dem Kind.

— Das Kind ist also nicht Selbstobjekt der Mutter: Es ist strukturell so in die Gruppe integriert, daß es zu einem Teil der Ethnie wird, deren Anforderungen es entsprechen muß. Die Ethnie fordert gewisse Fähigkeiten, Fertigkeiten und von jedem ihrer Mitglieder intensive soziale und kommunikative Sorgfalt. Das Überleben der Ethnie kann nur auf der Basis von Respekt für das Menschenleben, die Lebensqualität und für konfliktfähige Kommunikationsmöglichkeiten garantiert werden. Die ritualisierte und gemeinsame Sorge um das Kind sichert dies (Geburt, Hetsmek, Taufe). Es ist auch ethnisch vorgeschrieben, wann das Kind was können muß (in den Monte gehen, Holz schlagen, Wasser holen, sich selber baden, das Haus hüten).

Die enge Beziehung zur Mutter wird sehr bald auf eine Gruppe ausgeweitet, die aus Frauen und aus Männern besteht. So sind einerseits autonome Wahlmöglichkeiten gegeben, andererseits bleiben mit der ständig präsenten Mutter Bindungen erhalten, die auch erwünscht sind, denn das ganze ökonomische System beruht auf gegenseitiger Abhängigkeit, die ertragen, gepflegt und gelebt werden soll, die aber auch klare Grenzen und Regeln haben muß. Es ist kein vollständiges Aufgeben und Verdrängen der Abhängigkeiten und Bindungen notwendig, um eine sozial lebbare Identität aufzubauen. Die familiären Bindungen sind Teil der ethnischen Identität; die indianischen Bauern brauchen die Gruppe, um funktionsfähig zu sein. Gleichzeitig gehen damit aber eine hohe soziale Kontrolle einher, enge Bewegungs- und Entfaltungsräume, geringe soziale Wahlmöglichkeiten außerhalb der vorgeschriebenen Rollen. Manche fliehen später die ethnische Familie, weil sie den Mangel an subjektivem Spielraum nicht mehr ertragen.

Geburt und Mutterschaft in der urbanen Industriegesellschaft

In der städtischen Industriegesellschaft ist die Zeitdimension der Arbeit streng geregelt. Sie entspricht einem generalisierten rationellen, durch gesamtgesellschaftliche Erfordernisse bestimmten

Zeitplan. Die alltägliche Zeiteinteilung eines Individuums oder auch einer Familie ist stark von übergreifenden fremden Stundenplänen bestimmt. Die Trennung zwischen „Arbeit" und „Leben/ Freizeit" ist ausgeprägt. Der persönliche Rhythmus oder Krisen- und Desorganisationszustände des Individuums sind nicht auf die Arbeits- und Alltagsstruktur abgestimmt. Die ökonomische Organisation und die Erfordernisse der Produktion geben keine geschlechtsorientierte Hierarchie vor: Es kommt in der Waren-Produktion strukturell nicht darauf an, ob ein Mann oder eine Frau eine Arbeit erledigt; potentiell können beide Geschlechter jede Arbeit ausführen. Die sozialen Differenzen zwischen den Geschlechtern sind nicht primär ökonomisch, sondern ideologisch begründet.

Neuere Untersuchungen zeigen, daß die klassische Zuteilung der Frau zum Haus und des Mannes zum Beruf nicht mehr gültig ist. Heute stellen Frauen ihre Bedürfnisse und Interessen seltener zugunsten ihrer Dienste für die Familie zurück. Sie wollen sich als Einzelperson behaupten, eigenes Geld verdienen, unabhängig und selbständig sein. Die Ehe wird nicht mehr als Versorgungsinstanz avisiert, sondern eher als Falle gefürchtet. Kinderlose Paare leben häufig unverheiratet zusammen.

Die Sozialisation der Kinder ist nicht auf die Gründung einer Familie mit Kindern hin ausgerichtet, sondern auf den Erwerb von Fähigkeiten, die für Aufgaben und Anforderungen der Produktion vorbereiten. Da eine geschlechtsspezifische ökonomische Abhängigkeit nicht vorhanden ist, spielen auch Ehe, Familie und Mutterschaft im Lebenslauf des einzelnen eine vergleichsweise geringe Rolle. Im Leben einer erwachsenen Frau stellt nicht mehr die Ehe einen starken Einschnitt dar, sondern das erste Kind.

„Mit dem biographischen Schritt zur Mutterschaft springt die Frau in die ‚klassische' Rollendefinition zurück: von dem Moment der Mutterschaft an wird es zwingender für sie, den Ehemann zu versorgen, zu kochen, zu putzen, die Wäsche zu waschen. [...] Untersuchungen, die sich mit der partnerschaftlichen Arbeitsteilung im innerfamilialen Bereich befaßt haben, bestätigen diese Tendenz, derzufolge sich nach der Geburt des ersten Kindes in der Partnerschaft wieder eine traditionelle Rollenstruktur herausbildet" (Krüger et al., 1987, S. 20).

Wollen die Mütter das Wohl des Kindes in den Mittelpunkt stellen, sind sie gezwungen, auf ihren frisch erworbenen Anspruch auf ein eigenes Leben zu verzichten. Die.Umstellung der Lebensweise stellt eine gravierende Belastung dar, denn „das bislang geltende Leitbild [der selbständigen Frau] verliert seine Gültigkeit; an seine Stelle tritt ein anderes, das zum bisher für die Frauen maßgeblichen in diametralem Gegensatz steht" (a. a. O., S. 21). Die Neuorganisation des täglichen Lebens sowie die im Rollenkonflikt auftauchenden Verhaltensunsicherheiten führen zu einer tiefgreifenden Krise. Es wird in diesem Zusammenhang vom „Baby-Schock" gesprochen. Die neue Mutter kann aus zeitlichen und affektiven Gründen in den öffentlichen Bereichen nicht mehr so mithalten wie früher; es interferieren verschiedene Vorstellungen von Erwachsenheit, die traditionelle und die moderne. Im modernen Leitbild bedeutet das Kind Verlust an Erwachsenheit und Autonomie. Die Mutter wird als aktives Mitglied der Gesellschaft tendenziell entmündigt. Der soziale und materielle Raum, den sie in der Mutterrolle besetzen kann, schränkt sich ein. Selbst die Kontakte mit den alten Freunden stellen sich in anderer Weise her als früher. Die Spaltung zwischen Familie und öffentlicher Kultur zwingt die Frau oft, sich zwischen gesellschaftlichen Aktivitäten und Mutterschaft zu entscheiden, auf jeden Fall zu verzichten.

Marina Gambaroff (1984) hat gezeigt, daß die Krise der Mutter in einer Gesellschaft, die aufgrund ihrer Strukturen das Individuum in Ohnmacht und Regression versetzt und Pseudoprogressivität begünstigt, keinen Raum erhält. Die Kommunikationsform der primären Mütterlichkeit erscheint in der Arbeitswelt als defizientes Verhalten, d. h. neue Mütter sind weniger „gesellschaftsfähig", sie erscheinen — so beschreibt es Winnicott — wie „Kranke" oder „Funktionsgestörte".

In der Schweiz und in Deutschland werden über 95 % der Geburten im Spital vollzogen, wo die Gebärenden mehrheitlich mit neuen, unbekannten Personen konfrontiert sind (in Holland dagegen gebären 55 % der Frauen zu Hause). Im Spital kommt die Frau mit technischen Apparaturen näher in Berührung als mit Menschen. Sie wird relativ wenig angefaßt, gestreichelt, massiert, gestützt. Normalerweise bleibt sie zehn Tag lang im Spital, wo sie versorgt wird, sich aber in einem unvertrauten Milieu befindet. Deshalb nehmen ambulante Geburten zu. Zu Hause ist die Frau dann häufig allein mit dem Kind und dem Haushalt. Sie ist isoliert und von der emotionalen Zuwendung des Mannes abhängig. Bei Problemen kann sie sich eher an verschiedene Institutionen als an eine soziale Gruppe wenden. Louise Kaplan beschreibt den Alltag dieser Lebensphase folgendermaßen:

„Für die meisten modernen Mütter bedeutet es einen regelrechten Schock, wenn sie feststellen, was es heißt, für ein Neugeborenes zu sorgen: Ein Tag und eine Nacht gehen unmerklich in den nächsten Tag und die nächste Nacht über. Wie ihr Säugling wird sie weder ganz wach noch schläft sie richtig. Die Tage gleiten vorbei. Sie ‚schafft nichts' und fällt um vor Müdigkeit" (Kaplan, 1987, Seite 69). „Die Mutter fragt sich, was aus ihr geworden ist und ob sie je wieder die sein wird, die sie war, bevor ihr Baby geboren wurde. [...] Wie in einem Spiegelsaal zeichnet sich eine endlose Folge von Stillen und Halten, Wickeln und Baden ab. [...] Der Leib der Mutter ist eingehüllt in eine Aura von saurer Milch, Windelgeruch und Babypuder" (a. a. O., S. 96).

Selbst wenn die Mütter nicht unbedingt nach Baby riechen, so sind sie doch eingehüllt in die Welt des Babys.

Durch den zivilisatorischen Prozeß und die damit verbundene Verinnerlichung von sozialen Normen und Forderungen ist die Mutterschaft zu einer individuellen psychischen Leistung geworden. Die emphatische, sinnliche und primärprozeßhafte Beziehung zwischen Mutter und Säugling wird nicht von der sozialen Gruppe und von kulturellen Ritualen mitgetragen, sondern die Frau ist allein und aus sich heraus dafür verantwortlich. Sie ist aus dem öffentlichen kulturellen Raum herausgelöst und in technischen Instituten, den Spitälern, oder in Privaträumen isoliert. Das Spital verspricht totale Sicherheit, bietet aber nur medizinische Verwaltung des Körpers; die Emotionen werden ausgeklammert. Auch wenn sich heute Tendenzen erkennen lassen, einige dieser Defizite aus individuellem Antrieb zu beseitigen durch Hausgeburten, Krabbelstuben und Müttergruppen, so ändern sie die Situation doch nicht grundsätzlich. Außerdem werden diese Versuche von den herrschenden Institutionen scharf bekämpft.

Es ist ein auffallendes Merkmal unserer Gesellschaft, daß für diese heftigen Veränderungs- und Krisenprozesse im Leben der Frau — wie für Menarche, Mutterschaft und Menopause — keine Übergangsrituale zur Verfügung stehen, die diese Ereignisse sozial markieren und kulturell in einem gesamtgesellschaftlichen Zusammenhang werten und integrieren. Dazu gehörte die Wahrnehmung und Benennung, das Feiern und Betrauern der Veränderung, womit den mit der Krise verbundenen Ambivalenzen und Aggressionen ein kultureller Kanal verschafft würde. So aber bleiben Aggression und Ambivalenz an der Frau haften und müssen verdrängt oder nach innen gerichtet werden. Für die Individuen sind keine überindividuellen Verhaltensorientierungen in Form von kulturellen Mustern und Feiern vorhanden. Der Vater wird aus diesem Problemkomplex ausgegrenzt. Von der männlichen Rolle, der Arbeit und den Geschlechterbildern her hat er nichts mit der primären Mütterlichkeit, die ihn bedroht, zu tun.

Die Struktur des Mutterbildes basiert auf der Spaltung zwischen Familie und öffentlicher Kultur. Letztlich soll eine Mutter weiterhin ganz Mutter sein und auf Beruf, Politik, Karriere und Einfluß auf die öffentliche Welt verzichten. Die soziale Spaltung wiederholt sich auf psychologischer und moralischer Ebene: die „gute Mutter" ist im Haus, die „böse Mutter" will zu vieles, sie will sich auch noch in der Welt draußen bewegen. Diese Spaltung ist im Individuum verwurzelt, in der Repräsentanz, die es für das Verhältnis von Familie und öffentlicher Kultur entwickelt; die Position der Frau wird durch ihre Schuldgefühle geschwächt, die des Mannes gestärkt.

Im Verzicht auf aktive Teilhabe an Welt und öffentlicher Kultur bleibt vielen Müttern nichts anderes übrig, als sich eine illusionäre Kompensation zu schaffen: Sie errichten eine emotionale Überbesetzung ihrer Kinder, die zu ihrem Selbstobjekt werden. Der Vielfalt an Möglichkeiten des Umgangs mit einem Kind sind im privaten Bereich kaum Grenzen gesetzt; auf der *emotionalen* Ebene gibt es nur wenige *bindende* kulturelle Kanäle und Handlungsanweisungen, die die Beziehung regulieren. „Wohl keine Gesellschaft ist zuvor auf die Idee gekommen, bei der Sozialisation in derart hohem Maße auf die Wirkung der sozialen Erfahrungen, bei denen Normen als der gültige, selbstverständliche

Konsens einer Vielzahl von Menschen erlebt werden, zu verzichten" (Hagemann-White, 1987, S. 17). So wird die Aufrechterhaltung einer engen Mutter-Kind-Dyade begünstigt, was in Ermangelung dritter Beteiligter oft zu Bindungen und Abhängigkeiten führt, die nur schwer lösbar sind, im Widerspruch zur gesellschaftlichen Struktur stehen und das Funktionieren des Kindes komplizieren. Diese Abhängigkeiten müssen später mit Hilfe von stark individuell ausgeprägten Abwehrformen verdrängt werden. Die soziale An- und Einpassung dieser Kinder ist relativ ungesichert und abhängig von den biographischen Verhältnissen.

Mutterschaft in der psychoanalytischen Theorie und Praxis

Der Vergleich zwischen Yucatán und der Schweiz oder Deutschland macht deutlich, wie stark bei uns die sozialen Aspekte der Mutterschaft abhanden gekommen sind. Historische Untersuchungen zeigen, daß im europäischen Mittelalter und auf dem Lande bis ins 19. Jahrhundert die soziale Mutterschaft die Norm war (vgl. Niestroj, 1985). In den Mittelmeerländern gibt es sie auch heute noch, während sich bei uns eine Spaltung zwischen öffentlicher Kultur und Mutterschaft vollzogen hat. Was früher im sozialen Kontext geleistet wurde, muß die Mutter heute allein und innerpsychisch erarbeiten. Damit wird ihr eine ungeheure Last und Verantwortung aufgebürdet, die sie realiter gar nicht erbringen kann. So sind die häufigen Zusammenbrüche und Depressionen bei jungen Müttern eigentlich nicht überraschend.

Im Hinblick auf die psychoanalytische Theorie und Praxis stellt sich nun die Frage, inwiefern diese historisch entstandene Isolierung und Psychologisierung der Mutterschaft bewußt und aufklärerisch gehandhabt oder wiederholt und gespiegelt wird.

Margarete Mitscherlich-Nielsen war eine der ersten Analytikerinnen, die dem Verhältnis von Psychoanalyse und Weiblichkeit kritisch nachgegangen ist. Die sozialen Hintergründe psychischen Geschehens haben sie besonders interessiert. Die erneute Lektüre ihres Buches „Die friedfertige Frau" (1985) hat mir wieder gezeigt, daß es kaum eine diesbezügliche Frage gibt, die sie nicht angedeutet, gestellt oder bearbeitet hätte.

Julia Besch-Cornelius hat in einer Arbeit über Psychoanalyse und Mutterschaft (1987) die Ideologie verschiedener psychoanalytischer Autoren und Autorinnen herausgearbeitet. Es wird deutlich, daß die Mutterschaft bis in unsere Tage hinein mehr oder weniger frauenfeindlich abgehandelt wird. Die meisten Autoren haben die gesellschaftliche Diskriminierung und psychologistische Reduktion der Mutterschaft fraglos als Prämisse übernommen und in die Metatheorie eingebaut.

Bei Freud und vielen seiner Zeitgenossen wurde die Mutterschaft als Ersatz und Trost für den Penismangel, also als Kompromißbildung für erlittene Kränkungen und Frustrationen dargestellt. Das bedeutet, daß die Mutterschaft in die Kategorie der — wenn auch notwendigen — neurotischen Kompensationen eingeordnet und pathologisiert wird. Die kulturellen und sozialen Aspekte sind damit eliminiert.

In der Verknüpfung, die Helene Deutsch zwischen Mutterschaft und weiblicher Sexualität herstellte, wird diese in jener aufgehoben und neutralisiert, die Libido der Frau soll sich in der Beziehung zum Kind entsexualisieren. Wiederum werden gesellschaftliche Realität und Ideologie widergespiegelt anstatt aufgedeckt. Isolation und verinnerlichter Verzicht, die so oft mit der Mutterschaft einhergehen, erscheinen als Normalität.

Eine weitere, bis heute sehr verbreitete Zugangsweise ist die (identifikatorische) vom Kind her. In Anknüpfung an Melanie Klein wird die Mutter aus dieser Perspektive als omnipotente, gefürchtete, eindringende und gehaßte Person gesehen, die für Störungen und Mängel in der Mutter-Kind-Beziehung allein verantwortlich ist. Wir kennen die „böse Mutter" in der psychoanalytischen Literatur, die schizophrenogene, die pathogene der Narzißmustheoretiker etc. Sie ist nicht nur Ursache für die psychischen Störungen ihrer Kinder, sondern auch für politische Zustände. Störungen und Mängel im sozialen Gefüge werden in die Mutter hinein verlagert und kommen dann von innen heraus in Form von Depressionen, Neurosen, Unfähigkeiten oder Psychosen zum Ausdruck. Mütter werden so systematisch „entsozialisiert", und die daraus resultierenden Überforderungsreaktionen werden als zur Mutterschaft gehörig betrachtet. Diesen Erklärungen liegt eine Verwechslung von Biologie und Kultur zugrunde.

Selbst bei den Ausführungen Grete Bibrings und ihrer Kollegen (vgl. Bibring et al., 1959 und 1961), die sich bei ihren Untersuchungen zur Mutterschaft auf den soziopsychologischen Ansatz von Erikson stützen, entfällt letztlich der reale gesellschaftliche Aspekt. Sie beschreiben die psychischen Prozesse im Umkreis von Schwangerschaft und Mutterschaft auf einer strukturellen Ebene und vergleichen sie mit der Adoleszenz:

„Wie wir es sehen, sind Krisen Drehpunkte im Leben eines Individuums, die zu einem akuten Ungleichgewicht führen, welches unter günstigen Voraussetzungen in einem spezifischen Reifungsschritt auf neue Funktionen endet. Wir finden Krisen als Entwicklungsprozesse an irreversiblen Punkten zwischen zwei Phasen, wenn einschneidende Veränderungen die Bedeutung früherer zentraler Bedürfnisse und Lebensweisen aufheben und zur Annahme von hoch besetzten neuen Aufgaben und Zielen zwingen" (Bibring, 1959, S. 119; Übersetzung von M. N.). Zu diesen Krisen zählen Bibring und ihre Kollegen die Adoleszenz, die Schwangerschaft und die Menopause.

„In den drei Perioden wird das Individuum mit einer Anzahl von neuen speziell libidinösen und adaptiven Forderungen konfrontiert, die sich den früheren wichtigen Aufgaben und Funktionen oft diametral entgegensetzen. Alle drei Phasen lösen psychologische Konflikte aus früheren Entwicklungsphasen aus und verlangen nach neuen und anderen Lösungen, [. . .] die Bewältigung der initiierten Phase hängt vom Verlauf der Krise ab, d. h. von der reiferen Reorganisation und der Auflösung des Ungleichgewichtes" (Bibring et al., 1961, S. 12; Übersetzung von M. N.).

Letztlich hängt die Lösung der sozialen Krise von der individuellen Leistung der Frau ab; sie muß sich selber „reifer" reorganisieren, „zentrale Bedürfnisse und Lebensweisen aufheben" und sich zu „neuen Aufgaben und Zielen zwingen".

Um zu überprüfen, wie tief diese gesellschaftliche Unbewußtmachung in der psychoanalytischen Theorie sitzt, habe ich Winnicott, einen der frauen- und mütterfreundlichsten Autoren, der über den Verdacht der Frauenverachtung erhaben ist, genauer gelesen. Er befaßt sich ausführlich mit der Realität der Mutter.

„Ich bin der Meinung, daß wir es in der frühesten Phase mit einem ganz spezifischen Zustand der Mutter zu tun haben, einer seelischen Einstellung, die einen Namen wie *primäre Mütterlichkeit* verdient. [. . .]

Er entwickelt sich allmählich und wird zu einem Zustand erhöhter Sensibilität während und besonders gegen Ende der Schwangerschaft. Er hält nach der Geburt des Kindes noch mehrere Wochen an. Wenn sich die Mütter davon erholt haben, können sie sich noch kaum daran erinnern. [. . .] Dieses Zustandsbild ist einem Zustand des Entrücktseins oder Dissoziiertseins vergleichbar, auch einer Bewußtseinstrübung oder sogar einer Störung auf tieferer Stufe wie etwa einer schizoiden Episode, in der ein Einzelaspekt der Persönlichkeit vorübergehend die Herrschaft übernimmt" (Winnicott, 1956, S. 155).

Weiter unten schreibt Winnicott: „Es gibt sicherlich viele Frauen, die im übrigen gute Mütter und zu einem reichen und fruchtbaren Leben fähig sind, jedoch diese ‚normale Krankheit' nicht zustande bringen, die sie fähig macht, sich von Anfang an mitfühlend und einsichtig den Bedürfnissen des Kindes anzupassen; [. . .]. Man kann vielleicht vermuten, daß hierbei manchmal eine ‚Flucht in die Gesundheit' vorliegt" (a. a. O., S. 156).

Zu Winnicott gibt es verschiedene Dinge anzumerken:

1. Seine Definition ist nicht biologisch gemeint. Die primäre Mütterlichkeit bezeichnet eher die notwendige Einstellung und Kommunikationsbereitschaft zwischen einem Erwachsenen und einem vollkommen abhängigen Wesen. Sie bezeichnet einen sozialen Prozeß, eine Art und Qualität der Kommunikation.

2. Winnicott beschreibt einen Zustand der erhöhten Sensibilität und Empathie, in welchem die Mutter in koenästhetischer Weise (Spitz) die Regungen und Bedürfnisse des Säuglings wahrnehmen kann. Es fällt auf, daß er diesen Zustand mit einer Krankheit vergleicht und ihn, indem er Begriffe aus der Pathologie verwendet, aus dem alltäglichen Verhalten ausgrenzt. Er bezeichnet ihn einerseits als auffälligen Sonderzustand, der aus dem in unserer Gesellschaft akzeptierten sogenannten „Normal-Verhalten" herausfällt, andererseits aber als „normale" Krankheit.

   In Winnicotts Ausführungen sticht also ein spezifisches Problem der Beziehung zwischen Mutter und Gesellschaft hervor, nämlich die Frage, als wie „normal" oder „krank" angepaßt oder desintegriert eine frühe Mutter gilt. Mir scheint, daß diese Frage besonders in unserer Kultur ein Problem darstellt.

3. Winnicott betont, daß nicht alle Frauen zu dieser Einstellung fähig seien, und führt interessanterweise gerade jene Frauen als

positives Beispiel an, die „zu einem reichen und fruchtbaren Leben fähig sind" und „sicher sehr große andere Interessen haben"; jene Frauen, die auch außerhalb der Familie und des Mutterseins engagiert sind, d. h. sich in der öffentlichen Kultur bewegen. Er stellt einen realen Widerspruch seiner Zeit und Gesellschaft fest (der Text wurde 1956 geschrieben): den zwischen primärer Mütterlichkeit und Berufstätigkeit. Winnicott sagt auch dies: „Wenn eine Frau sehr männlich identifiziert ist, fällt es ihr ganz besonders schwer, diesen Teil ihrer mütterlichen Funktion zu erfüllen, und ein verdrängter Penisneid läßt für die primäre Mütterlichkeit nur wenig Raum" (ebd.). An anderer Stelle schreibt er: „All dies besagt, daß die Pflege eines Neugeborenen ein ausfüllender Beruf ist, und daß es am besten ist, die Mutter macht es allein" (Winnicott, 1969, S. 20).

Sich in der öffentlichen Kultur bewegen heißt in unserer Gesellschaft automatisch, sich auch mit der herrschenden männlichen Kultur auseinanderzusetzen und sich teilweise auf sie einzulassen. Dieser gesellschaftliche Gegensatz zwischen weiblich/familiär und männlich/kulturell wird von Winnicott zwar realitätsangemessen dargestellt, dann aber als individualpsychologisches Problem der Frau, als ihr Penisneid, interpretiert. Daß Winnicott gerade im Zusammenhang mit der primären Mütterlichkeit mehrere Male explizit auf den Widerspruch zur Kultur, zum öffentlichen Leben zu sprechen kommt, macht deutlich, wie sehr das Zusammenstoßen von primären Kommunikationsformen mit den kodifizierten, an Effizienz orientierten Umgangsweisen des öffentlichen Lebens in unserer Gesellschaft einen Schock darstellt — vielleicht ist dies die Essenz des Baby-Schocks. Margarete Mitscherlich drückt dies so aus: „In der Mutter-Kind-Beziehung herrschen Gefühle und Beziehungsformen vor, die sich von der ‚Moral' der Wirtschaft grundlegend unterscheiden. Vielleicht wird auch aus diesem Grund in unserer Gesellschaft einerseits die Mutter überidealisiert, andererseits die Frau vehement abgelehnt" (Mitscherlich, 1985, S. 30).

Christa Rohde-Dachser spricht von der „Gefahr der Grenzverwischung von Mutter-Imago und historischer Mutterfigur, wo in einer Art des primärprozeßgesteuerten Gleitens Omnipotenz- und Schuldzuweisungen von der Imago zur historischen Mutter hin-

über wandern" (Rohde-Dachser, 1989, S. 3). Deswegen bleiben
die Mütter in der psychoanalytischen Theorie auf „merkwürdige
Weise verschwommen, körperlos, imaginär, nicht wirklich, sondern lediglich vermittelt präsent" (a. a. O., S. 2). Die Verschwommenheit der Grenze zwischen realer und imaginärer Mutter entspricht ihrer „Nicht-Existenz" in der öffentlichen Kultur. Die
Psychologisierung der sozialen Mutterschaft kommt einer magischen Verwandlung von Außenwelt in Innenwelt gleich und damit einer Vernichtung der vitalen Subjektivität der Mutter und
Frau. Plötzlich erscheinen gesellschaftliche Realität und psychoanalytische Theorie in ihrer Statik synton, was dem Prozeß der
Bewußtmachung erhebliche Grenzen setzt.

Für die psychoanalytische Behandlung hat diese Tatsache ver-
heerende Konsequenzen. Analytiker und Patient behalten die
Mutter gleichermaßen in größenphantastischer Weise im Griff
und können deren Bild gemeinsam magisch ausmalen und gestalten. Psychoanalyse wird gleichsam zum Voodoo, die Manipulation am Bild soll sowohl Realitäten ausblenden als auch erzeugen. In der ausgeblendeten und agierten Realität bleibt die alte
Spaltung in gute und böse Mutter bzw. Welt erhalten; die böse
Mutter ist die reale, und die gute ist der Analytiker. Die depres-
sive Position bleibt gemeinsam abgewehrt, und die Wahrnehmung der schwierigen und diskriminierenden Erfahrungen in der
Biographie der Mütter und Frauen ist verhindert. So müssen
weder Trauer noch Ohnmacht über diese Verhältnisse empfunden
werden.

Es wird immer wieder davon gesprochen, in der Psychoanalyse
sei ein Paradigmenwechsel notwendig, damit die Geschlechter-
differenzen in der Metatheorie adäquat erfaßt werden können.
Ich meine, ein Paradigmenwechsel hat sich darauf zu beziehen,
daß der grundlegende Mangel der psychoanalytischen Theorie in
bezug auf die Frau behoben wird: die Wahrnehmung und Auf-
arbeitung ihrer kulturspezifischen Realität, ihrer Subjektivität
und ihrer sozialen Erfahrungen aus ihrer eigenen Sicht. Das
schließt auch die sorgfältige Unterscheidung zwischen biologi-
schem (sex) und kulturellem (gender) Geschlecht ein. Die Er-
arbeitung der Kultur der Frau in unserer und anderen Gesellschaf-
ten sowie in historischen Epochen führt uns oft auf die Spur un-

sichtbar gemachter Dimensionen, die eine realistischere, aber auch utopische Vision und damit den Paradigmenwechsel überhaupt nur ermöglichen.

Zum Schluß möchte ich die These formulieren, daß im ideologischen Konzept des „Penismangels" der Frau der reale „Kulturmangel" der Frau stellvertretend ausgedrückt ist, d. h., die gesellschaftliche Realität, das soziale Vakuum und der zugemutete Mangel an sozialer Einbindung und Unterstützung sind bzw. waren im Begriff des Penismangels in biologistischer und individualistischer Weise dargestellt. Der soziale Mangel, dem die Frau ausgesetzt ist, kann als biologischer Mangel ausgegeben und damit unbewußt gemacht werden. Die Vertauschung von gesellschaftlichen Tatsachen mit psychologischen und biologischen lähmt die Erkenntnis. Ihr kommt die Verwechslung von „Sex" und „Gender" entgegen. Unter solchen Umständen kann der erforderliche Paradigmenwechsel nicht in Gang kommen. So gesehen dient die Übernahme der Spaltung von Mutterschaft und öffentlicher Kultur in der psychoanalytischen Theorie und Praxis der politischen und ideologischen Erhaltung von gesellschaftlicher Unbewußtheit. Das bedeutet gleichzeitig die Festschreibung der psychischen und ökonomischen Ausbeutung und Ausschließung der Frau.

Doris Bernstein

Weibliche genitale Ängste und Konflikte und die typischen Formen ihrer Bewältigung (1990)

In *Hemmung, Symptom und Angst* (1926), einem Text, der das gesamte psychoanalytische Denken der Gegenwart prägt, umriß Freud zwei Auffassungen der Angst. Erstens führte er eine neue Theorie ein: Angst als Signal; zweitens führte er eine auf die Entwicklung gestützte, hierarchische Auffassung der Angst ein, an deren Spitze die genitale Angst steht. Die Genitalität wird zum entscheidenden Punkt auf dem Weg zur psychischen Reife; die Anerkennung der Differenz zwischen Männlichkeit und Weiblichkeit, das Erreichen der eigenen relativen Ganzheit gegenüber dem Objekt sowie Konflikttoleranz sind die Erträge dieser Leistung.

Freud skizzierte alters- und phasenspezifische Gefahren, wobei die Angst vor der Trennung vom mütterlichen Objekt oder von der Mutterfigur das Muster für spätere Ängste bildet; er faßte die Ängste der phallischen Phase für Knaben und Mädchen jeweils unterschiedlich. Für Knaben lag die Angst in der Gefährdung der körperlichen Integrität, insbesondere in der Kastrationsangst (im Zusammenhang mit der Trennung vom Penis); für Mädchen lag die Gefahr im Verlust des geliebten Objektes (im Zusammenhang mit der Trennung vom Objekt). Nicht erkannt wurde die Rolle, die die eigenen Genitalien des Mädchens in seiner Entwicklung oder bei der Angsterzeugung spielen. Ebensowenig erkannte Freud die Unterschiede, die sich aus so dramatisch verschiedenen Formulierungen ergeben: Seine Formulierungen definieren die Ängste des Knaben als viel stärker narzißtisch orientiert, die Ängste des Mädchens als viel stärker im Objekt verankert.

Eine der glanzvollsten Leistungen Freuds, die überdies die Psychoanalyse von anderen Betrachtungsweisen unterscheidet, liegt darin, Psyche und Soma zu vereinen. Leib und Seele, Geist und Körper waren in früheren Psychologien als getrennt, wenn nicht gar als antagonistisch aufgefaßt worden. Freud erzielte eine konzeptuelle Einheit, eine umfassende komplementäre Wechselbeziehung zwischen Körper und Psyche; sie funktionieren als Einheit. Er konzipierte im Grunde die tiefreichende und kontinuierliche Einwirkung des Körpers auf die Entwicklung und Funktionsweise der Psyche, auf die Charakterbildung, auf entscheidende Überich-Unterschiede (Bernstein, 1983) sowie auf die Beziehungen zu anderen. Nachdem die Rolle des Körpers bei der psychischen Entwicklung erkannt und berücksichtigt worden ist, erscheint es als Ironie, daß es nur einer der beiden Körper sein soll, nämlich der männliche, dessen Erfahrung zum Modell für die Psychologie des Menschen wurde, und daß allein die Ängste und Entwicklungskrisen des Knaben das Modell für alle menschlichen Entwicklungskrisen abgeben sollen.

Zu keinem Zeitpunkt betrachtete Freud die Einwirkung des Mädchenkörpers auf die psychische Entwicklung des Mädchens. Das genitale Bewußtsein des Mädchens sah er als beschränkt auf dessen Sorge um den Penis an; das Körperbild des Mädchens beruhte nach Freud auf dem Fehlen des Penis. Bei der Beschreibung der genitalen Angst in *Hemmung, Symptom und Angst* wird ,genital' mit ,Phallus' gleichgesetzt; das Genitale des Mädchens bleibt außer acht: „. . . bei bereits vollzogener Kastration" (1926, S. 155) tritt die Angst in Beziehung zum Objekt auf. Es ist so, als ob das Mädchen kein eigenes Genitale besäße. Freud hielt in der Tat die frühe Kindheit bei Knaben und Mädchen bis zur phallischen Phase für identisch; d. h. bis zu der Zeit, da die Entdeckung des Mädchens, daß ihm der so hoch bewertete Penis fehlt, zum zentralen Organisator seines psychischen Lebens wird. Die Genitalien des Mädchens hielt er für ruhend, inaktiv und unbekannt und bis zu ihrer Reifung in der Pubertät für unentdeckt. Es gab männliche und weibliche Analytiker, die diese Position schon sehr früh in Frage stellten. Horney (1924) hielt die unentdeckte Vagina für eine verdrängte Vagina; Mueller (1932), die ursprünglich Kinderärztin gewesen war, berichtete vom frühen genitalen Interesse des Mädchens. Berichte über Masturbation in der Kindheit sind in der Literatur überaus zahlreich (siehe Clower, 1976). Kestenberg (1956) beschrieb das An- und Abschwellen der genitalen Erregung beim Mädchen; Erikson erörterte den „inneren

Raum" des Mädchens (1964) als dessen Sorge um das eigene innere Genitale. In jüngerer Zeit haben Stoller (1968) und Money und Ehrhardt (1972) gezeigt, daß die psychosoziale Geschlechtsidentität (gender identity) lange vor der phallischen Phase festgelegt wird und daß es keinen Beleg für die Aufrechterhaltung von Freuds Position gibt, derzufolge das kleine Mädchen sich als *un homme manqué*, als verunglückten Mann betrachtet. Trotz dieser Beobachtungen über das genitale Bewußtsein und Interesse der kleinen Mädchen wurde ihre genitale Angst stets als „Kastrations-"Angst beschrieben — ein Vermächtnis von Freuds früheren Formulierungen.

Wenn wir zustimmen, daß der Körper bei der psychischen Entwicklung der Kinder eine zentrale Rolle spielt, dann scheint es angemessen, daß der Körper des Mädchens sowie seine Erfahrungen und Konflikte mit ihm für die eigene Entwicklung ebenso zentral sind wie der Körper des Knaben für die seine. Da die Körper verschieden sind, müssen die Eigenart der entstehenden Ängste, die Entwicklungskonflikte, die Lösungsmittel und viele Weisen der Bewältigung notwendigerweise ebenfalls verschieden sein.[1]

Diese Ängste, Konflikte und Bewältigungsweisen wirken sich allgemein auf die Lösungen aller Entwicklungsaufgaben aus, auf die Leistung der Loslösung-Individuation, auf die Entwicklung der Autonomie, auf die Bildung des Über-Ichs und die entschei-

---

[1] Ich benutze die Formulierung ‚Weisen der Bewältigung', um die Beteiligung und Integration von entwicklungsbezogenen Aufgaben zu beschreiben. Ebenso wie das Krabbeln, das Trinken aus einem Gefäß, das Gehen und der Spracherwerb ist auch die Integration des Körperbildes, einschließlich der Genitalien, in die Psyche eine notwendige Entwicklungsleistung. Zwar ist ‚Abwehr' der gebräuchlichere psychoanalytische Terminus, aber er impliziert stets Gefährdung und Konflikt. Obwohl jede entwicklungsbezogene Aufgabe, besonders die Integration der Genitalien in das Selbstbild, zu Konflikten führen, mithin Abwehr auslösen kann, glaube ich, daß es bei jeder Aufgabe auch Aspekte gibt, die konfliktfrei sind (Hartmann, 1939) und die einfach die Integration in den kontinuierlichen Entwicklungsprozeß erfordern. ‚Bewältigung' erscheint mir im Vergleich zu ‚Abwehr' als ein angemesseneres Wort, um Aspekte der entwicklungsbezogenen Integration zu beschreiben.

dende Identifizierung und die Auflösung der ‚ödipalen Krise'
(Bernstein, 1983, 1989). Eine vollständige Erörterung dieser Themen geht über den Bereich des vorliegenden Aufsatzes hinaus.

Die Themen im Zusammenhang mit den Reaktionen von Mädchen und Frauen auf den Penis, d. h. Penisneid und Kastrationsangst, sind in der psychoanalytischen Literatur beschrieben, dokumentiert und theoretisch ausgearbeitet worden. Es gibt eine Fülle
von umfassenden Diskussionen. An dieser Stelle werde ich versuchen, die beiden Themen abzugrenzen, die mit der Rolle der
Autonomie in der Entwicklung des Mädchens zusammenhängen.
Ich werde versuchen, die Wirkung seiner eigenen Genitalien zu
erforschen und zu definieren sowie ihre zentrale Bedeutung ein-
zuschätzen. Die Reaktionen des Mädchens auf den Penis werde
ich nur insofern erörtern, als diese Reaktionen die Integration
seines eigenen Körperbildes und seiner Körpererfahrung beeinflussen. Während einige Autoren (Keiser, 1953, 1958; Barnett,
1966; Montgrain, 1983; Mueller, 1931) sich mit den weiblichen
genitalen Ängsten befaßten, versuche ich hier deren Rolle in der
weiblichen psychischen Entwicklung zu verstehen, d. h. ihre Genitalien als ebenso wichtig für sie zu betrachten, wie es die Genitalien des Knaben für ihn sind. Als Roiphe und Galenson (1976)
vor einiger Zeit die Reaktionen von Kleinkindern auf den Anblick
der andersgeschlechtlichen Genitalien untersuchten, betrachteten
sie ihr Material aus der Perspektive ‚genital gleich phallisch' und
befaßten sich nicht mit dem Problem, wie denn die Genitalien des
Mädchens in sein Körper-Ich integriert werden. Ihre Schlußfol-
gerungen bestätigen Freuds phallische Orientierung, auch wenn
sie die Erkenntnis des Geschlechterunterschieds auf ein früheres
Lebensalter verlegen. Der Zeitplan ist von Bedeutung, weil die
untersuchten Kinder zwischen achtzehn und vierundzwanzig
Monate alt waren, also genau in dem Alter, in dem Stoller (1968)
die Festlegung der zentralen Kern-Geschlechtsidentität (core
gender identity) ansiedelt. Diese Entdeckung der genitalen Unterschiede findet somit in der traditionellen analen Phase oder in der
Phase der Loslösung-Individuation statt. Meine These lautet nun:
Die Aufgabe, die eigenen Genitalien in das eigene Körperbild zu
integrieren, steht mit den anderen erwähnten Entwicklungsaufgaben in einer Wechselwirkung, und einige der Ängste, die das

Mädchen zu dieser Zeit erlebt, gehen aus seinen Kämpfen mit der eigenen Körpererfahrung hervor. Allgemein gesprochen wurde das weibliche Individuum (the female)[2] als ein offenes System beschrieben und das männliche Individuum (the male) als ein geschlossenes System (Kestenberg, 1956). Im vorliegenden Aufsatz versuche ich einige Implikationen dieser Formulierung zu ergründen.

Ängste des Zugangs, des Eindringens und der Diffusion

Die genitalen Ängste von Mädchen sind nicht annähernd so fokussiert und geordnet wie die Ängste des Knaben. Der Penis des Knaben, mit seiner klar definierten Präsenz, seinen Konturen, seiner Sichtbarkeit, seinen sensorischen Empfindungen und seiner Verletzbarkeit, ist recht klar und eindeutig. Die Genitalien des Mädchens unterscheiden sich davon in jeder Hinsicht. Nach meinem Eindruck, der auch von anderen Beobachtern geteilt wird (Montgrain, 1983; Keiser, 1953, 1958), haben diese Unterschiede vielfache Auswirkungen auf die psychische Strukturierung und auf die Bildung mentaler Repräsentanzen, die einen prägenden Einfluß auf die weiblichen mentalen Funktionen ausüben.

Ich will damit nicht sagen, „kastrationsähnliche" Ängste würden bei Frauen nicht auftreten; diese Ängste verweisen auf eine Menge von Befürchtungen und Phantasien über verlorengegangene, beschädigte oder fehlende Körperteile. Bei Analysen von Frauen bin ich überall auf sie gestoßen. Allerdings habe ich nicht

---

[2] Im Deutschen gibt es keine dem Englischen ‚female' (und ‚male') entsprechende, vom Lebensalter unabhängige Bezeichnung im Singular für die Einheit von (menschlichem) Geschlecht und Individuum. Die aus vielen Gründen unbrauchbare, antiquierte und seit langem als anstößig empfundene Bezeichnung ‚Weib', von der auch noch Freud Gebrauch machte, läßt sich als Versuch eines solchen Äquivalents für ‚female' lesen. ‚Female' und ‚male' bezeichnen im Englischen überdies auch den Allgemeincharakter des ‚Weiblichen' und ‚Männlichen' sowie die Geschlechtsdifferenzierung im Tierreich zwischen Weibchen und Männchen. A. d. Ü.

festgestellt, daß sie ausschließlich oder auch nur überwiegend dazu dienen, weibliche genitale Ängste zu beschreiben. Ich schlage hier drei Termini vor, die jeweils mehrere Komponenten und Bezüge enthalten und die eine weitaus komplexere Konstellation darstellen als ‚Kastration': Zugang (access), Eindringen (penetration) und Diffusion (diffusivity).

‚Zugang' verweist auf mehrere unterschiedliche Erfahrungen. Das Mädchen hat keinen leichten Zugang zu den eigenen Genitalien. Dies wirkt sich auf vielen Erfahrungsebenen aus. Es kann sie nicht so sehen, wie sowohl es selbst als auch der Knabe die Genitalien des Knaben sehen können. Dies führt zu einer immensen Schwierigkeit beim Aufbau einer mentalen Repräsentanz jener Teile des eigenen Körpers, in denen die intensivsten Körperempfindungen liegen. Die Rolle des Gesichtssinns bei der Bildung mentaler Repräsentanzen ist von entscheidender Bedeutung; so hat man zum Beispiel festgestellt, daß blinde Kinder beim Aufbau des Körperich- und Selbstbildes eine deutlich verzögerte Entwicklung aufweisen (Kestenberg, 1968; Fraiberg, 1968).

Zusätzlich zur visuellen Schwierigkeit hat das Mädchen keinen vollständigen taktilen Zugang zu den eigenen Genitalien; es kann sie nicht berühren und wie der Knabe in einer desexualisierten Weise manipulieren. Deshalb erwirbt es keine taktile, vertraute und sinnliche Kenntnis des eigenen Körpers, die nicht verboten oder nicht an verbotene Phantasien gebunden ist. Wenn es die eigenen Genitalien tatsächlich berührt, gibt es eine Diffusion von Sinnesempfindungen auf andere Regionen; überall wo es sich berührt, wird eine weitere Körperregion stimuliert. Die Lokalisierung verschiebt sich nicht nur innerhalb des Genitales, von der Klitoris zur Vagina, sondern auch auf das Becken sowie auf urethrale und anale Sinnesempfindungen. Diese Reizausbreitung beim Mädchen steht im Gegensatz zum Knaben, bei dem die Reizung sich konzentriert.

Diese Verbreitung der Sinnesempfindung führt zu einer zweiten Angst, nämlich zur Angst vor der Diffusion (anxiety of diffusivity). Die Entwicklung verlangt vom Kind, daß es seinen Körper und seine Welt abgrenzt und aufgliedert. Das Berühren, Sehen, Kontrollieren und Benennen (Kleeman, 1976) bildet die Ausrüstung, mit der die Kinder mentale Repräsentanzen ihrer eigenen Körper, der Außenwelt sowie ihrer Macht und Kontrolle über sich selbst, über Menschen und Dinge aufbauen. Wenn das Ich im Kern tatsächlich ein Körper-Ich und das Körper-Ich ein wesentlicher Bezug zur Außenwelt ist, dann hat die diffundierende Natur des weiblichen Genitales beim Mädchen eine bedeutsame Auswirkung auf die Natur seiner Entwicklung. Montgrain (1983) untersuchte dieses Diffusionsvermögen (diffusivity) bei erwachsenen Frauen und stellte fest, „daß die der sprachlichen Bindung sich entziehende Eigenschaft der weiblichen Sinnlichkeit, überfließen zu können, generell unterbetont wird". Außerdem sei „die ungenügende Verankerung eine anatomische Realität, die eine korrelierende Wirkung auf der symbolischen Ebene hat" (1983, S. 170). Sprache und Phantasiebilder sind für die Frauen von entscheidender Wichtigkeit für den Aufbau einer symbolischen Welt, die sich kontrollieren und handhaben läßt. Bei Stimulierungen wird der gesamte Apparat von Körper und Geist mobilisiert, so daß eine dem Denken zugrundeliegende Interaktion zwischen Körper und Geist in jeder Streßsituation aktiviert werden kann. Außergewöhnlich oft hört man in Analysen von Frauen Klagen darüber, daß sie unter Streß, und zwar besonders unter intellektuellem Streß, „nicht klar" denken können, „durcheinander" sind oder sich als unfähig erleben, zu artikulieren. Ebenso oft hört man, daß sie nach einem anfänglich „leeren Kopf" überrascht sind, zu entdecken, wieviel sie über ein bestimmtes Thema tatsächlich „wissen" und wieviel Wissen sie „weggeräumt" hatten. Die gewöhnlichen Sinne, Gesichts- und Tastsinn, reichen für Mädchen auf dieser Stufe ihrer Entwicklung nicht aus. Sie müssen sich auf zusätzliche Mittel stützen, die ich weiter unten als Bewältigungsweisen zur Artikulation und zur Integration ihrer Genitalien in das eigene Körperbild umfassend beschreiben werde.

Das dritte und zentrale Bündel von Ängsten dreht sich um Themen des Eindringens (penetration). Die Vagina ist eine Körperöffnung, die zu öffnen und zu schließen es keine Kontrolle gibt wie bei Mund und Anus. Mädchen haben die Empfindung, daß sie den Zugang durch andere oder durch sich selbst nicht kontrollieren können. Die Phantasie vom Genitale als ‚Loch' beruht auf den Erfahrungen, die das Kind mit Löchern in der Außenwelt gemacht hat. Diese sind tatsächlich passiv und unbeweglich.

Kleine Mädchen können sich die Funktionen und die Mitwirkung ihrer Genitalien bei Koitus- und Geburtserlebnissen nicht vorstellen; Gleitfähigkeit und Elastizität ihres Organs sind unbekannt. Dies kontrastiert mit dem Bewußtsein des Knaben über Veränderungen in seinem Organ als Teil seiner Alltagserfahrungen. Penis und Hoden reagieren sichtlich auf Temperatur sowie auf taktile und erotische Reizung. Mädchen empfinden die genitale Erregung als Hitze, als Kitzeln oder als Unbehagen, oft ohne das Bewußtsein, wie dies entsteht, und häufig ohne sichtbare oder taktile Ursache. Es ist erschreckend, ein offenes Loch zu haben, wo Gegenstände ein- und ausgehen können, das sich nicht irgendwie öffnen oder schließen läßt und bei dem es keine Kontrolle über den Zugang gibt. Ein Abkömmling davon zeigt sich bei einer Frau, die, erzürnt über ihren Liebhaber, von diesem die Rückgabe ihres Schlüssels verlangt, damit er „keinen Zugang zu mir hat". Andere Körperöffnungen — Mund und Anus — lassen sich zu Versuchen heranziehen, das Genitale zu beherrschen.

Eine Nebenfolge der mangelnden Kontrolle über den Zugang zum Genitale beim Mädchen ist das Bewußtsein, daß der Zugang sie in die Gefahr des „Eindringens" bringen kann. Nicht nur können Dinge hineingehen und herauskommen, sondern das Mädchen fürchtet auch, daß diese Dinge ihr Schaden zufügen können. Mädchen befürchten eine Beschädigung ihres kleinen Körpers durch den erregenden väterlichen Penis. Und schon sehr früh befürchten sie eine Beschädigung ihres Körpers durch die Säuglinge, die sie selbst gerne hervorbringen möchten.

Mädchen kämpfen mit Definitionen und Abgrenzungen. Abgrenzungen liefern Definitionen und vermitteln den Zugang. Das vorgestellte Eindringen bringt nicht nur die Furcht vor Schaden mit sich, sondern weckt auch die Angst vor dem Überschreiten der Körpergrenze. Der Geschlechtsverkehr verlangt den Eintritt in das Körperinnere, und dies kann eine erst vor kurzem festgelegte oder bestätigte Körperintegrität gefährden.

Zwei zusätzliche Ängste entstehen während der Adoleszenz, wenn das Mädchen mit der ‚Feuchtigkeit' konfrontiert wird, deren Herkunft sie nicht kennt (sogar manche erwachsenen Frauen kennen sie nicht), und mit der Menstruation. ‚Feuchtigkeit' erinnert zwangsläufig an die Möglichkeiten zur Regression auf alle

Ängste und Konflikte, die mit der frühkindlichen Blasen- und Sphinkterkontrolle zusammenhängen und die sich hier natürlich nicht umfassend erörtern lassen.

Wichtig ist die Berücksichtigung eines veränderten Zeitplans für die Entdeckung der anatomischen Unterschiede und für die Festlegung der Geschlechtsidentität, um die Wirkung dieser Zugangs-, Eindringens- und Diffusionsängste auf die Entwicklung des Mädchens und ihre Rolle in der Psyche der Frauen ganz ermessen zu können.

Stoller hat ziemlich überzeugend nachgewiesen, daß die psychosoziale Geschlechtsidentität (gender identity) im Alter zwischen fünfzehn und achtzehn Monaten festgelegt wird. Roiphe und Galenson (1976) haben die Erkenntnis genitaler Unterschiede und die Reaktion auf diese etwa um die gleiche Zeit festgestellt. Die Entdeckung und Integration genitaler Unterschiede fällt also in die Zeit eines bereits festgelegten, wenn auch vielleicht nur rudimentären Gefühls für die Geschlechtsidentität (gender identity). Diese Entwicklungen vollziehen sich während jenes Zeitabschnitts, der traditionellerweise als anale Phase aufgefaßt wird, nach Mahlers Auffassung die vom Streben nach Loslösung-Individuation beherrschte Phase. Im Bereich der Kognition verleiht die rasche Sprachentwicklung dem sich entfaltenden Gefühl für das Selbst und die Welt eine artikulierte und symbolische Form. In den Familien vieler Frauen, mit denen ich gearbeitet habe, wird den weiblichen Genitalien kein besonderer Name gegeben (siehe Silverman, 1981; Lerner, 1976). Ausdrücke wie ‚down there‘ (‚dort unten‘), ‚boopee‘ und ‚hokee‘ [3] beschreiben die gesamte

---

[3] In Wentworth/Flexner, *Dictionary of American Slang* (2. ergänzte Aufl. 1975) findet sich weder für ‚boopee‘ noch für ‚hokee‘ ein Eintrag. — ‚boo‘ bedeutet im amerikanischen Slang der fünfziger Jahre ‚excellent‘ ‚remarkable‘, ‚satisfying‘ (ausgezeichnet, vortrefflich, zufriedenstellend); ‚pee‘ ist ein ordinärer Ausdruck für urinieren (pissen, pinkeln). — ‚hoke‘: ‚to flatter or to speak insincerely to a person‘ (einer anderen Person gegenüber schmeicheln oder unaufrichtig reden); ‚hokey‘: billiges Eiskrem von Straßenhändlern (‚hokey-pokey‘: Betrug, Schwindel). — Vgl. zur deutschen Sprache der Sexualität J. und W. Grimm, *Deutsches Wörterbuch* (1878; Reprint München: dtv, 1984) Band 4 Sp. 42: „für die

Anatomie des Harn-Genitalbereichs. Eine Frau versichert mir, daß es in ihrer Sprache (einem komplizierten indianischen Dialekt) kein Wort für das weibliche Genitale gibt, wohl aber eines für den Penis.

Die Integration der genitalen Unterschiede wirkt sich auf alle Entwicklungsaufgaben aus und erschwert insbesondere den Prozeß der Loslösung-Individuation beim Mädchen. Alle oben beschriebenen genitalen Ängste führen in die phasenspezifischen Kämpfe einmalige Probleme ein. Der Kampf der Loslösung-Individuation wird in zwei Richtungen ausgetragen — bezüglich zum eigenen Körper des Mädchens und in der Beziehung zur Mutter. Dieses Wechselspiel beeinträchtigt die Bewältigungsanstrengungen des Mädchens. Meines Erachtens ist der Vollzug und die Aufrechterhaltung der Loslösung-Individuation für Mädchen der zentrale Entwicklungspunkt.

Weibliche Bewältigungsanstrengungen

Die erwähnte Vielfalt spezifischer weiblicher Ängste, die sich um die Themen des Zugangs, der Kontrolle und der Definition drehen, steht bei der Entwicklungsaufgabe der Individuierung im Mittelpunkt. Es scheint spezifische entwicklungsbezogene Ansätze zur Bewältigung zu geben, die für die weibliche Entwicklung typisch sind. Sie unterscheiden sich von den Ansätzen zur Bewältigung bei Knaben und sind keine Abweichungen von diesen.

---

vorstellungen des zeugens und entleerens gibt es auszer den natürlichen derben namen zahlreiche euphemismen und umschreibungen, die den ausdruck verhüllen oder sogar hervorheben, welcher von diesen drei arten sie angehören, fällt bei alten, in unvordenklichem gebrauch gewesenen benennungen zu sagen schwer." Eine Fülle von neueren Beispielen liefert Ernest Bornemann, *Sex im Volksmund. Der obszöne Wortschatz der Deutschen*. Reinbek b. Hamburg: Rowohlt, 1974, Band 2: Wörterbuch nach Sachgruppen, bes. 1.63–1.69. Für den Genital- und Analbereich gibt es im Deutschen z. B. den Ausdruck ‚Unterbau', der sich mit dem erwähnten englischen Wort ‚down there' vergleichen ließe. *A. d. Ü.*

Roiphe und Galenson (1976) haben bei den Reaktionen von Knaben und Mädchen auf ihre jeweiligen Beobachtungen genitaler Unterschiede Differenzen festgestellt.

„Die Knaben brachten die Wirkung der genitalen Sichtbarkeit (emergence) in ihrer Wahl jener Spielzeuge und Spieltätigkeiten zum Ausdruck, die als typisch männlich betrachtet werden, sowie im Ansatz zu einer leichten Hyperaktivität. Außerdem setzte sich ihre Masturbation fort, und zwar von diesem Zeitpunkt an ziemlich energisch."

Sie beschreiben dies als „geringes Vorkommen von offenkundiger Reaktion". Im Kontrast dazu

„zeigten alle 35 Mädchen in unserer Untersuchungsgruppe eine bestimmte und nachdrückliche Reaktion auf die Entdeckung ... und bei acht unter ihnen bildeten sich anhaltende Kastrationsreaktionen" (1976, S. 46 f.).

Zunächst einmal halte ich es nicht für richtig, bei den Knaben von einem „geringen Vorkommen von offenkundiger Reaktion" zu sprechen; richtiger wäre es, dies als gleichförmigere und spezifischere Reaktion zu beschreiben. Ihr Interesse richtet sich eindeutig auf den Penis; ihre Reaktion ist aktiv, reizerregend, kontrolliert, selbstbestätigend und vielleicht sogar der Angst entgegenwirkend (contraphobic). Eben dies *ist* ihr Versuch zur Bewältigung von Ängsten, die durch die genitalen Unterschiede ausgelöst werden. Die beobachtete Aktivität wurde von einer zunehmenden Identifizierung mit ihren Vätern begleitet. Statt von den Mädchen zu schreiben, sie zeigten nachdrückliche Reaktionen, die Knaben dagegen nicht, wäre es genauer, diese Reaktionen als ganz andere zu beschreiben.

Das Mädchen steht vor einer anderen Aufgabe — es muß das, was außerhalb des Gesichts- und Tastsinns sowie außerhalb der Aufmerksamkeit und der Kontrolle liegt, verstehen, integrieren und lokalisieren. Ich möchte die Hypothese äußern, daß es spezifische Mechanismen mobilisiert, um diese Aufgabe zu lösen.

Die innere, diffundierende Eigenschaft seiner Sinnesempfindung löst rasch und automatisch eine anale und urethrale Konfusion aus. Roiphe und Galenson berichten, daß sie oral-regressives Verhalten, Erkundungen des Analbereichs und Masturbation beobachteten. Ich sehe die Hinwendung zu diesen Körperzonen nicht nur als regressiv an, sondern auch als eine potentielle Hinwendung zu Bewältigungsweisen. Manipulieren, Öffnen und Schließen, Zugangskontrolle und Zurückhalten sind in allen diesen Körperbereichen möglich.

Das folgende Material verdeutlicht die Wege, auf denen unsere gewöhnlichen Vorgehensweisen bei der Materialorganisation uns von anderen, wesentlichen Aspekten ablenken können. Die Formulierung ‚phallisch gleich genital' prägt sowohl die Arbeiten von Parens et al. (1976) als auch die von Roiphe und Galenson (1976), und sie verdeckt die eigene genitale Angst des Mädchens, offen zu sein, eine Öffnung zu haben, und ihr Bedürfnis, das Gefühl der Kontrolle zu haben. Parens beschrieb dies in seinem Bericht über das zweieinhalbjährige Mädchen Candy (1976, S. 88 f.), das, nachdem die Geschlechtsunterschiede für sie sichtbar gemacht worden waren, sich auffällig mit einem Loch in ihrem Strumpf beschäftigte, verstört und angespannt war und versuchte, das Loch verschwinden zu lassen. Als die Mutter das Loch zunähte, beschrieb Parens Candy als anscheinend erlöst und fähig, ihre Beschäftigung aufzugeben und sich anderen spielenden Kindern anzuschließen.

Nach diesem Vorfall begannen bei Candy, obwohl sie zuvor in der Benutzung der Toilette eingeübt worden war, Vorfälle aufzutreten, bei denen sie einnäßte und dann sehr bekümmert war und sich schämte. Sie griff dann nach einer großen Puppe, die sie umklammerte, sorgte sich um zerbrochene Gegenstände und wollte nur noch ganze Kekse haben. Dann „verlangte sie nach der Hilfe ihrer Mutter und des Personals, um ihre frühere Kontrolle über die Ausscheidungen zurückzugewinnen" (1976, S. 88 f.). Parens hielt diese Beschreibung für einen „umfassenden" Beleg dafür, daß Candy sich in der phallischen Phase befand. Die Stelle scheint jedoch genaugenommen zu beschreiben, daß Candy sich um ein Loch Sorgen machte, das sich nicht schließen konnte; daß dies zu einem regressiven Einnässen führte, das sie nicht zu kontrollieren vermochte, sowie zu Ängsten darüber, ob Gegenstände intakt seien. Im angeführten Material wird von keiner besonderen Furcht vor dem Verlust von irgendetwas berichtet oder vor einer Beschädigung des eigenen Körpers, die die Deutung der phallischen Angst stützen würde, und ebensowenig scheint es irgendeine Rechtfertigung dafür zu geben, dies als Candys urino-genitale Interessen zu beschreiben, d. h. als ihren *Kastrationskomplex. Sie sind nicht dasselbe.* Nachdem sie sich hilfesuchend an die Mutter gewandt hatte, um die Reinlichkeitskontrolle zurückzuerlangen, „trat ausgedehnte genitale Masturbation auf" (1976, S. 88 f.). Die Angst löste bei Candy ein ganzes Spektrum von Reaktionen aus; der Lust mußte die Bewältigung vorhergehen — hier im Vergleich zum Knaben ein viel komplizierterer Weg, der *Verwirrtheit, Kontrollverlust, Panik und Hinwendung zu anderen* einschließt, bevor eine erneute, auch die Genitalien umfassende Synthese das Hervortreten von genitaler Lust erlaubte, die den Knaben so leicht und direkt verfügbar war. Parens' Beschreibung scheint die Komplexität der Aufgabe des Mädchens zu bestätigen: ‚Kastration' wird der Fülle von Candys Erfahrungen nicht gerecht.

Ähnliche Konfliktpunkte werden im Traum einer erwachsenen Frau während der Analyse illustriert. Es fällt dieser Frau besonders schwer, ihre genitalen Erfahrungen zu artikulieren. Bei der Erziehung in einem sehr strengen katholischen Internat wurde sie dazu angehalten, sich anzukleiden und auszuziehen, ohne ihren eigenen Körper und den der anderen Mädchen zu berühren oder anzusehen. Die vorpubertären und adoleszenten Aktivitäten der Selbst- und Fremderforschung, des Blicks in den Spiegel usw. wurden alle ebenso unterdrückt, wie zuvor die frühkindlichen sexuellen Erkundungen in ihrem repressiven Zuhause unterdrückt worden waren.

Sie träumte,

in ihrer Wohnung befinde sich eine Schlange; sie hatte Angst und wußte nicht, wo sie (die Schlange) war, und fürchtete, von ihr berührt zu werden. Es gab da zwar eine Psychologin in einem Rollstuhl, aber die Patientin war nicht sicher, ob diese ihr helfen könne, da sie irgendeine Krankheit oder Behinderung hatte.

Ich deutete dies so: sie fürchtete sich davor, von ihrem Ehemann sexuell ‚berührt' zu werden, und machte sich Sorgen darüber, ob ich, eine Frau, die sie als schwaches und behindertes Geschöpf ansah, ihr helfen könnte bei ihrer Furcht, die sich darum drehte, daß sie nicht wußte, wo ‚es' (‚it'; die Schlange) war. Die Patientin, die immer sehr deprimiert und teilnahmslos gewesen war, kam in die nächste Sitzung mit einem Lächeln, das zum ersten Mal nach zweijähriger Arbeit zu sehen war, und erzählte mir mit einem Augenzwinkern von einem plötzlich wiedererwachten Interesse für den Aktienmarkt, für bestimmte Transaktionen, die sie in der Zwischenzeit getätigt hatte, von ihrem Nachdenken darüber, sich einen Börsensitz in einer neu eröffneten Börse zu kaufen, den sie zwar *kontrollieren,* aber nicht unbedingt selbst benutzen würde, und daß sie Geld verdienen könnte, wenn sie den Börsensitz an andere vermietete, die Handel treiben wollten. Sie bewegte sich offensichtlich zu einer Position hin, in der sie sich nicht hilflos fühlte, sondern kontrollieren, manipulieren und sich freuen konnte; sie ließ ganz offensichtlich eine anale Position wiederaufleben. Die Konzentration auf ihre Wahrnehmung von mir als einem kastrierten und körperbehinderten Wesen hätte uns beide zu einem hilflosen Bündel vereint. Sie hatte nicht nur von dem Penis ihres Ehemanns Angst, sondern auch vor dem Geschlecht in ihrem eigenen Körper. Würde ich fähig sein, ihr im Hinblick auf ihr furchtsames Geschlecht zu helfen, das sie nicht sehen und das von irgendwo hervorschießen konnte?

Ebenso wie Candy von der unsichtbaren Sexualität erschreckt, regredierte sie auf eine Verhaltensweise, bei der sie bereits eine Kontrolle erlangt hatte (ihr altes Interesse für den Aktienmarkt), und wandte sich einem Objekt (der Analytikerin) zu, damit es (sie) ihr helfe, nicht nur Kontrolle, sondern auch Lust zu erlangen. Für Candy, für meine Patientin und für alle kleinen Mädchen muß diese zeitweilige Desorganisation von der Mutter ertragen werden, und die anschließende Vorwärtsbewegung auf eine erotische Besetzung hin muß sowohl von der Mutter als auch vom Vater willkommen geheißen werden.

Debby, eine vierundzwanzigjährige Frau in psychoanalytischer Therapie, zeigt ein Zusammenfließen mehrerer solcher Konfliktthemen. Fünf Jahre lang unfähig zum Geschlechtsverkehr, nach einem halben Dutzend Erlebnissen im College, die zwar einigermaßen erfolgreich gewesen waren, aber von leichten Blutungen begleitet, hielt sie keine Rendezvous mehr ein, blieb zu Hause und hatte Freßanfälle. Ihre Genitalien beschrieb sie als ‚Mysterium', und sie hatte den Eindruck, daß sie beschädigt waren, was sich in der Erinnerung an einen Fahrradunfall im Alter von zwölf Jahren, vor dem Beginn der Monatsblutungen, konkretisierte. Sie war von ihrem Fahrrad in eine Spalte gefallen und hatte vaginale Blutungen gehabt. Der Unfall und die anschließende medizinische Untersuchung waren schmerzhaft gewesen, aber es wurde keine Verletzung festgestellt. Dennoch trat die Erinnerung wiederholt auf, als Beweis für einen beschädigten Zustand. Bei den Rendezvous wurde sie zwar sexuell erregt, aber dann verengten sich ihre Genitalien, und sie hatte den Eindruck, „daß niemand in mich eindringen kann, ich bin zu eng". Versuche zum Geschlechtsverkehr blieben denn auch erfolglos. Die Mutter hatte Debby vor dem vorehelichen Geschlechtsverkehr gewarnt, damit sie Kontrolle über den Mann haben könne. Ebenso empfahl ihr die Mutter, den gewünschten Pelzmantel nicht selbst zu kaufen, sondern abzuwarten und ihn von einem Mann kaufen zu lassen. Die Therapeutin begann sich damit zu befassen, daß Debby ihre Lustempfindungen unter Kontrolle hielt, statt zuzulassen, daß an ihr oder für sie etwas getan wurde. Der Besuch bei einem Gynäkologen wegen eines Diaphragmas löste Assoziationen über die Besorgnis aus, daß ihr Loch nicht groß genug sei, um etwas hineinzuschieben, und über das Mißtrauen, daß ihre Vagina sich ausdehnen könnte, um Penis oder Säugling aufzunehmen. Sie sah im Spiegel zu, als sie mit dem Diaphragma übte, ängstigte sich aber immer noch darüber, ihr ‚Inneres' nicht zu sehen. Die Therapeutin zeigte zwar Empathie für ihr visuelles Verlangen, ermutigte sie aber dazu, ihre Empfindungen durch Fühlen und Tasten zu definieren. Während dieser Zeit (die etwa drei Monate dauerte) trat ein Gewichtsverlust von etwa vier Kilogramm ein sowie das Gefühl einer stabileren Einstellung zum Essen, obwohl beides in der therapeutischen Arbeit nicht eigens zur Sprache gekommen war.[4] Die Therapeutin deutete Debbys Gewichtsabnahme als Bemühung, ihre andere Körperöffnung — ihre Vagina —

---

[4] Eine Kollegin, mit der ich das vorliegende Material besprochen habe, fand es klinisch nützlich, die orale Störung als Konflikt mit der vaginalen Kontrolle zu deuten.

zu kontrollieren. Gleichzeitig arbeitete die Therapeutin an Konfliktpunkten bei der Trennung von der Mutter. Debby erkannte ihre Schwierigkeiten, sich von der Mutter getrennt zu fühlen, wenn zwischen ihnen Unstimmigkeiten auftraten. Das Zusammenfließen erfolgte, als sie einen erfolgreichen und lustvollen Geschlechtsverkehr hatte — sie in einer neuen Position, nämlich oben (mehr Kontrolle). Es verlangte sie danach, zur Mutter zu eilen und ihr davon zu berichten, aber sie handelte nicht. Die Konzentration auf ihre Kontrolle über den eigenen Körper und ihr Genitale führte sie dazu, die Sexualität und das Essen mit einem Gefühl der Bewältigung und der Getrenntheit von ihrer Mutter zu integrieren.

Das eben beschriebene Material dreht sich um die Wirksamkeit der Regression und der Identifizierung, wenn es darum geht, die Beherrschung des schwer faßbaren Genitales zu erlangen, sowie um den Beitrag, den dies zur Entstehung eines Gefühls der Bewältigung liefern kann. Es gibt noch andere Mechanismen, die die Mädchen benutzen, um mit der inneren Verwirrtheit umzugehen, doch sind einige davon möglicherweise weitaus weniger anpassungsfähig. Zwar lassen sich alle hier beschriebenen Mechanismen auch bei Knaben finden, aber ich hebe sie in diesem Zusammenhang deshalb hervor, weil sie dem Mädchen in seiner Entwicklung eine besondere Last übertragen.

Der *Verzicht* auf Sexualität (Jacobson, 1964, S. 124 f.) ist ein weiterer Mechanismus, den die Mädchen anwenden, wenn sie mit der Sexualität konfrontiert werden und eine ungenügende prägenitale Entwicklung hinter sich haben, um dieser neuen Forderung zu genügen. Ein Mädchen, das auf Sexualität verzichtet, verwandelt sich häufig in jenen Charaktertypus, dem wir oft begegnen: als rechte Hand des Chefs, als Krankenpflegerin des eigenen Vaters; als Frau, die eine zwar intensive, aber desexualisierte Beziehung zu einem (in der Regel) älteren Mann unterhält (Chasseguet-Smirgel, 1964).

Ein weiterer Mechanismus zur Bewältigung dieser innerlichen Körperkonfusion ist die *Externalisierung*, die Projektion nach außen, die Kestenberg (1956) theoretisch ausgearbeitet hat. Auf die Puppe, die ohnehin schon geliebter Säugling und Selbst ist, wird eine erotische Besetzung projiziert. Kestenberg ist der Ansicht, daß das Spielen in eine genital-urethrale Beschäftigung übergeht; im Unterschied zum früheren Fläschchengeben und Kuscheln wird jetzt mehr gebadet, saubergewischt und untersucht. Die Mädchen externalisieren auf andere Objekte. Sie beschäftigen sich zusehends mit der Manipulation und dem Sammeln von Farbstiften und Schreibgeräten (manchmal sind es die des Vaters). Zwar wird diese Beschäftigung als Ausdruck einer Penisneidreaktion auf genitale Unterschiede angesehen (Roiphe und Galenson, 1976), aber ich möchte für die Suche nach manipulierbaren Objekten doch eine andere Deutung vorschlagen. Ich betrachte dieses Verhalten als verlängertes Bedürfnis nach Konkretisierung, Kontrolle und Bewältigung des Undefinierten, wie es in der klinisch häufig vorzufindenden Phantasie demonstriert wird: „Ich besitze einen Penis, es wird einer wachsen, er ist im Inneren verborgen".

Penisneid und Phantasiepenisse lassen sich als *zu dieser Zeit* höchst anpassungsfähige Phantasien beim Mädchen fassen. Konfrontiert mit starken Sinnesempfindungen im Genitalbereich, den Penis des Knaben zu sehen und zu denken: „Ach, das ist es also, was diese Empfindungen verursacht", ist eine vernünftige und einfallsreiche Phantasie, die Ordnung ins Chaos bringen kann. Wie andere Kindheitsphantasien sollte auch diese sich umformen und im normalen Entwicklungsverlauf aufgelöst werden. Präsenz und Anwendung der Phantasien sind vielfältig. Eine erwachsene Patientin hatte zum Beispiel den folgenden Traum:

Ich fahre in einem Wagen mit einem Mann und bin sexuell immer stärker erregt. Ich blicke auf meinen Schoß und sehe einen erigierten Penis. Ich denke für mich: ‚Wie wird er es denn sonst merken, daß ich sexy bin?'

Eine Schwangere, die gerade Assoziationen über Penisse geäußert hatte, sagte: Es ist einfach angenehm, an etwas Festes zu denken, von dem man sich vorstellen kann, daß es dort drin ist. Über meine Vagina nachzudenken ist immer so vage." Der Penis kann zu einem Objekt der Habsucht werden, weil sein phantasierter Besitz eine kohärente, kognitive und adaptive Erklärung für mancherlei Empfindungen ist. Es gibt tatsächlich Zeiten, in denen es scheint, daß „einen Penis haben" bedeutet, die Sexualität selbst zu haben — als einen konkreten, sichtbaren und abgegrenzten sprachlichen Begriff. Ein konkretes Bild und ein Wort zu haben, d. h. Sprache, ist ein wesentlicher Teil der Ich-Entwicklung, die die Kinder zu dieser Zeit durchlaufen, und der Spracherwerb ist seinem inneren Wesen nach mit der Fähigkeit des Kindes verknüpft, Bilder und Gedanken zu manipulieren. Die Phantasien, die während der frühen genitalen und der phallischen Phase nur vorübergehend sein sollten, können nun in den Mittelpunkt rükken, und es kann vorkommen, daß das Mädchen sie nicht zu verarbeiten vermag. Was vorübergehend sein sollte, wird fixiert und führt entweder zur manifesten oder zur verborgenen phallischen weiblichen Organisation und zu einem Mädchen, dem der Zugang zur eigenen Weiblichkeit fehlt.

A., eine beruflich perfekte Frau, fühlte sich immer als eine Schwindlerin. Die Analyse deckte die gewöhnliche unbewußte Gleichung ,Hirn gleich Penis' auf. Heftiger Neid prägte die Beziehungen zu männlichen Arbeitskollegen, von denen sie den Eindruck hatte, daß ihnen das Denken und die Arbeit leicht fielen, ohne Konflikte blieben und daß sie vom Wert aller ihrer Äußerungen völlig überzeugt waren. In einer Sitzung beschrieb sie alles, was sie bei einem männlichen Kollegen bewunderte und beneidete — seine Körpergröße, seine Gewandtheit, seine Kraft, sein klares Denken, seine klaren Vorträge. Sie klagte bitterlich darüber, wie sehr sie alle diese Attribute beneide. Ich wies auf eine bedeutsame Weglassung hin, die wirklich einen Unterschied zwischen ihnen ausmachte — sein Penis nämlich, dessen Fehlen in ihrer Erfahrung ihren eigenen Gedanken und Vorträgen den Anschein des Nichtauthentischen gab. Sie gab zur Antwort, daß sie ihr ,phallisches' Gehirn und ihren Konkurrenzkampf niemals preisgeben könnte; was würde sie denn zu ihrer Arbeit motivieren, wenn beides fehlte? Nach einigen Schweigeminuten erzählte sie von der Vorstellung eines Säuglings, der in der Ecke eines Laufstalls saß. Ich fragte sie, was der Säugling denn mache. Sie antwortete, daß er in die Holzstäbe beiße. Ihre Mutter hatte erzählt, daß sie dies als Kind oft getan habe. Ich antwortete ihr, daß sie nach meiner Auffassung ihre eigene Frage beantworte. Sie brauche keinen Phantasiepenis, sie könne sich in ein Problem verbeißen; die Werkzeuge zur Bewältigung würden ihr nicht fehlen.

Eine Illustration für die Besorgnis einer Frau zeigt sich in den

Träumen einer vierzigjährigen Frau in der Analyse, die Bemerkungen über ihren neuerlichen und ungewöhnlichen Mangel an sexuellem Interesse geäußert hatte, wobei sie sich über das häufige Interesse ihres Liebhabers beklagte.

Ich habe eine Verletzung an meiner Hand. Ich bin gebissen worden — mehrere Bisse —, aber ich blute nicht. Es wird wie ein Schlitz — ich kann nach innen sehen — das Gewebe, die Sehne — es wird Haut verpflanzt — zwei Stücke vorn, eines hinten — eins von mir — eins braune Haut — alles paßt wunderschön — sehr sauber und ordentlich — aber die beiden Helfer kümmern sich nicht darum, daß alles steril ist. Wenn sie nicht sorgfältig darauf achten, wird es eine Infektion geben. Die nächste Szene ist lustig. Da gibt es eine Maschine, die das Innere einer Toilettenschüssel untersucht — ich denke, ‚He, das Ding ist doch eine Röntgenmaschine‘ — ich kann meine Hand hochheben (sie hält dieselbe Hand hoch, an der sie den Biß/Schlitz zeigte), und man kann das Innere sehen — dann halte ich meinen Kopf davor, und man kann das Innere sehen, aber was klar ist, sind die Lippen, die ganz hellrot erscheinen.

Ein komplexer Traum. Ich stelle ihn hier wegen der vielen Angstelemente vor, die darin zum Ausdruck kommen. Der Biß, der Schmutz, der Schlitz, die Männer, die unsorgfältig sind; die Maschine, die zwar ‚sieht‘, aber gefährlich sein kann. Wie wir dem ‚ich blute nicht‘ entnehmen können, gibt die Patientin Auskunft darüber, daß sie zur Zeit menstruiert. Außerdem kann man in beiden Traumszenen ‚das Innere sehen‘. Dieses Element wiederholt sich mit Bezug auf die Wunde an der Hand beim Inneren der Toilettenschüssel, dann wieder beim Röntgengerät, bei der Hand und beim Kopf. Natürlich ist eine Analyse sämtlicher Bestandteile notwendig. Es wäre ein Fehler, sich nur auf eines zu konzentrieren — die Patientin sagte selbst: „Ich weiß, daß der Schlitz mit der Vagina gleichgesetzt wird — das ist so klassisch", ohne viel Interesse, Gefühlsbeteiligung oder Überzeugung. Als ich bemerkte, wie oft sie in ihrem Traum *schaute* und nach innen sehen konnte, kamen intensivere Gefühle zum Vorschein. Es muß festgehalten werden, daß die Patientin, eine Ärztin, vor kurzem Sorgen darüber geäußert hatte, bei chirurgischen Eingriffen Organe nicht richtig zu identifizieren; eine Angst, für die es keinen Grund in der Wirklichkeit gab, da ihre Vertrautheit mit der Anatomie überhaupt nicht beeinträchtigt war. Bei der Patientin hatte

am Vortag die Menstruation eingesetzt. Sie nahm Empfängnis-
verhütung auf die leichte Schulter und machte sich gewisse Sorgen über ihre Empfängnisbereitschaft. Ihr Traum gibt zur Antwort: „Da ist kein Blut, die Bisse werden mühelos repariert, wie
sauber, wie ordentlich! Alles in Ordnung!" Der Traum illustriert
das Zusammenfließen von Material, das in genitale Angst einbezogen wird, sowie die unterschiedlichen Mechanismen, die zu ihrer Bewältigung eingesetzt werden. Vorrangig ist ihr Wunsch zu
sehen, der ebensoviel Aufmerksamkeit erheischt wie die vertrau-
tere Deutung, daß ihrem Eindruck zufolge die eigenen Genitalien
verwundet sind. Diese (zwar nicht unzutreffende, aber unvollständige) Deutung beläßt das weibliche Individuum (the female)
in der hilflosen Verfassung, die so häufig von Autoren angegrif-
fen wurde, die die Auffassung kritisieren, die Kastrationsangst
sei für Frauen zentral. Daß das *Schauen* selber gefährlich sein
kann (der Röntgenapparat), zeigt zwar, daß das Schauen die bekannte Gefährlichkeit der frühkindlichen Sexualität angenommen hat, aber wenn man sich wiederum nur auf die Gefährlichkeit des Schauens konzentrieren würde, dann würde man ihrem
Versuch zur Angstbewältigung nicht gerecht werden. Ihr Bedürfnis zu sehen und zu erfahren, was sich im Inneren befindet, muß
als etwas Positives und Anpassungsfähiges betrachtet werden.
Diese Frau leidet darunter, daß sie nur eine ungenügende Kontrolle ausüben kann. Häufig klagt sie darüber (so auch in dieser
Sitzung), daß ihr Gehirn schmelze und sie ihre Gedanken nicht
ordnen könne. Die Fähigkeit zu sehen und zu identifizieren ist
ein wichtiges Element der Bewältigung.

In der darauffolgenden Woche präsentierte dieselbe Patientin
einen weiteren Traum, der diesmal das Bedürfnis nach Kontrolle
über den Zugang verdeutlichte :

Ich hatte einen meiner Hausträume (die sehr vielfältig waren). Es gibt
da ein großes altmodisches viktorianisches Haus mit Fenstern rundherum — wie eine Veranda — nicht wie das von Johns Vater — modern und
glatt. Ich mache mir Sorgen darüber, Schlösser zu bekommen, es ist
rundherum so offen. Dann bekomme ich die Schlösser, und irgendwie
muß man die Schlösser in eine Frucht stecken, sie verwandelt sich in
eine Pfütze, eine schlammige schmutzige Pfütze.

Hier ist das schöne Haus in Gefahr, weil es auf so anmutige und reizvolle Weise offen ist. Die Angst, ob man den Eingang sichern könne (das Schloß), tritt auf (das Haus gleicht nicht dem Haus des Mannes). Der Bezug zum Genitalen wird durch die Frucht verdeutlicht, die sie als sehr weich und saftig beschreibt. Die Frucht verwandelt sich in das schmutzige, schlammige Loch, d. h. das Genitale wird zwar in analen Phantasiebildern erlebt, *aber genau da befindet sich das Schloß* im Traum dieser Patientin, d. h. da, wo der Sphinkter seine Kontrolle hat.

Die Vermischung oder Verwirrung von ‚anal' und ‚genital' ist in der analytischen Literatur schon seit langem festgestellt worden. Die Vagina wird wegen der inneren Lokalisierung, die ganz leicht zur Gleichsetzung von Vagina und Rektum führt, häufig als schmutzig erlebt. Vergrößert wird die Verwirrung noch durch die Diffusion der Sinnesempfindung, wie sie durch die Kloakentheorien des Gebärens umfassend demonstriert wird. Dies alles ist uns natürlich bekannt, aber ich möchte nun als zusätzlichen und wichtigen Faktor für das weibliche Individuum hinzufügen, daß der Analbereich ein Bereich ist, wo es in der Lage ist, ‚Kontrolle' zu beweisen. Er enthält deshalb die Bedeutung einer Macht, die bei Knaben zwischen den analen und den phallischen Komponenten aufgeteilt ist.

Mädchen wurden zwar lange Zeit als ordentlicher, sauberer und für die Reinlichkeitserziehung besser geeignet beschrieben, aber ich möchte hier die These formulieren, daß sich ein eigenständiger Ansatz zu dieser Entwicklung spontan aus dem Bedürfnis des Mädchens nach Beherrschung und Integration von genitalen Ängsten ergibt; daß die interne Natur des Genitale mit der Analität verbunden ist und daß genitale Erregung sein Bedürfnis, Kontrolle auszuüben, verdoppelt. Dies erfolgt unabhängig von Einflüssen aus der Beziehung zur Mutter.

Inhärente Konflikte

In der vorangegangenen Erörterung dessen, was ich als typische weibliche Bemühungen zur Bewältigung genitaler Ängste betrachte, habe ich noch nicht die inhärenten Konflikte dargestellt, die bei jedem Bewältigungsversuch beteiligt sind. Es muß unbedingt erkannt werden, daß diese Bemühungen keine einfachen und harmonischen Erfahrungen sind. Eines der dominierenden Elemente, nämlich das Vertrauen zur Mutter, tritt innerhalb einer Beziehung auf, die belastet ist mit Schwierigkeiten, die dem Lebensalter inhärent sind. Eine Vertrauensbeziehung ist unerläßlich. Das Mädchen muß sich auf die Versicherung seiner Mutter verlassen, daß das Genitale sich tatsächlich in seinem Inneren befindet (Keiser, 1953). Das Sprichwort „Was man sieht, das glaubt man auch" vermittelt dem Knaben konkrete Realität, während das Mädchen sein Genitale aufgrund einer Glaubensempfindung integrieren muß. Das Mädchen muß also ohne Beweis ‚glauben' und der Erklärung seiner Mutter vertrauen.[5]

Das Bedürfnis des Mädchens nach mütterlicher Mithilfe bei der Bewältigung seiner genitalen Ängste tritt im gleichen Zeitabschnitt auf, in dem ein natürlicher Entwicklungsschub von ihm verlangt, sich für die Aufgabe der Loslösung-Individuation von der Mutter abzuwenden. In einer libido-orientierten Sichtweise ist dies genau der Zeitabschnitt, in dem die Kinder um die ‚Kontrolle' über ihren eigenen Körper kämpfen und häufig in einem Machtkampf mit der Mutter stehen. Zwei der spezifisch genitalen Ängste wiederholen und verstärken Ängste, die den Entwicklungskonflikten ohnehin schon inhärent sind. Die Hinwendung zur Mutter droht mit erneutem Versinken und fordert genau dort ein ‚Ja' (ich bin wie du), wo die Autonomiebestrebungen ein ‚Nein' verlangen. Ambivalenz und Intensität der Kämpfe zwischen Mutter und Tochter, das Klammern und Kräftemessen, speisen sich deshalb aus vielerlei Quellen, und zwar lange bevor die Vaterrivalität zum Streitpunkt wird.

Nicht nur muß sich das kleine Mädchen bei seinen Bewältigungsbemühungen der Mutter zuwenden, sondern es muß auch eine Identifizierung mit ihr als weiblichem Individuum bilden, ähnlich wie der kleine Knabe mit dem Vater. Kleeman (1976) hat

---

[5] Propriozeptive und vaskulare Sinnesempfindungen treten zwar spontan auf, können aber sowohl unterdrückt als auch integriert werden. Die elterliche Unterstützung ist entscheidend, damit die Integration erfolgen kann.

auf die Rolle des Etikettierens (labelling) bei der Organisation der kindlichen Geschlechtsidentität (gender identity) hingewiesen. In derselben Zeit beginnt auch die Sprache eine wichtige Rolle bei der Organisation der Welt zu spielen. Eben diese organisierende Funktion — ein weibliches Individuum zu sein wie die Mutter —, die wichtig ist für die Integration genitaler sowie auf die Geschlechtsidentität bezogener Erfahrungen, bedroht nun die Aufgabe der Individuation, die ja ihrerseits verlangt, anders zu sein als die Mutter. Zudem wird jede Identifizierung auf älteren Erfahrungen aufgebaut (Reich, 1954), so daß die Wiederbelebung der frühesten symbiotischen Primäridentifizierung und der Diffusion den Kampf des Ichs um Abgrenzung gefährdet. Dieses Hin und Her zwischen genitalen Ängsten und Symbioseängsten erhöht die Schwierigkeiten des Mädchens, Grenzen deutlich zu machen. Konfliktpunkte der Diffusion und der Kontrolle sind allgegenwärtig.

Die Interaktion zwischen der Kontrolle über den eigenen Körper und der Differenzierung von der Mutter wird von einer Frau demonstriert, die einen Traum hatte *von einem Gebäude, in dem sie voller Angst versuchte, Fenster und Türen zu schließen und den Eingang zu blockieren.*[6] Die Assoziationen erbrachten die Deutung, daß die von ihr befürchtete ,Invasion' (ihr Wort im Traum) eine genitale war und daß sie versuchte, die Kontrolle über den genitalen Eingang zu sichern. Assoziationen zu einer Vergewaltigung in der Adoleszenz bestätigten diese Deutung, und die Patientin fühlte sich von einer mürrischen Widerspenstigkeit befreit, die schon seit mehreren Sitzungen ihre Stimmung geprägt hatte. Sie sagte, daß sie sich nun wirklich ,verstanden' fühle, und ging mit Erleichterung weg. Die nachfolgende Sitzung begann sie mit der Äußerung: „Ich kann es Ihnen überhaupt nicht

---

[6] Nach meiner Erfahrung träumen weibliche Patienten jeden Alters ziemlich häufig von Angst wegen des Hineingehens durch Türen und Fenster. Die übliche Deutung wäre die der Sexualangst. Ich habe herausgefunden, daß die Deutung dieser Angst als Angst um die Kontrolle der Öffnung bei der Bewältigung dieser Angst wirksam ist. Es ist ein großer Unterschied, ob die Angst der Patentin, einer Invasion ausgesetzt zu sein, bekräftigt wird oder ihr Wunsch nach Kontrolle.

anrechnen, daß ich mich besser fühle, Sie werden sich ja doch alles zu eigen machen." Dieses Thema war in der Behandlung oft schon in chronischen Klagen darüber zum Ausdruck gekommen, daß die Mutter ihr ständig die eigenen Gefühle wegnehme.[7] Erneut beschrieb sie ihre Unfähigkeit, irgend etwas Gutes zu besitzen, weil die Mutter es wegnehme und stärker empfinde als die Patientin selbst. In den Assoziationen über die kürzliche Krankheit ihres Freundes wiederholte sich ihre Verwischung von Grenzen: Seine Schmerzen wurden zu den ihren. Der ganze Konflikt mit den psychischen Abgrenzungen ging aus der Angst um die Körpergrenzen hervor.

In der akademischen Psychologie, in der Soziologie und bei einigen Psychoanalysen besteht zwar eine aktuelle Tendenz, die Mutter-Tochter-Bindung zu idealisieren, die allerdings die in der analytischen Situation (wo eine starke Ambivalenz vorzuherrschen scheint) auftretenden Kämpfe nicht exakt widerspiegelt. Das Verlangen danach und die Furcht davor, mit der Mutter eins zu sein, geht mit dem Wunsch einher, so wie sie zu sein, und beides zusammen geht wiederum mit dem Wunsch einher, anders zu sein. Welchen Weg das Mädchen an diesem Punkt auch immer einschlägt — es entsteht Angst.

Derivate dieser Position scheinen selbst bei erwachsenen Frauen während der Schwangerschaft noch vorzukommen. Da werden Schwangere mit einer neuen genitalen Angst konfrontiert, und man hört von sämtlichen frühkindlichen Ängsten: Die Frauen befürchten diese Beschädigung ihres Körpers durch die bevorstehende Geburt; sie können sich die Beteiligung ihres eigenen Körpers nicht vorstellen, und sie haben Angst vor den Schmerzen. Sie verspüren das dringliche Bedürfnis, ihren Müttern nahe zu sein, und möchten sie gleichzeitig doch von sich wegstoßen. Sie

---

[7] Solche Probleme werden akut, wenn die Mütter sich wie die Mütter von A. zu sehr mit ihren Kindern identifizieren oder wenn sie allgemein aufdringlich sind. Mütter scheinen diese Haltung sehr viel häufiger ihren Töchtern als ihren Söhnen gegenüber einzunehmen. Meines Erachtens ist die Zurückleitung vom Genitalen zum Psychischen bei Mädchen inhärent, auch wenn sie durch bestimmte Arten des Bemutterns erschwert werden kann.

möchten mit ihren zukünftigen Kindern verschmelzen, strukturieren aber ihr Leben häufig so, daß sie sicherstellen, nicht im Muttererlebnis zu versinken, oder wie eine Frau sagte, „im Sumpf der Mutterschaft unterzugehen". In der Schwangerschaft wird ebenso wie in der Kindheit die ganze innere Konfusion und die Regression auf andere Arten der Kontrolle durchlebt (manchmal in der Arbeit, manchmal durch Kontrolle der Ehemänner oder anderer Personen, indem Ansprüche erhoben werden), bis ein gewisses Gleichgewicht zwischen den Identifizierungen und der Abgrenzung von der eigenen Mutter mit der körperlichen Erfahrung integriert wird. Während der Schwangerschaft werden Phantasien von einem inneren Penis als Konkretisierung der unbekannten Erfahrung wiederbelebt. In den letzten Jahren kam es häufig vor, daß Frauen, die während der Schwangerschaft mit Ultraschall untersucht wurden, sich über die Konkretisierung freuten, die ihnen durch das visuelle Erlebnis vermittelt wurde, den Fötus zu ‚sehen'. Trotz all des ausführlichen Informationsmaterials, das den Frauen zur Verfügung steht, scheint der Geheimnischarakter der Vorgänge in ihrem Körperinneren den frühen, unbestimmten Geheimnischarakter widerzuspiegeln. Eine Frau verwirklichte die Suche nach der Konkretisierung dadurch, daß sie ganz aus der Nähe in den Spiegel sah und meinte, etwas von ihrem Genitale ‚sehen' zu können, wenn sie genau hinschaute. Eine andere Frau offenbarte, daß sie einen Kugelschreiber zur Masturbation benutzte, und schilderte das Bedürfnis und die Lust, ihre genitale Erfahrung zu definieren.

Bei einem Fall, der zur Verdeutlichung gewisser Entwicklungsschwierigkeiten von Mädchen präsentiert wurde, zeigt Silverman (1981) das Zusammenfließen von Ängsten. Das kleine Mädchen Faith demonstriert den symbolischen Gebrauch des Penis als Werkzeug der Kontrolle über das, was aus ihrem Körper herauskommen kann. Wenn sie einen besitzen würde, könnte sie sehen, berühren und — auch wenn dies nicht ausdrücklich geäußert wurde — ihre „overalls" (ihr „Überalles") zeigen. Faith besaß einen kleinen Stiefelfetisch *(boot fetish)* (den sie immer trug, wenn sie außer Haus ging), und wenn sie erregt war, näßte sie ein. Mit sechseinhalb hatte sie sich noch nicht richtig von der Mutter getrennt, so daß sie keinen Kindergarten besuchen konnte.

Die Analyse des Fetischs ergab zwei Komponenten: ›*Boots*‹ war der Name eines Katers,

„den die Mutter ständig wegzugeben drohte, weil er regelmäßig im Haus herumging und die Möbel bespritzte ... Mit der schrecklichen Drohung lebend, daß sie selbst auch weggeschickt würde, weil sie näßte, hatte Faith es geschafft, *Boots* in irgendeiner Form ständig bei sich zu haben" (1981, S. 591).

Die Erinnerung an das Nässen führte zu der zweiten Einsicht:

„Sie hatte beim Wässern des Gartens zugesehen und beobachtet, wie die Mutter dabei den Wasserstrahl mit irgend etwas *kontrollierte* (Hervorhebung D. B.), mit einer Düse, die sehr stark dem Penis ihres Bruders glich. ›Wenn sie doch auch nur eine solche besäße‹, sagte sie zu mir, ›dann wäre sie in der Lage, ihren Urinstrom zu kontrollieren, und könnte ihrer ganzen Bestürzung und ihrem Elend entgehen‹ " (ebd.).

Silverman deutet dieses Material als Beispiel für Penisneid und genitale Verwirrung. Nach beträchtlicher Arbeit in dieser Richtung bot Silverman dem Mädchen Faith die Deutung an, sie wolle das haben, was ihr Bruder Frank besitzt. Ich zitiere weiter:

„ ›Das ist richtig!‹, rief sie aus und hämmerte mit der Faust auf den Tisch. ›Ich will meine ›overalls‹ *außerhalb* haben, wie er. Er kann seine ›overalls‹ *sehen*. Er kann seine ›overalls‹ *anfassen*. Ich kann meine nicht sehen, ich kann meine nicht anfassen. Ich *kenne* mich nicht.‹ Anschließend wurde der Fetisch aufgegeben" (ebd.).

Ich halte diese Fallgeschichte für ein außergewöhnliches Beispiel der Sorgen des kleinen Mädchens. Alle ihre Bedürfnisse — Zugang zu haben, zu konkretisieren, ihr Objekt zu kontrollieren und zurückzubehalten — kommen in den „*Boots*" zum Ausdruck. Der Penisneid ist hier ganz offensichtlich eine Metapher (Grossman und Stewart, 1976) für ihr Interesse an einer Bewältigung durch sensorische Modalitäten, und er demonstriert die Wechselwirkung zwischen körperlicher Integrität und der Entwicklungsaufgabe der Individuation. Obwohl Silverman sich darüber nicht ausläßt, können wir annehmen, daß die Preisgabe des Fetischs von einer Steigerung der psychischen Individuation begleitet wurde und daß Faith schließlich doch besser in der Lage war, die Mutter zu verlassen. Eine gewisse Konfliktlösung durch Beherrschung des eigenen Körpers minderte die Angst und versetzte sie in die Lage, die Abhängigkeit von einem bestimmten Objekt (Boots/ Mutter/Penis) aufzugeben, d. h. die Loslösung zu vollziehen. Ihre Angst wegen Genitalien, die außerhalb willkürlicher sensorischer Kontrolle liegen, zwang sie zu einem Abhängigkeitsklammern an die Mutter.

Bewältigung oder Beherrschung (mastery) des Körpers ist ein zentraler Konfliktpunkt, wenn die Kleinkinder mit der Individuation und Verselbständigung beginnen. Die Konfliktpunkte, die ich hier beschrieben habe, scheinen für die Mädchen von zentraler Bedeutung zu sein. Auch wenn der Kampf um Loslösung-Individuation vorwiegend ein Konfliktpunkt zwischen Mädchen und Mutter ist, spielt der Vater doch eine wichtige Rolle, die bisher unterschätzt worden ist. Die Väter wurden im Hinblick auf die beiden ersten Lebensjahre des Kleinkindes als unwichtig angesehen; sie scheinen in der Kleinkindphase als „Ritter in schimmernder Rüstung" aufzutreten und erlangen ihre volle Bedeutung erst während der ödipalen Phase.

Neuere Untersuchungen haben ergeben, daß Kleinkinder im Alter von 28 Wochen besonders die tiefe Stimme des Vaters mögen. Mohaczy entdeckte eine geringfügige Reaktion des Fremdelns nur dort, wo die Väter in keinem aktiven Austausch mit ihren Kleinkindern standen. Abelin (1971) entdeckte schon sehr früh Vorläufer von Vaterbindungen. Bis auf eines erkannten alle untersuchten Kleinkinder, bevor sie sechs Monate alt waren, den Vater mit einem zufriedenen Lächeln, und mit neun Monaten hatten alle eine feste Bindung zu ihren Vätern. Wie er beobachtete, banden die Mädchen sich früher und stärker als die Knaben.

In Abelins Untersuchungen über die Kleinkindphase, die für die vorliegende Diskussion am wichtigsten ist, waren die Beziehungen der kleinen Kinder zu ihren Vätern deutlich anders als die zu ihren Müttern. Die Beziehungen zum Vater waren voll von „wildem Überschwang"; die Väter erschienen als „feste Insel", während die Mütter ambivalent besetzt wurden. Die Väter wurden zu einer Zeit, da andere Kinder hinsichtlich der mütterlichen Aufmerksamkeit als Rivalen wahrgenommen wurden, nicht als Rivalen erlebt. Einige Wochen nach der Wiederannäherungskrise wurden beim Spielen, in Erzählungen und bildlichen Darstellun-

gen Vatervorstellungen herangezogen, wenn die Kinder mit der
Mutter Schwierigkeiten hatten. Abelin vermutet, daß die Auflösung des Kampfs der Loslösung-Individuation sowohl für die
Mutter als auch für das Kind unmöglich wäre, wenn es nicht den
Vater gäbe, dem man sich zuwenden kann. Das Forschungsergeb-
nis von Brooks und Lewis (1979), demzufolge Kleinkinder im
Alter von fünfzehn Monaten ihre Väter anhand einer Abbildung
identifizieren konnten, wohingegen keines von ihnen die Mutter
zu identifizieren vermochte, weist auf die Bedeutung des Unterschieds beim Aufbau strukturierter Vorstellungsbilder hin.

Chasseguet-Smirgel (1964) hat die Bedeutung des Vaters für
die Mädchen in der Zeit, wenn sie sich von der Mutter zu trennen
versuchen, erkannt. Da die Mädchen den Kampf als aggressions-
erfüllt sehen, treten die Väter als diejenigen hervor, die Macht
über die Mutter haben. In der Phantasie greift das Mädchen nach
dem Penis des Vaters, um Macht gegen ihr eigenes (von der Projektion ihres eigenen Zorns erzeugtes) Vorstellungsbild der bösen
und kontrollierenden Mutter zu finden. In der Folge wird ihre
Bindung an den Vater von der Schuld geprägt, ihn kastriert zu
haben. Die oben beschriebene Forschungsarbeit über die Früh-
entwicklung weist auf das Bestehen einer gutartigeren Beziehung
zum Vater (als der festen Insel) hin. Der Vater als zuverlässige
Ressource ist für Mädchen ebenso wichtig wie für Knaben, wenn
nicht gar noch wichtiger, weil Mädchen sich in höherem Maß als
Knaben auf andere verlassen müssen, um die Trennung zu vollziehen. Da die eigene Anatomie ihm nicht helfen kann, braucht
das Mädchen für seine Bewältigung die Hinwendung zu Objekten
sowohl zur Unterstützung als auch zur Identifikation. Ich werde
hier die Konflikte, die dieser Beziehung inhärent sind, nicht weiter ausführen (siehe Bernstein, 1989). Die Beziehung scheint auf
dieser frühen Stufe für Kinder beiderlei Geschlechts relativ konfliktfrei zu sein. Hervorheben möchte ich allerdings die kontinuierliche Objektverankerung bei der Entwicklung des Mädchens.

Vignetten aus einem Zweijahresabschnitt einer Analyse ver-
deutlichen die Interaktion zwischen der Bewältigung weiblicher
genitaler Ängste und der Individuation sowie des Vertrauens
gegenüber anderen, um dies zu erreichen. Miss C. hatte folgenden
Traum:

Sie war in ihrem Schlafzimmer, und es gab dort zwei schwere Türen, um ihr Sicherheit zu geben; hoch oben war jedoch ein Oberlichtfenster, das sie nicht schließen konnte und das sie verwundbar machte.

Diese Bildphantasie, die ich oben erörtert habe, ist immer Ausdruck von mancherlei Ängsten, einschließlich genitaler. In diesem Fall laufen die genitalen Ängste des Zugangs und des Eindringens sowie Beziehungskonflikte mit einer zudringlichen Mutter und dominierenden kräftigen Männern in dem Versuch zusammen, die Individuation zu erreichen. Die Assoziationen der Patientin brachten sie diesmal darauf, daß sie keinen persönlichen Privatbereich hatte und keine eigenen Entscheidungen treffen konnte, sowie auf die eigene kulturelle Welt, wo die Männer tatsächlich über alle Macht verfügten und von den Frauen erwartet wurde, daß sie sich all ihren Wünschen friedlich fügten, einschließlich der Sexualität. Eine Deutung allein auf der Linie ihrer Angst und Hilflosigkeit vor dem Eindringen eines Unbekannten wäre nicht hilfreich gewesen, da zu den beteiligten Konfliktgruppen auch die Individuation und Autonomie gehörten. Zu beachten ist, daß die Patientin in diesem Traum ganz allein ist; der einzige Zustand, in dem sie eine gewisse Sicherheit hat. In den darauffolgenden zwei Jahren analytischer Arbeit wurden verschiedene Themen vorgenommen. Eines der vorrangigen war das, was ich selbst (Bernstein, 1979) als verbotene Identifizierung mit dem mächtigen Großvater bezeichnete, der im Haus der Familie wohnte und dort ihre Kindheit beherrschte. Diese verbotene Identifizierung entzog ihr sowohl einen befriedigenden Ausweg aus der Verschmelzung mit ihrer Mutter als auch die vorbereitende Vertrautheit (Glover und Mendell, 1982), die ihr zu einer beruhigenden Beziehung mit Männern hätten verhelfen können. Eine Bearbeitung ihrer Angst vor dieser unbewußten Identifizierung führte zu dem folgenden Übertragungsraum:

Sie fuhr mit dem Wagen ihres Arztes herum und verbrachte eine wunderbare Zeit, auch wenn sie etwas ängstlich war, weil sie keine Erlaubnis eingeholt hatte, den Wagen zu benutzen.

Diese Angst spiegelt sowohl das, was ich als verbotene Identifizierung bezeichnete, als auch Chasseguet-Smirgels Beschreibung eines schuldbeladenen Zeichens väterlicher Macht. Der nächste Traum, der sich im gleichen Raum abspielte, illustrierte ihre Angst, nicht nur von einem Mann, sondern auch von ihren eigenen kraftvollen sexuellen Regungen überwältigt zu werden. Sie träumte: *Die Decke war weit geöffnet, und alles konnte hineinströmen.* Im Gefolge eines während der Ferien der Analytikerin aufgetretenen Interesses für einen passenden Mann trat auch die Türe als Vorstellungsbild wieder auf:

Ein Mann versucht durch die Türe zu gehen, sie ist nicht verschlossen. Ich wende mich voller Zorn an diese Frau da und schreie: ‚Warum helfen Sie mir nicht?'

Eine richtige Wut gegen ihre eigene Mutter, wegen deren Passivität in allen Belangen meiner Patientin bei ihrer weiblichen Entwicklung alle Hilfe versagt geblieben war, wurde nunmehr in der Übertragung lebendig. Als die Arbeit in Richtung dieser Deutung voranging, hatte die Patientin folgenden Traum:

Sie versuchte mit einem Lift von einem Stockwerk ins andere zu gelangen, aber da war keine Schalttafel (control panel). Schließlich fand sie eine Putzfrau, die ihr half.

Die Assoziation führte zu einem Dienstmädchen, das in der Kindheit der Patientin die Haare gewaschen hatte, und nach weiterer Nachforschung zu Erinnerungen, daß sie sie auch gebadet hatte, einschließlich der Genitalien. Meine Deutung, daß sie den Eindruck habe, keine Schalttafel zu besitzen, sondern sich auf andere verlassen müsse, um ihren Körper zu beherrschen, führte schließlich zur Konkretisierung dieser Ängste in einem Traum, in welchem *ein Fahrrad oder Motorrad zwischen ihren Beinen direkt auf die Mutter zufuhr,* mit allen Überdeterminierungen dieses Vorstellungsbildes. Diese Themen aus der Analyse meiner Patientin machen mehrere von den hier erörterten Konfliktpunkten deutlich: das Bedürfnis, das Gefühl der Kontrolle über ihren eigenen Körper sowohl in sexueller Hinsicht als auch in bezug zu anderen zu haben; ihr Bedürfnis nach einer dem sexuellen Engagement vorhergehenden väterlichen Identifizierung; und das Bedürfnis im Hinblick auf ihre Mutter, daß diese sie in ihrer Sexualität unterstütze. Der Wunsch nach Kontrolle über den eigenen Körper

(Raum) verweist sowohl auf psychische Autonomie als auch auf körperliche Integrität.

Das vorgelegte Material enthält Implikationen für die psychoanalytische und psychotherapeutische Technik, die ich hier explizit machen möchte. Betrachtet man die weiblichen Ängste als etwas Einzigartiges, so führt dies zu einer Vielfalt von Problempunkten, die für die Entwicklung des Selbst zentral sind. Die genitalen Ängste des Mädchens gehen mit anderen Ängsten einher, die für die frühen Entwicklungsstufen kennzeichnend sind. Einer der wichtigsten Mechanismen, die dem Mädchen zur Verfügung stehen, ist die Identifizierung, die für sich genommen ein natürlicher Modus sowohl für Mädchen als auch für Knaben ist, um die Entwicklungskonflikte des entsprechenden Lebensalters zu bewältigen. Wenn das Mädchen sich der Mutter zuwendet, damit sie ihm bei der Angstbewältigung hilft, wird es mit der Angst konfrontiert, die gerade von jener Identifizierung ausgeht, die das Mädchen festigen muß. Die Angst entsteht aus Konflikten aufgrund der Konfrontation zwischen Regression und Progression, Identifizierung und Differenzierung, Abhängigkeit und Autonomie, Kontrolle und Hilflosigkeit. Im Gegensatz zu den Identifizierungen mit dem Vater sind die Identifizierungen mit der Mutter für Knaben und Mädchen gefährlich wegen der frühen Beziehung, die wiederbelebt wird, wenn die weiter fortgeschrittenen Identifizierungen vollzogen werden.

Deutet man die Konflikte in diesem Sinne, dann werden Frauen Ansätze zur Bewältigung ihrer Angst und zur Lösung ihrer Konflikte finden — ein Ziel, das sich sehr stark unterscheidet von dem, ihnen zu helfen, einen Kastrationszustand zu ‚akzeptieren' und sich mit Ersatzformen zufriedenzugeben. Die weibliche Lösung kann zu einem breiteren Spektrum von Lösungen führen, als wir es beim Mann zu sehen gewohnt sind. A. erlangte die Kontrolle über Analität (Geld und Zugang; sie selbst wird entscheiden, wer sich auf den Börsensitz setzen kann, der *ihr* gehört); B. wird sich fröhlich in viele Lebensprobleme und intellektuelle Ziele ‚verbeißen', ohne sich als Schwindlerin zu fühlen; D. hat die Kontrolle über ihre eigenen Lustempfindungen erlangt, und zwar sowohl über die sexuellen als auch über die anderen. Alle Mädchen müssen einen Weg finden, um die durch die notwendige Identifizierung mit der eigenen Mutter ausgelöste Angst aufzulösen, wobei sie sich sehr viel stärker auf die Mutter verlassen müssen, als es für Knaben notwendig ist. Diese Objektverankerung wird schon seit langem als Kennzeichen des weiblichen Charakters angesehen (Gilligan, 1983).

Schlußfolgerung

Ich habe deutlich zu machen versucht, daß die genitalen Ängste des Mädchens mit den charakteristischen Merkmalen der weiblichen Genitalien zusammenhängen, und ich habe einige dieser Ängste zu identifizieren versucht. Die Befürchtungen, Ängste und psychischen Phantasien des Mädchens müssen in bezug zu ihrem eigenen Körper ebenso untersucht werden, wie die Kastrationsangst, die Beschäftigung mit dem Phallus und die Phantasien darüber beim Knaben ausgearbeitet werden müssen.

Ich habe hier drei miteinander zusammenhängende Ängste kenntlich gemacht: die Angst vor dem Zugang, die Angst vor dem Eindringen und die Angst vor der Diffusion (diffusivity). Ich vermute, daß die Erfahrung des Mädchens mit der unzentrierten, offenen und dem Eindringen zugänglichen Eigenart ihres Genitales Schwierigkeiten beim Aufbau von mentalen Repräsentanzen ihres Körpers bereitet, die klare Grenzen und eine präzise Definition aufweisen. Außerdem vermute ich, daß diese nichtzentrierte Repräsentanz der Genitalien die Bildung sowohl der Ich-Grenzen als auch eines stabilen Selbstgefühls erschwert und daß sie zu den mentalen ebenso wie zu den körperlichen Konfliktthemen beiträgt, über die die Frauen sich beklagen: sie sprechen von einer mentalen ‚Verschwommenheit' (‚fuzzyness'), wenn sie zu denken versuchen, und sie klagen über zerfließende Körperbilder (siehe Lerner, 1976).

Zu den Bewältigungsversuchen gehören die Projektion nach außen (externalization), die Konkretisierung, die Regression sowie etwas für Mädchen Einzigartiges, nämlich das im Vergleich mit den Knaben größere Vertrauen zu anderen. Das Mädchen muß sich auf Vertrauen, Abhängigkeit und Identifizierung verlassen, im Unterschied zu den unmittelbaren sensorischen Erfahrungsmodalitäten des Knaben: Sichtbarkeit, Tastbarkeit und Manipulierbarkeit. Dies trägt wiederum zur Objektverankerung der Mädchenexistenz bei, die ein schon seit langem beobachtetes weibliches Merkmal ist.

Der Zeitplan für die Integration des psychosozialen Geschlechts (gender) und des Körpers in das emergente Selbst ist kompliziert, weil das Mädchen sich zu dem Zeitpunkt der Mutter zuwenden muß, da die Entwicklung der Autonomie die Abkehr von ihr erfordert. Entscheidende Identifizierungen mit dem Vater sind auf dieser Stufe für das Mädchen ebenso wichtig, wie sie bisher für den Knaben für wichtig gehalten wurden. An diesem Punkt haben die Väter eine doppelte Rolle: das Mädchen verlangt sowohl seine Bestätigung ihrer Weiblichkeit von ihm als auch die Gutheißung seiner Identifizierung mit ihm.

Die ödipale Phase des Mädchens läßt sich hier nicht erörtern (siehe Bernstein, 1989); es kann nur darauf hingewiesen werden, daß die Phantasien zu dieser Zeit eine Überlagerung der früheren Phantasien sind, und daß die bevorzugten Bewältigungsweisen erneut auftreten. Wenn das Mädchen fähig ist, seine frühen genitalen Ängste zu integrieren, sich mit der Mutter zu identifizieren, mit ihr in ihrer Weiblichkeit (femaleness) eins zu sein *und* sich zugleich mit einem Vater zu identifizieren, der sie zum einen als weibliches Individuum betrachtet, zum anderen aber auch ihre Identifizierung mit ihm erleichtert, indem er ihre Differenzierung gegenüber der Mutter sichert, dann wird sie entwicklungsmäßig in der Lage sein, sich auf den gefahrvollen Rivalitätscharakter des Ödipus einzulassen, die Ängste und Enttäuschungen dieser Phase zu ertragen und echte Genitalität zu erreichen.

Jessica Benjamin

Vater und Tochter:
Identifizierung mit Differenz (1992)

Seit den siebziger Jahren werden die meisten Ansichten Freuds über die weibliche Entwicklung einer kritischen Revision unterzogen. Während Freud (1933 a) den Lebensbeginn des jungen Mädchens als den eines „kleinen Mannes"[1] ansah, betrachten die meisten heutigen Analytiker die frühe Bindung der Mädchen an die Mutter als Band einer Identifizierung, das ihre Weiblichkeit fördert. In zahlreichen Aufsätzen werden Freuds zentrale Behauptungen (1925 a, 1931, 1933 a) angefochten: daß die Mädchen kein Bewußtsein von ihren Genitalien hätten; daß sie kein festes Über-Ich entwickeln und daß sie stärker als die Knaben vom Neid gegenüber dem anderen Geschlecht gelenkt würden. Darüber hinaus wurde eine neue Theorie der Geschlechtsidentität entwickelt (Stoller, 1968; Chodorow, 1978; Person und Ovesey, 1983; Fast, 1984), die die Geschlechtsentwicklung als einen relationalen Prozeß ansieht, welcher Konfliktpunkte der Identifizierung und der Loslösung[2] einschließt. Dieses neue Geschlechterparadigma korrigiert nicht nur die augenfällige Mißachtung der Frauen, sondern bietet auch eine Erklärung für die Entwicklungsschwierigkeiten an, die sowohl Knaben als auch Mädchen zu bewältigen haben. Sie präsentiert einen Geschlechtsbegriff, der nicht mit der genitalen Differenz begründet wird, auch wenn dieser eingeschlossen ist.

---

[1] Bezüglich der phallischen Phase schreibt Freud: „Wir müssen nun anerkennen, das kleine Mädchen sei ein kleiner Mann." *Neue Folge der Vorlesungen zur Einführung in die Psychoanalyse* G. W. XV, S. 125. A. d. Ü.

[2] So wird der Terminus „separation" in der deutschsprachigen Ausgabe von Mahler et al., 1975, übersetzt. A. d. Ü.

Allerdings steht dieses neue Paradigma in gewisser Hinsicht quer zur gegenwärtigen feministischen Theoriebildung, die sich zum größten Teil außerhalb der Auspizien der Psychoanalyse in akademischen Disziplinen, namentlich in der Literaturwissenschaft und in der Philosophie vollzieht. Dieser feministische Theorieansatz stellt den Begriff einer einheitlichen Geschlechtsidentität in Frage und fordert unsere Auffassung vom Geschlecht als binärem System heraus. Sobald dieses System in Frage gestellt wird, erscheinen Weiblichkeit und Männlichkeit nicht mehr als so nahtlose Kategorien. Sie sind nämlich kaum adäquat, um ihren unbeständigen und zuweilen explosiven Gegenstand vollständig zu erfassen. Die Konfrontation zwischen der Theorie der Geschlechtsidentität und dieser radikalen Kritik an den Geschlechterkategorien kann dazu beitragen, unser Denken weiter in unerforschtes Gebiet voranzutreiben.

Ich werde vorschlagen, das Paradigma der Geschlechtsidentität so zu erweitern, daß es flexible und metaphorische Neuinterpretationen der Embleme sexueller Differenz zuläßt. Sobald wir das Ziel einer normativen „Weiblichkeit" in Frage stellen und uns der gegensätzlichen geschlechtsbestimmten Aspekte bewußt werden, mit denen jedes Selbst umzugehen hat, kann zum Beispiel der Penisneid auf eine neue Art interessant werden. Die heutige psychoanalytische Hauptströmung scheint zwar die klinische Uminterpretation des Penisneids als einer „Entwicklungsmetapher" (Grossman und Stewart, 1977) anzuerkennen, aber die Möglichkeiten dieser Metapher sind erst ansatzweise erforscht. Der Penisneid könnte nämlich zu einer Art Metapher für die Theorieentwicklung werden: Ihre erweiterte Kapazität, mehrfache Bedeutungen darzustellen und mehrfache, zeitlich beständige Interpretationen zuzulassen, repräsentiert die Dezentrierung unserer Methode. Ihre erweiterte epistemologische Bedeutung bestünde darin, Begriffe der korrekten Deutung und der endgültigen Definition, insbesondere des Geschlechts, in Frage zu stellen. Im vorliegenden Aufsatz werde ich eine neue, entwicklungsbezogene Analyse des Penisneids vorlegen und zu zeigen versuchen, wie diese neue Ansicht der Entwicklung den Weg eröffnet, um die Vielfalt der Bedeutungen und Interpretationen des Geschlechts anzuerkennen, die in der klinischen Arbeit vorkommen.

Freud hielt für den Penisneid bekanntlich keine weitere Erklärung für erforderlich: Der Penisneid selbst war die Erklärung. Er lieferte eine elegante und einfache Antwort auf die zentrale Frage, wie das Mädchen sich dem Vater zuwendet und wie es in den Ödipuskomplex eintritt. In der genitalen Phase erkennen die Mädchen, vorbereitet durch ihre Hauptaufmerksamkeit auf der Klitoris als aktivem Organ, unmittelbar die Überlegenheit des Penis und wenden sich, im Groll gegen die Mutter, dem Vater zu, von dem sie erhoffen können, schließlich den Penis zu erhalten oder dessen Ersatz, das Kind. Diese Hinwendung zu einer passiven Beziehung zum Vater und zu dessen Phallus ist der Punkt, an dem die Musik anhält und für das Mädchen kein Stuhl mehr frei ist.

Diejenigen, die mit Freuds ursprünglicher Auffassung nicht einverstanden waren (Horney, 1924, 1933 a; Jones, 1927, 1935; Klein, 1928), hielten den Penisneid für ein erklärungsbedürftiges Phänomen. Sie bestritten zwar nicht die Existenz des Phänomens, das an kleinen Mädchen zu beobachten ist, aber weshalb sollte der Penisneid des kleinen Mädchens über den narzißtischen Wunsch hinausgehen, alles zu besitzen, entsprechend dem Wunsch des Knaben nach Brüsten oder Kleinkindern? Sie konnten nicht zustimmen, daß die Überlegenheit des Penis so selbstverständlich sei, daß sie keines weiteren Nachdenkens mehr bedürfe. Sowohl Klein als auch Horney behaupteten, Mädchen fänden in ihrer Antizipation der Mutterschaft und der Fruchtbarkeit eine große Genugtuung. Gleichzeitig schien Freuds Frage, warum das Mädchen seine Mutter preisgibt und sich liebevoll dem Vater zuwendet, eine offenkundige Antwort zu finden. Unter der Annahme der Heterosexualität dachten sie, das kleine Mädchen habe Kenntnis von seiner Vagina und deren Komplementarität zum Penis; infolgedessen wünschen die Mädchen im Bezug zum Vater eben die Stelle einzunehmen, die die Mutter zur Zeit innehat.

Horney (1924, 1928) erwog, daß der Penisneid möglicherweise nur dann hervortritt, wenn das Mädchen vor der Liebe zum Vater zurückschreckt, wenn es die Konkurrenz zur Mutter fürchtet und sich statt dessen für die Identifizierung mit dem Vater entscheidet. Dann wäre der Penisneid nicht der Auslöser für den Ödipuskomplex, wie Freud meinte, sondern vielmehr das Resultat einer fehlgeschlagenen ödipalen Situation, einer „Flucht aus der Weiblichkeit". Daß die eigenen Organe als beschädigt oder unzulänglich wahrgenommen werden, könnte nach Auffassung von Horney und Klein deshalb vorkommen, weil das Mädchen Strafe befürchtet, als Vergeltung für seinen neidischen Wunsch, die Mutter zu ersetzen, indem es den Penis des Vaters stiehlt, oder die Mutter zu verletzen, indem es ihr die Kinder wegnimmt. Kleins Sensibilität für die vielfachen Bedeutungen des Penisneids bleibt meines Erachtens klinisch interessant und ungebrochen, und insbesondere verdient es das Werk Horneys, der Geringschätzung enthoben zu werden, die ihm durch das psychoanalytische Establishment zuteil wurde. Es wurde festgehalten, daß Horney und Klein die ursprüngliche Frage Freuds nach dem Wechsel zum Vater in einem eher Freudianischen Sinne beantworteten, nämlich durch den Bezug, den sie zum anatomischen Schicksal herstellten (vgl. Mitchell, 1974). In Wirklichkeit bezieht Horney (1924) sich aber zumindest ebensosehr auf die Bedeutung von Freuds neu formulierter Identifizierungstheorie, um ihre eigene Auffassung vom defensiven Status des Kastrationskomplexes beim kleinen Mädchen schlüssig zu machen.

Erst als die Psychoanalyse eine komplexere Identifizierungstheorie hervorbrachte und die Entwicklung der sexuellen Differenz in einen sehr viel früheren Zeitabschnitt verlegte, ließen sich die Fragen sowohl von Freud als auch die seiner Kritiker neu formulieren. An diesem Punkt konnte die Bedeutung sowohl bewußter als auch unbewußter Identifizierungen bei der Herausbildung des Geschlechts nun erklärt werden (Stoller, 1968; Chodorow, 1978; Fast, 1984).

Die Idee einer Entwicklung der Geschlechtsidentität rückte allerdings das Geschlecht oder die Genitalität nicht in eine bewußte, konfliktfreie Zone, wie einige Verteidiger der Freudschen Position befürchteten. Vielmehr verlagerte sie den Kampf um die Geschlechterdifferenz in die präödipale Phase der Loslösung-Individuation zurück. Damit bot sich die Möglichkeit, genitale und andere körperbezogene Orientierungen im Lichte der Konflikte um die Entwicklung des Selbst und der Objektbeziehungen neu zu interpretieren. Von diesem theoretischen Standpunkt aus lassen sich nun auch einige Ideen der Dissidenten neu formulieren. Nehmen wir zum Beispiel die „Flucht aus der Weiblichkeit", die Horney heranzog, um das Fortdauern des Penisneids (oder des Männlichkeitskomplexes) sowie das Beharren des Mädchens zu erklären, so wie der Vater zu sein, statt ihn heterosexuell zu besitzen. Während Horney der Auffassung war, das Mädchen ziehe sich vor einer ödipalen Bedrohung zurück, könnten wir dies als einen präödipalen Schritt betrachten, Schwierigkeiten bei der Loslösung dadurch zu beheben, daß die Identifizierung mit der Mutter zurückgewiesen und statt dessen eine Identifizierung mit dem Vater vollzogen wird.

Aktuelle Neuinterpretationen des Penisneides betonen das Bedürfnis des Mädchens, sich mit dem Vater als einer Figur der Loslösung von der präödipalen Mutter zu identifizieren. Indem sie die Macht der präödipalen Mutter und der frühen Objektbeziehungen betonen, stimmen französische Analytikerinnen wie McDougall (1980) und Chasseguet-Smirgel (1970) sowie die amerikanischen Feministinnen Chodorow (1978) und Dinnerstein (1976) darin überein, daß die Macht des Vaters und seines Phallus auf die Bedeutung zurückgeht, die sie bei der Loslösung von der Mutter haben. Die französischen Analytikerinnen betrachten dieses „die Mutter zurückweisen" als eine Antwort auf frühe mütterliche Allmacht und die Hilflosigkeit vor allem gegenüber der anal überwachenden Mutter. Als Repräsentant der Differenz und der Loslösung wird der Phallus zum ersehnten Objekt der Kinder beiderlei Geschlechts. Die Bedeutung des Phallus als Symbol der Revolte und der Loslösung geht auf die Eigenart des Kampfes zurück, den das Kind ausficht, um sich von der ursprünglichen mütterlichen Macht abzugrenzen.

Somit wird der Vater und nicht der Phallus zum Ausgangspunkt unserer Interpretation — der Vater, wie er innerlich vorgestellt wird, bildlich verzerrt durch die Konflikte, die in der Psyche des Kindes jeweils vorherrschen. Ich habe darauf hingewiesen, daß in der Zeit des stärksten Loslösungskonflikts — bei der Wiederannäherung (rapprochement) — eine Vaterrepräsentanz auftaucht, die sowohl für Knaben als auch für Mädchen bedeutsam ist (Benjamin, 1986, 1988). Die psychischen Imperative des frühen Narzißmus und der Loslösung-Individuation veranlassen das Kind dazu, Vater und Phallus mit idealisierten Eigenschaften zu besetzen. Diese idealisierten Eigenschaften sind nicht nur für das Selbst, sondern auch für die sexuelle Entwicklung entscheidend.

Obwohl die psychoanalytische Theorie dem Vater in der prä-ödipalen Phase weitaus weniger Gewicht zuschreibt als der Mutter, hat sie im allgemeinen die Bedeutung des Vaters als Identifikationsfigur für den Knaben dennoch anerkannt. Der Vater ist deshalb entscheidend, weil der Knabe die elterliche Fürsorge zunächst von der Mutter erfahren hat. Nach den Worten von Greenson (1968) muß der Knabe sich nun von der Mutter „des-identifizieren", um sich loszulösen und seine Männlichkeit anzunehmen (Stoller, 1973). Im Zusammenhang mit dieser Auffassung haben einige Theoretiker der männlichen Entwicklung (Blos, 1984; Tyson, 1986) die Bedeutung des geliebten — im Gegensatz zum rivalisierenden — präödipalen oder dyadischen Vaters hervorgehoben. In *Massenpsychologie und Ich-Analyse* hielt Freud die Bedeutung des dyadischen Vaters in der „Vorgeschichte" des Ödipuskomplexes fest: „Der kleine Knabe legt ein besonderes Interesse für seinen Vater an den Tag, er möchte so werden und so sein wie er, in allen Stücken an seine Stelle treten. Sagen wir ruhig: er nimmt den Vater zu seinem Ideal" (Freud, 1921, S. 115). Dieser Identifizierungs-Vater wird für die frühe Loslösung und die Entwicklung des Selbst zunehmend als entscheidend angesehen. Schwierigkeiten des Knaben bei der Loslösung werden häufig darauf zurückgeführt, daß der Vater in dieser Phase nicht für die Identifizierung zur Verfügung steht. Allerdings wird dem Vater als Objekt im Leben und in der inneren Welt des Mädchens, besonders in diesem Zeitabschnitt, keine vergleichbare Bedeutung zugemessen. Nur ganz wenige Analytikerinnen haben über die Folgen dieses Faktums für die Mädchen nachgedacht (Bernstein, 1983; Lax, 1977; Clower, 1977; Levenson, 1983; Spieler, 1984).

Bei der Weiterentwicklung von Mahlers Position hat Abelin (1980) gezeigt, wie die Unterschiede des Vaters bezüglich der Mutter für das Kind zunächst in der Wiederannäherungsphase Bedeutung annehmen, wenn die Erkenntnis der Geschlechterdifferenz und des genitalen Unterschieds einsetzt. An diesem Punkt verwebt sich der Kampf um Differenzierung unauflöslich mit der Konsolidierung der Geschlechtsidentität (vgl. Mahler,

Pine und Bergmann, 1975). Ich betone, daß dieser Zeitabschnitt nicht nur mit der Trennungsangst, mit Verlust schlechthin oder mit dem Verlust der Allmacht verbunden ist. Es geht dabei ebenso um den Kampf um Anerkennung, insbesondere um die schwierige Angelegenheit, von eben jener Person als unabhängig anerkannt zu werden, von der man abhängig gewesen war. Das Kind wird sich auf eine neue Weise seiner Intentionen, seines Willens und seiner Handlungsfähigkeit bewußt. Daß die Mutter sich entfernt, hat nicht nur mit dem Ertragen der Trennung zu tun, sondern auch mit der Erkenntnis, daß die Mutter nicht so handelt, wie man es sich wünscht. An diesem Punkt hat das Kind nicht nur ein Bedürfnis, sondern es will — ich meine damit, das Kind will ganz bewußt etwas haben oder tun. Beispielsweise hat das Kind zwar das Bedürfnis zu essen, aber es will aus der Schale mit dem Clownsbild essen, ja es insistiert geradezu darauf. In jedem konkreten Ausdruck des Wollens liegt ein allgemeiner Wunsch, als Subjekt des Begehrens (subject of desire) anerkannt zu werden und nicht nur als jemand, der einem Bedürfnis unterworfen ist (subject to a need). Die Wiederannäherung leitet den ersten von vielen solcher Kämpfe ein, die eigene Absicht durchzusetzen und in seinem eigenen Begehren anerkannt zu werden, und manche dieser Kämpfe werden den Stempel dieses ersten, beispielhaften Kampfes tragen.

An diesem Punkt werden nun aber auch die Geschlechterdifferenz und der genitale Unterschied zur Kenntnis genommen, und der Unterschied zwischen Vater und Mutter verankert sich nach und nach symbolisch in der Psyche. Wenn sich der Konflikt zwischen Trennungsangst und Autonomiewunsch zuspitzt, wird der Widerspruch zwischen Sicherheit und selbständigem Willen oft als unauflösbar empfunden. Die beiden unversöhnlichen Bedürfnisse werden dann als eine Geschlechterspaltung formuliert: Die Mutter verkörpert die Bindung, der Vater die Anerkennung der Unabhängigkeit.

Dazu ist freilich die herkömmliche Geschlechterteilung bei der elterlichen Fürsorge Voraussetzung, wobei die Mutter die wichtigste ernährende Figur ist, verbunden mit Abhängigkeit, Innenwelt und Sicherheit. Aber auch bei der wachsenden Anzahl von Familien, die dieses stereotype Muster nicht reproduzieren, können wir häufig die Schaffung eines phantasierten Vaterhelden beobachten, der die Verbindung zur erregenden Außenwelt zu verkörpern und die Rolle des Repräsentanten der Freiheit, der Loslösung und des Begehrens zu übernehmen vermag. Freilich bedeutet dies nicht, daß psychische Veränderungen sich nicht aus Veränderungen in der Organisation der elterlichen Fürsorge und des Geschlechts ergeben werden. Die psychische Struktur entwickelt sich aus der Interaktion zwischen inneren und äußeren Welten. Wenn die Mutter beispielsweise die „kommende und gehende" Elternfigur der Außenwelt ist, kann sich dadurch die Struktur umkehren (Pruett, 1987). Beispielsweise kann dies dazu führen, daß der Knabe weitaus stärker auf der Ähnlichkeit mit seiner Mutter beharrt, ja sogar darauf, dieselbe Anatomie oder dasselbe Erscheinungsbild wie sie zu haben. Allerdings würde diese umgekehrte Geschlechterstruktur vielleicht nicht mit den kulturell vorherrschenden Repräsentanten der „Außenwelt" zusammenpassen, denen man etwas später begegnet, zum Beispiel den männlichen Medienhelden. Mithin würde sie keine so *offenkundige* Stimmigkeit der Geschlechteridentität ergeben, wie es beim traditionellen Modell der Fall war. Übrigens glaube ich weder, daß die Geschlechtsidentität an diesem Punkt wirklich kohärent ist, noch daß die Mehrzahl der Knaben sich von der Mutter des-identifizieren muß oder dies tatsächlich auch tut. Diese Annahme geht nämlich auf die fragwürdige Behauptung zurück, daß die frühe Identifizierung mit der Mutter geschlechtlich differenziert (gendered) sei (Stoller, 1973; vgl. auch Person und Ovesey, 1983). Ich vermute, daß Knaben an diesem Punkt sich stärker lösen und gleichzeitig das Mütterliche vom Väterlichen zu unterscheiden beginnen, wobei sie Aspekte des Vaters in einer zusammenhängenderen und eigenständigeren Weise hinzufügen und organisieren.

Der Erklärung von Abelin zufolge muß das Kind nunmehr in der Lage sein, sich selbst als Subjekt vorzustellen, das Wünsche hat, und zwar indem es die symbolische Vorstellung von einem anderen Subjekt bildet, mit dem es sich identifizieren kann. Der Vater bietet dem kleinen Knaben das erste Modell des Begehrens dar, und der Knabe stellt sich nun vor, im Bezug zur Mutter der Vater, das Subjekt des Begehrens, zu *sein*. Obwohl Abelin dem

Wunsch, „Ich will Mama", zentrale Bedeutung zuschreibt, glaube ich, daß es sich hier um ein Ineinanderschieben ödipaler und prä-ödipaler Reaktionen handelt, das weitgehend auf einem Fall beruht, bei dem ein neues Geschwister die Mutter wegnahm. Eigentlich halte ich die Interpretation von Mahler (1966, zitiert bei Abelin, 1980) für grundlegender: daß nämlich der Vater ein „Ritter in glänzender Rüstung" ist, weil er aus dem „Weltraum" kommt und die Erregung der Außenwelt hereinbringt und weil er nicht von Konflikten um die Abhängigkeit „infiziert" ist.

Jedenfalls verkörpert der Vater nunmehr eine andere Art von Objekt — ein Subjekt —, das nicht so sehr die Quelle der Güte als vielmehr der Spiegel des Begehrens ist. Er stellt ein Subjekt dar, das zu wollen und auch angemessen zu handeln vermag, um dieses Wollen zu verwirklichen. Das Kind erlangt von ihm nicht nur die *direkte Anerkennung* durch Zustimmung oder Bestätigung, sondern die Anerkennung durch *symbolische Identifizierung* mit diesem mächtigen Subjekt, das sein/ihr Ideal ist. In gewissem Sinne gleicht das Auftreten des Vaters einem Deus ex machina, der das Dilemma der Wiederannäherung — die Unabhängigkeitsbestätigung gerade von jener Person zu bekommen, von der man immer noch abhängig sein möchte — löst. Die Identifizierung mit dem Vater ist ein Hilfsmittel sowohl zur Konfliktvermeidung als auch zur Loslösung; zur Leugnung der Hilflosigkeit und des Verlusts praktisch ausgeübter Grandiosität. In der Vorstellung des Knaben ist der magische Vater, mit dem er sich identifiziert, nach wie vor so allmächtig, wie er es selber sein möchte (und wie es die Mutter sein könnte). Die Anerkennung durch Identifizierung und ihre Weiterentwicklung in der Phantasie wird nun ersetzt durch das konfliktreichere Bedürfnis nach Anerkennung durch den primären Elternteil, demgegenüber der Knabe diese Abhängigkeit empfindet. Natürlich identifiziert sich das Kind zu dieser Zeit mit beiden Elternteilen, strebt nach der Anerkennung beider und schreibt auch beiden Allmacht zu. Während aber die Macht der Mutter in der Überwachung des Kindes zu liegen scheint und durch die Verwicklungen des Kindes mit ihr „verunreinigt" werden kann, liegt die Macht des erregenden Vaters eher in seiner Beziehung zur Außenwelt, jenseits der mütterlichen Macht.

Die bestätigte Identifizierung mit dem Vater hat also einen

doppelten Aspekt: Einerseits ist sie die Verleugnung der Hilflosigkeit in der Wiederannäherung, andererseits eine Bestätigung
der zentralen Erfahrung, Subjekt des Begehrens zu sein. Einerseits
wirkt der Identifikationsimpuls defensiv, um der ambivalenten
Mutter auszuweichen, andererseits bringt der Wunsch, so zu sein
wie der Vater, ein inneres Bedürfnis zum Ausdruck, sich das Begehren zu eigen zu machen, es als legitim und selbsterzeugt zu
erfahren: nicht als eine Eigenschaft des Objekts, sondern als eigenes, *inneres Begehren*. Viele Facetten der kindlichen Entwicklung
können somit das Kind zum Vater als einer Symbolfigur der
Anerkennung hindrängen – das Bedürfnis nach Loslösung, das
Bedürfnis nach Ambivalenzvermeidung und das Bedürfnis, ein
Subjekt zu finden, welches das Begehren und die Erregung verkörpert.

Allgemeiner gesprochen liegt ein Ergebnis dieser Interpretation
des Vaters in der Erkenntnis, daß die Identifizierung in der Liebe
und im Begehren eine Schlüsselrolle spielt. Identifizierung, gleich
zu sein, ist der wichtigste Weg, auf dem ein Kind in diesem Alter
die Subjektivität einer anderen Person zu erkennen vermag. Die
Identifizierung ist nicht nur ein innerer Vorgang, sondern auch
eine Art von Beziehung: Freud (1921) beschrieb die Identifizierung sogar als erste Gefühlsbindung an das Objekt[3], bevor er
schließlich ihren Ort als Niederschlag von aufgegebenen Objekt-
besetzungen festlegte (Freud, 1923). Kennzeichnend für diese
Entwicklungsphase ist somit eine Art von *Identifizierungsliebe*.
Diese Identifikationsbeziehung besteht zu jemandem außerhalb,
der sich vom ersten Objekt unterscheidet; zu jemandem, der ein
Subjekt ist und keine Quelle des Guten. Die Identifizierungsliebe
ist der Beziehungskontext, in dem sich die Loslösung und die
Geschlechtsidentifizierung für die Knaben vollzieht. Die starke
gegenseitige Anziehung zwischen Vater und Sohn ermöglicht die
Anerkennung durch Identifizierung, durch eine besondere erotische Beziehung. Die „Liebesbeziehung zur Welt", die der aktive

---

[3] „Die Identifizierung ist der Psychoanalyse als früheste Äußerung
einer Gefühlsbindung an eine andere Person bekannt." *Massenpsychologie und Ich-Analyse*, G. W. XIII, S. 115. A. d. Ü.

kleine Knabe unterhält, verwandelt sich in eine homoerotische Liebesbeziehung zum Vater, der die Welt repräsentiert. Der Knabe ist in sein Ideal verliebt. Diese homoerotische Identifizierungsliebe dient dem Knaben als Hilfsmittel zur Herstellung der männlichen Identität und bestätigt sein Selbstgefühl als Subjekt des Begehrens.

Freilich kann dieser Identifizierungsvorgang nur dann gelingen, wenn er reziprok ist; wenn der Vater sich mit seinem Sohn identifiziert und sich ihm zur Verfügung stellt. Wie es scheint, reagieren Väter auf das Identifizierungsbedürfnis ihrer Söhne positiver als auf das ihrer Töchter. Väter ziehen ihre männlichen Kinder vor und stellen eine stärkere, auf Identifizierung beruhende Bindung her, die von einer größeren gegenseitigen Zuneigung und einer wechselseitigen Identifizierung im Kleinkindalter gefolgt wird (Lamb, 1977; Gunsberg, 1982). In der psychoanalytischen Theoriebildung wurde diese Realität allerdings unkritisch reflektiert. Die Beziehung des Mädchens zum Vater — im Gegensatz zu der des Knaben — wurde vom Phallus abhängig gemacht statt von der Identifizierung mit dem Vater. Das Begehren des Mädchens tritt in einem defensiven Kontext von Teilobjekten hervor und nicht im Kontext ganzer Objekte. In der präödipalen Entwicklung des Mädchens hat die Identifizierung mit dem Vater denn auch keinen definierten Ort, der sich mit dem der Mutter für den Knaben vergleichen ließe. Die Beobachtung, daß kleine Mädchen in der Phase der Wiederannäherung depressiver sind und im Vergleich zu den Knaben in ihrer Aktivität stärker nachlassen, wird von Mahler, Pine und Bergman (1975) mit dem Gewahrwerden des anatomischen Geschlechtsunterschieds in Verbindung gebracht. Bekanntlich haben Roiphe und Galenson (1981) ein Buch über die frühe genitale Phase geschrieben, um diese These zu belegen. Auch Abelin (1981) vertritt die Auffassung, daß der Vater für das Mädchen nur eine kleine Rolle spiele — vielleicht wegen ihres Penisneides, wie er meint. Nach dieser Auffassung ist die Nichtverfügbarkeit des Vaters sekundär und hängt von der Kastrationsreaktion des Mädchens ab, d. h. von seinem Gewahrwerden des anatomischen Geschlechtsunterschieds.

Meine These ist dem genau entgegengesetzt. Ich nehme an, daß bei der Wiederannäherung der Wunsch des Mädchens nach einem Penis keineswegs eine selbstverständliche Reaktion auf den anatomischen Geschlechtsunterschied ist. Sie begehrt ihn auch dann, wenn der Knabe ihn wertschätzt (oder wertzuschätzen beginnen wird), weil sie um Individuation kämpft. Mädchen erstreben das, was kleine Knaben in ihren Vätern erkennen und durch Identifizierung bei sich selbst zu bestätigen wünschen — die Anerkennung ihres eigenen Begehrens. Und ihre Ambivalenz im Zusammenhang mit der Loslösung kann aufgrund der Ähnlichkeitsverbindung zwischen Mutter und Tochter noch stärker sein. Deshalb gibt es auch um so mehr Grund für sie, ein anderes *Objekt* zu suchen, um darin ihre Unabhängigkeit zu gewahren. Häufig ist dieses andere Objekt der Vater, und seine Andersheit wird durch sein andersartiges Genitale gewährleistet und symbolisiert. Und genau dann, wenn dieser Vater nicht zur Verfügung steht, bringt der Penisneid die Sehnsucht des Mädchens nach ihm zum Ausdruck.

Bei ihrem Versuch nachzuweisen, daß die Wiederannäherungs-Depression beim Mädchen auf eine Kastrationsreaktion zurückgeht, führen selbst Galenson und Roiphe (1982) aus Versehen nur Beispiele von Mädchen an, die ihre abwesenden Väter vermissen. Zusammenfassend sagen sie über die Sehnsucht nach dem Vater, der weggegangen ist: „... die fehlende Erregung und die erotische Eigenart ihrer Beziehung, die sich früher völlig auf den Vater richtete, wurde nun als etwas identifiziert, das speziell aus seinem Phallus hervorging" (S. 162). Mahler, Pine und Bergman berichten von einem ähnlichen Fall: Cathy, deren Vater abwesend ist und die während dieser Zeit den Neid auf den Penis eines kleinen Jungen auszudrücken beginnt. Zweifellos setzt die Umwandlung von allgemeiner Erregung und allgemeinem Begehren nach dem (unerreichbaren) Phallus hier ein und wird noch besonders verstärkt, wenn der Vater selbst „fehlt". Allerdings ist dieses lautstarke Verlangen nach dem Symbol ein Ausdruck für den Verlust, welcher der Wiederannäherungs-Depression zugrunde liegt — nicht dessen Ursache.

Wir könnten uns aber immer noch fragen, ob das Mädchen kraft einer positiveren Identifizierung mit dem Vater diese Schwierigkeiten lösen und allmählich das Gefühl dafür entwik-

keln kann, daß Begehren und Handlungsfähigkeit wirklich ihr
angehören? Im Idealfall schauen wir auf die Entwicklung eines
kulturellen Kontextes und einer Familienkonstellation voraus, die
es den Mädchen (und den Knaben) ermöglichen, sich mit einer
Mutter zu identifizieren, die sowohl in der Innenwelt als auch in
der Außenwelt ist und die ebenso gut wie der Vater Subjektivität
zu repräsentieren vermag. In der familialen Kultur aber, die durch
eine herkömmliche Geschlechterteilung gekennzeichnet ist, versuchen die Töchter die väterliche Identifizierung auf diese Weise
einzusetzen (und werden dies wahrscheinlich auch weiterhin versuchen). Trotz aller Fehldeutungen ist die Tatsache des Penisneids
ein Beleg dafür. Für die psychoanalytische Theoriebildung bleibt
allerdings die Frage offen, ob eine positivere Beziehung zwischen
Vater und Tochter wirklich eine andere Integration der Identifizierung ermöglichen könnte.

Diese Frage verweist wiederum auf ein allgemeineres theoreti-
sches Problem: auf die Notwendigkeit, den Begriff der Geschlechtsidentifizierung so zu dezentrieren, daß er sich auf die
Vielfalt der Entwicklungspositionen bezieht, statt nur auf eine
einzige Entwicklungslinie, die sich letztlich auf den anatomischen
Unterschied zurückführen läßt. Nach meiner These benutzen Kinder Identifizierungen über die Geschlechtergrenzen hinweg, um
sowohl wichtige Teile ihrer Selbstrepräsentanzen zu formulieren
als auch Phantasien über sexuelle Beziehungen zu entwickeln
(beispielsweise, um die Figur des Anderen in ihren sexuellen Dra-
men auszumalen). Eine Unterstützung für diese These wäre Fasts
Theorie der Geschlechterdifferenzierung, die nahelegt, daß die
Kinder anfänglich nicht erkennen, daß bestimmte Möglichkeiten
aufgrund des anatomischen Unterschieds ausgeschlossen sind. In
der präödipalen Phase sind Kinder „übertrieben umfassend"
(over-inclusive): Sie glauben, alles haben oder sein zu können.
Beide, Mädchen und Knaben, setzen Identifizierungen mit beiden
Elternteilen so lange fort, bis das ödipale Erkennen der sexuellen
Komplementarität eine Krise des Verlusts und des Verzichts aus-
löst. Das Gefühl des Selbst und der Sekundärmerkmale, die durch
diese Identifizierungen integriert werden, kann sich auch dann
fortsetzen, wenn spezifische Fähigkeiten des anderen Geschlechts
zurückgewiesen werden.

Ich glaube in der Tat, daß eine sorgfältige Untersuchung der Geschlechterdifferenzierung darauf hinweist, daß es mehr Phasen und mehr Spannung zwischen Ein- und Ausschließung gibt, als die psychoanalytische Theoriebildung bisher anerkannt hat. Sobald die Geschlechtsidentität in den ersten 12 bis 18 Lebensmonaten im Kern festgelegt ist, geht das Kind dazu über, die Geschlechtsrollenidentität in Verbindung mit Konfliktpunkten der Loslösung-Individuation, d. h. in einem konfliktträchtigen und veränderlichen Kontext weiterzuentwickeln (Person und Ovesey, 1983). Über das zweite und dritte Lebensjahr fahren die Kinder damit fort, sich mit beiden Eltern zu identifizieren, auch wenn deren Rollen etwas unterschieden werden und der Vater eine besondere Bedeutung annehmen kann. Gegen Ende der „übertrieben umfassenden" präödipalen Phase zeigt das Kind das gleichzeitige Gewahrwerden der Geschlechtergrenzen (Komplementarität) und einen entschiedenen Protest gegen diese Grenzen (Fast, 1984): Eben dies ist die Zeit des Penisneids und des Gebärneids par excellence. Kastrationsangst bedeutet hier, dessen beraubt zu werden, was das andere Geschlecht besitzt. Mit dem Beginn der ödipalen Phase, wenn das Kind erkennt, daß es entweder nur das eine oder nur das andere sein kann, setzt eine übertrieben starke Vorstellung der Komplementarität und eine Ablehnung des anderen Geschlechts ein. Diese frühe ödipale Haltung ist gekennzeichnet von der Abwehr gegen Verlust und Neid: saure Trauben, aber auch Romantik — das heteroerotische Begehren nach dem idealisierten Anderen. Zu dieser Zeit nimmt die Kastrationsangst für Knaben ebenso wie für Mädchen die Bedeutung des Verlusts der eigenen Genitalien an (Mayer, 1985). Im späteren Verlauf der ödipalen Phase (oder bei der Wiederholung in der Adoleszenz) läßt sich sowohl die Kastrationsangst als auch die Ablehnung des anderen Geschlechts eindämmen, so daß eine Reintegration vieler Elemente der Identifizierung über die Geschlechtergrenzen hinweg möglich wird — ein glückliches Ergebnis, das aus Gründen, die ich an anderer Stelle erörtert habe (Benjamin, 1988), vor allem wegen der Entwürdigung und Unterdrückung von Frauen, keineswegs für selbstverständlich gehalten werden kann.

Jedenfalls ist es wichtig, diese Sehnsüchte und Ängste im Zusammenhang mit der Vateridentifizierung in der Wiederannäherungsphase von heterosexuellen Gefühlen zu unterscheiden, die während der ödipalen Phase auftreten. Nur zu häufig wurde nämlich angenommen, das präödipale Interesse des Mädchens für den Vater sei heterosexuell, weil es erotisch ist. Das Interesse für den Penis ist in dieser Phase jedoch kein heterosexuelles; es dreht sich nicht um die (Wieder-)Vereinigung mit dem Vater oder der Mutter, sondern bezieht sich auf homoerotische Einverleibung, darauf, etwas zu besitzen, das mit der machtvollen Brust konkurrieren kann. Es handelt sich um einen homoerotischen Wunsch, um einen Wunsch nach dem Gleichsein, der häufig im Wunsch der Latenzzeit wiederauftaucht, ein guter Kumpel zu sein. Verdunkelt wurde die komplexe Eigenart der Beziehung zwischen Vater und Tochter häufig durch die analytische Übernahme des Fehlurteils, alle gegengeschlechtliche Liebe sei heterosexuell. Harris (1991) gab in ihren Ausführungen zu Freuds „Über die Psychogenese eines Falles von weiblicher Homosexualität" (1920) den Hinweis, ob ein geliebtes Objekt als anders oder als gleich wahrgenommen werde, ob es hetero- oder homerotische Wahl sei, werde nicht allein durch das biologische Geschlecht des Objekts bestimmt. Einer bekannten Redewendung gemäß wäre die Annahme einer solchen Bestimmtheit gleichbedeutend damit, Psychoanalyse in der Missionarsstellung zu betreiben.

Jedes Liebesobjekt verkörpert vielfache Möglichkeiten von Gleichheit und Andersheit, von Männlichkeit und Weiblichkeit, und eine einzige Liebesbeziehung kann vielerlei Funktionen dienen. Bei jeder Beziehung ist die Achse der Ähnlichkeit und Komplementarität etwas anders orientiert als die Achse des Geschlechts. Paradoxerweise kann der Andere, der als verschieden erscheint, deshalb geliebt werden, um mehr wie er oder sie zu werden: Sowohl durch Einverleibung und Assimilation an unsere Phantasie als auch durch liebevolle Anerkennung seitens der Person, die wir für unser Ideal halten, hoffen wir schließlich so zu werden wie dieses Ideal. Diese Funktion bei der Liebe der Frau zum Mann wurde, wenn auch in einem etwas herabsetzenden Ton, von Analytikerinnen wie Jacobson (1976) und A. Reich (1940) bei ihren Ausführungen über den Wunsch, den Penis oral einzuverleiben, anerkannt. Meine These ist nun die, daß die Einverleibung ein Mittel ist, um selbst zum idealen Objekt zu werden, und kein Selbstzweck.

Der Vater kann für das Mädchen somit ein Objekt der homoerotischen Liebe sein. Angetrieben von der entwicklungsbedingten Kraft der Loslösung kann diese homoerotische Liebe tatsächlich den Weg zu einer späteren Heterosexualität ebnen. Zu Beginn der ödipalen Phase, wenn das Mädchen mit der Ausschließlichkeit des genitalen Unterschieds konfrontiert wird und erkennt, daß es weder alles sein noch alles haben kann, kann es von der Homoerotischen zur heteroerotischen Liebe überwechseln. Es wird sich möglicherweise dafür entscheiden, an den Männern jene Männlichkeit zu lieben, die es früher einmal selbst besitzen wollte. Diese Liebe wird aber in dem Maße, wie ihre identifizierende Liebe anerkannt worden ist, weniger durch Unterwerfung und Schuld gekennzeichnet sein: sie muß ihm seine Männlichkeit nicht stehlen oder neiden. Außerdem trifft es zu, daß die ödipalen Konflikte des Mädchens und sein Bestreben, das stereotype heterosexuelle Objekt zu sein, das frühere Streben nach identifizierender Liebe maskieren oder negieren können, insbesondere dann, wenn es erfolglos war. Allerdings ist die Wiederannäherungsphase, selbst mit der bei ihr einsetzenden Anerkennung des genitalen Unterschieds, noch nicht der Ödipuskomplex.

Ich möchte mich hier nun mit einigen wichtigen Folgen der Enttäuschung bei der Identifizierungsliebe zum Vater befassen. In früheren Veröffentlichungen (Benjamin 1986, 1988) habe ich ausgeführt, daß die Idealisierung des Phallus und der Wunsch nach einer versäumten Identifizierungsliebe zum Vater die Phantasien erwachsener Frauen über die Liebe zu Männern anregt, die ihr Ideal verkörpern. Die frühe Entwertung des Allmachtsgefühls bei Töchtern, denen die Anerkennung durch den Vater fehlte, kann nach Ansicht einiger Analytiker zwar in der Ich-Entwicklung und in der Identifizierung mit der Mutter ihre Kompensation finden, aber nur zu häufig enden solche Töchter damit, daß sie die Männer bewundern, die mit ihrer uneingeschränkten Grandiosität davonkommen. Wenn sie Mutter werden, können sie sich als besonders nachsichtig erweisen und als stolz auf die Grandiosität ihrer Söhne, oder diese Bewunderung (die unbewußten Neid oder

Groll verbirgt) wird in einer besonderen Beziehung zum eigenen Ideal ausgedrückt, die häufig von Dienstfertigkeit oder Unterwürfigkeit und zuweilen auch von sexuellem Masochismus geprägt ist. Die idealen Liebesszenarien erwachsener Frauen enthalten oft identifizierende homoerotische Themen, bei denen die Frauen am Ende von demjenigen anerkannt werden, der das Subjekt verkörpert, das sie selbst sein möchten. Es gibt eine bestimmte Gattung von Mann-Frau-Abenteuerfilmen, die diese Phantasie zum Ausdruck bringen, bei der die sexuell-romantische Liebesbeziehung erst dann erreicht werden kann, wenn das gemeinsame gewagte Unternehmen, bei dem die Frau einen Großteil der Fähigkeiten und des Wagemuts des Mannes zeigt oder übernimmt, erfolgreich überstanden wurde.

Die bestätigte Anerkennung von seiten des Vaters — ja, du kannst so wie ich sein — hilft dem Kind dabei, die Identifizierung zu festigen, und fördert so das Gefühl, Subjekt des Begehrens zu sein. Mangelnde Anerkennung und Verweigerung der Identifikationsbindung beeinträchtigt dagegen das Gefühl, ein sexuelles Subjekt zu sein und veranlaßt die Frau dazu, über einen Mann nach ihrem eigenen Begehren zu suchen — und häufig auch nach masochistischen Phantasien der Unterwerfung unter die Macht des idealen Mannes. Die Suche nach Identifizierungsliebe ist Thema bei vielen Unterwürfigkeitsbeziehungen. (Dies gilt nicht nur für Frauen in der Beziehung zu Männern, sondern auch für die männliche Unterwerfung unter mächtigere ältere Männer. Die Suche nach einem Identifizierungsvater, die in einer respektvollen oder unterwürfigen Beziehung endet, ist für Männer in der Adoleszenz oder im frühen Erwachsenenalter überaus typisch.)

In Übereinstimmung mit dieser Ansicht der weiblichen Unterordnung habe ich auch die These formuliert, daß die homoerotische Liebe der Tochter zum Vater Freuds Ausführungen (1919) über die Masturbationsphantasie „Ein Kind wird geschlagen" erhellen könnte. Was Freud am Anfang besonders verwirrte, war der Umstand, daß die Phantasie des Mädchens stets einen Knaben schilderte, der vom Vater geschlagen wurde, und daß es der Knabe war, mit dem es sich auf masochistische Weise identifizierte. Freud zog daraus den Schluß, daß in den Phantasien der Mädchen Knaben deshalb vorkommen, weil die Mädchen sich von der inzestuösen Liebe zum Vater abwenden, was ihren „Männlichkeitskomplex" anstachelt (den Ausdruck benutzte Freud hier zum ersten Mal). Ich behaupte, daß das geschlagene Kind deshalb ein Knabe sein mußte, weil die Phantasievorstellung, Vaters Sohn zu sein, im Grunde der zentrale enttäuschte Wunsch war. Die mit der Versagung dieses Wunsches verbundene Demütigung kam in der sexuell erregenden Bestrafung zum Ausdruck — eine Demütigung, die sich durch die Fehlinterpretation des Penisneids und die Verurteilung des Männlichkeitskomplexes im „finstern Mittelalter" der Psychoanalyse wohl auch noch iatrogen verstärken ließ.

Eine verblüffende Illustration dafür, wie der Wunsch, Vaters Sohn zu sein, der masochistischen Phantasie der Frau zugrunde liegen könnte, findet sich in einer Untersuchung über die Entstehung von Freuds Text. Young-Bruehl (1988) behauptet in ihrer Anna-Freud-Biographie, daß in Wirklichkeit Anna die Patientin gewesen sei, von der Freud den Hauptteil seines Materials bezog. Da Anna damals bei ihrem Vater in der Analyse war und drei Jahre später dann einen Aufsatz über Schlagephantasien schrieb, um zu einer Zeit, als sie noch keine Patienten behandelte, in die Wiener Psychoanalytische Vereinigung aufgenommen zu werden, zieht Young-Bruehl den Schluß, Anna Freuds Aufsatz und der These Freuds liege ihre eigene Analyse zugrunde. Anna Freud paßt auch zur Beschreibung der Patientin in ihrem eigenen Aufsatz, die zwanghaft „nette Geschichten" produzierte — Geschichten über jüngere Männer, die von älteren Männern bestraft wurden, um die früheren Schlagephantasien zu tarnen. Auch sie sublimierte diese am Ende erfolgreich zu Geschichten über männliche Helden. Die Geschichte von Annas Rebellion gegen die Überwachung durch die Mutter, ihr Kampf gegen die Masturbation und die zwanghaften „Geschichten"; ihr Platz an der Seite des Vaters sowie die Benutzung ihres Aufsatzes für die Zulassung zur Welt ihres Vaters, ja selbst Freuds eigenes Geständnis, er fühle sich wie Junius Brutus der Ältere, als er über den eigenen Sohn zu richten hatte (ebd., S. 108) — dies alles weist darauf hin, wie der Wunsch, ihres Vaters Sohn zu sein — eine verbotene homoerotische Liebe —, jener Sexualphantasie zugrunde liegen könnte. Jedenfalls war der glückliche Ausgang der, daß Annas Aufsatz angenommen wurde. Als ein Mitglied der Psychoanalytischen Vereinigung meinte, Annas Patientin sei „völlig anormal", kam der Vater ihr zu Hilfe und „verteidigte ihr kleines Mädchen" (ebd., S. 108). Ist es möglich, daß diese Lösung – daß Freud Anna als seinen „Sohn" akzeptierte – ihr dabei half, ihren Kampf mit der masochistischen, sexuellen Form dieser Phantasie zu beenden?

Bemerkenswert ist ferner, daß Freuds Aufsatz im Grunde dasselbe Argument vertritt, das Horney später in „Die Flucht aus der Weiblichkeit" (1926) entwickelte: daß das Mädchen aus seiner genitalen inzestuösen Liebe in eine männliche Identifizierung regrediere. Damit wird erneut die Frage gestellt, welches Motiv zuerst auftritt, Identifizierung oder Objektliebe, und wie beides voneinander zu trennen sei. Das war schon immer eine schwierige Frage gewesen, selbst für Freud: Einerseits war die Identifizierung die erste Gefühlsbindung ans Objekt, andererseits war sie der Auslöser für Objektbeziehungen. Das Problem ließe sich jedoch lösen, wenn wir unsere Erklärung dezentrieren und sagen würden: beides zusammen. Im allgemeinen erscheint es als wahrscheinlich, daß beim Erreichen des Erwachsenenalters die Identifizierung der Tochter als Sohn ihres Vaters mehr als nur ein Motiv umfaßt, von denen keines das andere ausschließt; daß die Identifizierung eine Abwehr gegen heterosexuelle Verwicklungen mit dem Vater zum Ausdruck bringt sowie einen unbefriedigten Wunsch nach einer Identifizierungsliebe, die durch Zurückweisung, Demütigung und Strafe noch erschwert wird. Das formale Problem unserer Theorie hat im Beharren auf *einem einzigen* Motiv gelegen, gewöhnlich dem ödipalen. Das inhaltliche Problem verwechselte die Schmerzphantasie mit dem Begehren nach Schmerz, wodurch der reale *Wunsch* verfehlt wurde – der Wunsch nach einer engen, identifizierenden Verbindung mit dem Vater und der mit seiner Zurückweisung verbundenen Demütigung.

Im großen und ganzen nehmen die Psychoanalytiker an, daß die positive Vaterübertragung ihrer Patientinnen sowohl ödipal als auch inhaltlich heterosexuell sei. Das Verlangen nach einer Identifizierung mit dem idealisierten Vater der Loslösung, mit dem Ziel, Macht zu erlangen, sich von der Mutter zu lösen und Erregung zu spüren – ein Verlangen, das im Gewand des Penisneids auftrat –, wurde entweder als Widerstand gegenüber ödipalen Gefühlen gedeutet oder einfach mit ödipalen Wünschen verschmolzen („Sie wollen mein Kind haben"). Die Psychoanalyse interpretierte auch die idealisierte Vaterübertragung männlicher Patienten – d. h. den Drang, sich dem Vater zu unterwerfen, um den Phallus einzuverleiben – als negative ödipale Haltung (Identifizierung mit einer passiven Mutter), und nicht als Ausdruck des Verlangens, sich selbst im frühen dyadischen Vater wiederzuerkennen und von ihm anerkannt zu werden.

Diese Umdeutung des ödipalen Materials und des Penisneids stimmt sehr gut mit einem Teil des Fallmaterials in der neueren Literatur überein. Kohut (1977) berichtet von der Zweitanalyse eines Falles, bei dem der Penisneid eine bedeutsame Rolle spielte (auch wenn Kohuts Zuordnung der Spiegelung mit der Mutter und des Zusammenhalts mit dem Vater die Rolle des Vaters als Spiegel des Begehrens nicht erfaßt). Die Patientin, Frau V., träumte, „sie stünde urinierend über einer Toilette und fühle sich dabei vage von hinten beobachtet" (ebd., S. 230). Interessanterweise erwähnt Horney (1924) eine Frau, die eine ähnliche Formulierung – „Ich uriniere wie mein Vater, im Stehen" – als wichtigste Masturbationsphantasie äußerte. Kohut berichtet uns, daß Frau V.s frühere Analytikerin wiederholt versucht hatte, sie davon zu überzeugen, daß ihre Hilflosigkeit mit dem unerfüllbaren Wunsch verbunden sei, einen Penis zu bekommen. Er selbst gab die Deutung, daß dieser Traum und ihr Wunsch, den Penis des Vaters zu sehen, auf das Bedürfnis zurückgingen, „sich aus ihrer Beziehung zu ihrer bizarren und emotional flachen Mutter zu befreien und sich ihrem emotional zugänglicheren und robusteren Vater zuzuwenden" (ebd., S. 231). Hinzufügen möchte ich hier, daß diese Wendung zum Vater nicht nur eine Abwehr gegen die Mutter ist, nicht nur ein Ergebnis der mütterlichen Unzulänglichkeit, sondern auch den entwicklungsmäßig angemessenen Wunsch spiegelt, vom Vater (dem Analytiker) als ihm gleich angesehen zu werden. Außerdem sollte die Abwehrorientierung (weg von der Mutter) nicht die erotische Orientierung (auf den Vater hin) verdecken, die die ursprüngliche Erotik der Identifizierungsliebe widerspiegelt.

Ich möchte demgegenüber vermuten, daß ein Mädchen in dem Maße, wie sie anstelle demütigender Zurückweisung eine positive

Bestätigung ihres Wunschs nach identifikatorischer Liebe erfährt, auch in die Lage versetzt wird, diesen Wunsch frei von selbstverleugnenden und masochistischen Elementen darzustellen. Auch im folgenden Beispiel, dem Traum einer verheirateten Frau, die gleichzeitig eine intensive, idealisierende Liebesbeziehung zu einem bewunderten akademischen Mentor durchlebte, findet sich dieser Wunsch. Er machte sie zur Lieblingsstudentin, behandelte sie sogar wie eine Tochter, lud sie zu sich nach Hause ein und verbrachte viel Zeit zusammen mit ihr und seiner Frau, vor allem aber ermutigte er sie bei ihrer Arbeit, die entsprechende Fortschritte machte. Sie träumte, daß sie masturbiere, und während sie das tat, sich gleichzeitig mit jemandem unterhielte. Wie sie beim Aufwachen feststellte, mußte dieser Jemand ihr akademischer Mentor gewesen sein; denn die Worte, die sie gesprochen hatte, waren: „Ich möchte Ihr kleiner Junge sein."

In einem Fall, über den Bernstein (1983) berichtet, tauchte der Wunsch, des Vaters Sohn zu sein, sogar in der Übertragungsbeziehung einer Patientin zu einer Analytikerin auf. Die Patientin träumte, sie trete als Junge gekleidet in die Praxis der Analytikerin „und sich dabei ein bißchen wie ein Schaf vorkommt, aber doch gleichzeitig dabei die Frage stellt, ob das so in Ordnung ist". Die auf den Traum folgenden Assoziationen beziehen sich auf „Väter, die wollen, daß ihre Söhne in ihre Fußstapfen treten, und Söhne, die wie ihre Väter werden wollen", sowie auf die unterschiedliche Behandlung, die sie und ihr Bruder in der Familie erfuhren. Bernstein schließt daraus, daß „sie ein akutes Bedürfnis nach Unterstützung durch ihren Vater hatte ... ein Bedürfnis, anerkannt zu werden, in ihren beruflichen Ambitionen ermutigt zu werden, einen Wunsch, er möge ihr die Identifikation mit ihm erlauben" (ebd., S. 196). Sie warnt davor, diese häufig auftretende Zuwendung von Patientinnen zu ihren Analytikern als erotische Annäherung mißzuverstehen, während es sich in Wirklichkeit um einen Wunsch nach Identifikation handelt. Daß dies so ist, liegt darin, daß der Identifizierungswunsch häufig als ein erotischer auftritt. Wenn hier oft Fehldeutungen vorkommen, dann nicht nur deshalb, weil der Identifizierungsimpuls übersehen wird, sondern weil das Verständnis des Eros so beschränkt ist: Als ob „erotisch" lediglich „ödipal-genitale Bestrebungen" bedeuten würde oder Liebe zu dem, was anders ist; als ob Eros nicht das Begehren durchdringen würde, gleich zu sein. Es mag allerdings verwirrend erscheinen, daß beiden Arten der erotischen Übertragungsäußerungen die Scham gemeinsam ist und die Sehnsucht nach dem, was so nahe und dennoch so fern ist.

Die Verschiebung der Schlagephantasien in Erzählungen über einen abenteuerlustigen männlichen Helden, wie in den Geschichten von Anna Freud, oder die spätere Verschmelzung beider in die sexuelle Unterwerfung unter solche Helden (wie in den billigen Schauerromanen) ist eine weitere, häufig vorkommende Variante der Identifizierungsliebe. Dann wieder kann die Phantasie, Gehilfe oder Kumpan zu sein, in einer weniger demütigenden Liebesgeschichte mit eher heteroerotischen Elementen verschmelzen. So berichtete eine Frau zum Beispiel, die Filmfassung von „Robin Hood" wiedergesehen zu haben, die der Ausgangspunkt ihrer erregendsten Kindheitsträume gewesen war — es war „vollkommen". Zu den vielen passenden Einzelheiten, die sie entzückten, gehörten die folgenden: daß die junge Frau in dem Augenblick, da sie ihre Liebe eingesteht, Robin Hood gegenüber ihre Absicht erklärt, seine Komplizin zu werden, den bösen König auszuspionieren und dem guten König zu helfen, auf den Thron zurückzukommen. Robin Hood selbst ist so aufregend, weil er ein Gesetzloser ist (ein rebellischer Junge, vielleicht ein Bruder, mithin eine Figur der Loslösung von der mütterlichen Macht), ein sagenhafter Bogenschütze und trotzdem ein Helfer der Armen (der Kinder) und einer, der auf der Seite des Guten steht. Die Beziehung wird dann vom König gutgeheißen, der ihm befiehlt, Maid Marian zu heiraten (sie erhält zwar seine Zustimmung, heiratet aber den idealen Bruder/Sohn, der noch keine ödipale Autorität ist, d. h. nicht der patriarchalische Vater, der die Mutter beherrschen oder verunglimpfen könnte).

Ich möchte meine Argumentation für ein komplexeres Verständnis der Geschlechteridentifizierung und ihrer Rolle im erotischen Leben mit einer Schilderung dessen beschließen, wie die Identifizierungsliebe in der Übertragung und in damit zusammenhängenden Phantasien oder im Traummaterial auftreten kann. Dieses Auftreten kann sich auf verschiedene Weisen zeigen und zwischen Männern und Frauen sowie zwischen dem Sexuellen und

dem Nichtsexuellen hin und hergehen. Wir haben es mit einer
Frau zu tun, die in einer sehr starken und in mancher Hinsicht
liebevollen Verbindung zur Mutter stand, so sehr diese Bindung
auch ambivalent als Einschränkung und Überwachung erlebt
wurde: Sie hatte ständig das Bewußtsein, die Mutter nicht be-
trügen zu dürfen. Ihre ganzen sexuellen Phantasien und Verliebt-
heiten drehen sich um junge Männer, um Jungen, von denen sie
bereitwillig zugibt, daß sie genau so sind, wie sie selber sein
möchte oder sein wollte, wenn sie ein Mann wäre. Eine Zeitlang
war sie in einen homosexuellen Kollegen verknallt und erzählte
bei einer Sitzung einen Traum, in dem sie mit ihm den Beischlaf
vollzieht. Sie beendet die Sitzung, indem sie davon spricht, ein
Geheimnis zu haben. Zu Beginn der folgenden Sitzung kommt
sie erneut darauf zu sprechen, ein Geheimnis zu haben. Die Assoziation ist die, daß sie vor der Adoleszenz sexuelle Dinge zusammen mit einer Freundin zu erforschen pflegte, wobei sie zum
Beispiel die Zeitschrift „Playboy" durchblätterte. Als die beiden
einmal über den Penis der Filmschauspieler in „Star Trek" spra-
chen, sagte die Freundin zu ihr: „Apropos, dein Hosenladen steht
offen."

Die dritte Sitzung beginnt mit einem Traum über die Stiefel,
die der ältere Bruder ihr zu Weihnachten geschenkt hatte. Sie
gleichen genau den Stiefeln, die Sie (die Analytikerin) besitzen,
fügt sie hinzu; ein Umstand, an den sie sich erst erinnert, nachdem sie mir den Traum erzählt hat. Sie findet die Stiefel sehr
modisch, und sie passen auch gut — typisch für die Fähigkeit ihres
Bruders, wunderbare Geschenke zu beschaffen, die man sich selbst
gar nicht zu beschaffen wagte. Aus irgendwelchen Gründen
tauscht sie im Traum die Stiefel gegen ein größeres Paar um, doch
diese neuen sehen nicht so gut aus; sie sind zu lang und reichen
bis übers Knie, so daß sie aussehen, als ob sie jemand anderem
gehören würden. Dann erklärt sie, ihr Bruder habe der Mutter zu
Weihnachten außerdem eine Geldbörse geschenkt, die die Mutter
aber zu verspielt und zu klein fand und gegen eine größere und
handlichere umtauschte. Daraufhin meint sie, es hätte im Traum
die Mutter sein können, die sie dazu veranlaßt habe, die Stiefel
umzutauschen, obwohl ihr das erste Paar paßte.

Die primäre Beziehung dieser Frau zur Mutter verbietet es ihr, sich von der Mutter zu lösen und eigenes Begehren zu haben. Die Stiefel sind ein Geschenk ihres Bruders, der die wunderbare Begabung hat, ihre Wünsche zu erkennen, und sie sind ein Mittel, um sich mit der Analytikerin zu identifizieren. (Verkörpere ich in diesem Augenblick diejenige, die ihr eigenes Begehren hat, die unerreichbar ist und die idealisiert wird wie der Bruder, oder bin ich die Mutter mit den zu großen Stiefeln?) Die Stiefel sind zugleich ein weibliches Behältnis und ein Phallus; sie verkörpern somit das männliche und das weibliche Begehren: sowohl „modisch", d. h. feminin, als auch „überaus passend", „apropos" — was auf das oben erwähnte „apropos" und das Gespräch über den Penis der Filmstars verweist. Die größeren Stiefel wie auch die größere Geldbörse sind nicht sexy, sondern praktisch; Zeichen der phallischen Mutter, die nicht das Begehren repräsentiert, sondern die Überwachung oder das Verschlingen. Wie sie sagt, wird die Mutter ihr zwar erlauben, einen Penis zu haben, aber keinen, der sexy ist. Ein Penis, der das Begehren repräsentiert, ist etwas, das Männer haben, wie sie es formuliert; Sexualität ist etwas, das der Mann mit seinem Penis überträgt.

Entscheidend ist der Doppelcharakter dieser Bilder, die maskuline und feminine Eigenart der Stiefel. Dieser Doppelcharakter weist auf die Überlagerung von Bedeutungen und Wünschen aus verschiedenen Phasen hin, die dann häufig zu einer einzigen Phantasie, einem Bild oder einer Deckerinnerung verdichtet werden und sich an verschiedenen Punkten während der Analyse zu erkennen geben. Der Traum zeigt, wie der Phallus die (väterliche) Macht des Begehrens oder die (mütterliche) Macht der Kontrolle darstellen kann — Erregung oder Gehorsam. Außerdem bestätigt die Bisexualität der Stiefel die These, daß Kastration in jeder Phase jeweils etwas anderes bedeutet: In der präödipalen Phase bedeutet sie, die biologische Geschlechtlichkeit (sex) des anderen Geschlechts (gender) aufzugeben; in der ödipalen Phase dagegen bedeutet sie, die eigene Sexualität zu verlieren oder auf sie zu verzichten. Wenn es uns gelingt, beide Gruppen von Wünschen und beide Verzichte/Verluste zu erkennen, können wir, wie ich glaube, die Streitigkeiten im Sinne eines Entweder/Oder, von denen die klassischen Kontroversen über die Sexualität geprägt waren, viel eher vermeiden und dem Material trotzdem gerecht werden.

Für diese Frau hat die Macht der Mutter die Metapher überholt; genau jener Aspekt der Stiefel, der sie mit ihrem Bruder oder Vater verbinden würde, ist kompromittiert. Was die Identifizierung mit dem Vater blockierte, war, daß der Vater enttäuschte, daß er ausgeschlossen wurde und manchmal auch gefährlich war, genau so, wie alle späteren attraktiven Männer zu sein scheinen. Die Mutter blockiert den Weg zum Vater nicht etwa, weil sie ihn besitzt oder begehrt, sondern weil sie die Tochter beschützen und für sich selbst behalten, d. h. auf einer präödialen Stufe festhalten will. Die Patientin berichtet in einer Sitzung davon, über den Ödipuskomplex gelesen zu haben: „Der Vater soll zwar die Mutter-Kind-Beziehung durchbrechen, aber das wurde in meiner Familie nicht zugelassen. In der Formulierung, die ich lese, will das Kind bei der Mutter bleiben, aber ich sehnte mich danach, daß der Vater einschreiten würde. Doch das tat er nicht, und deshalb mußte ich jemand anderen finden . . . Was ich will, ist nicht Sex, sondern die Vereinigung mit dem Vater ohne Mutter, und dabei steht die Sexualität im Weg. Man sagt, der Phallus vermittle die Vereinigung von Kind und Vater; ich behaupte, der Penis versperrt den Weg; was ich will, ist, kleine Kinder zu sein, diese beiden vollständigen Kleinen, und spielen . . . Ich denke an die Zeit zurück, als ich das Schiffchen baute und er darauf bestand, es auf dem Fluß am Ende der Wiese schwimmen zu lassen, trotz der lautstarken Proteste von meiner Mutter und von mir. Und dann ging es verloren, und er war in der Hundehütte . . . Das ist das, was sich immer wiederholt, Papa will etwas Unverantwortliches tun, und sie beschützt mich . . . aber vielleicht versuchte er mir zu zeigen, daß wir Spaß an etwas haben könnten. (Ich sage zu ihr: Vielleicht versuchte er Ihnen zu zeigen, daß das Schiffchen von selbst losschwimmen kann, und Sie sahen, daß Mutter recht hatte, daß es das eben nicht konnte, und trotzdem wünschten Sie zum Teil, daß er hätte recht behalten mögen.)

Die Formulierung „vollständiger Kleiner" (whole little kid) geht auf eine Erinnerung zurück, als sie aus der Badewanne kam, vor dem Spiegel stand und sich beim eigenen Anblick großartig fühlte. Damit verbunden war die Phantasie, ein anderes Kleines neben sich zu haben, einen Zwillingsbruder, ebenfalls vollständig. Jeder ist ganz und besitzt alles (präödipal — Phallus sein, nicht haben). Die Beziehung ist eine Spiegelungsbeziehung; sie hätte sie gerne, ohne daß der ödipal-sexuelle Penis im Weg steht: sie und Vater wären gleich, vollständig und unabhängig — und sie würden dabei die Grandiosität bewahren, die durch die Depression der Wiederannäherung und durch alle späteren Erlebnisse der Abhängigkeit von der Mutter und deren Kontrolle so sehr beeinträchtigt wurde.

Dann wiederum drängt sie zur erotischen Grenzlinie der Identifizierung mit dem Vater vor. Sie spricht darüber, wie mager sie und ihr Vater seien und daß ihr Ehemann so dick sei wie ihre Mutter. „Wir sind beide dünn, unbehindert, sexy, leichtfüßig, und wir sind eher aktiv, als daß wir denken." Ich frage sie: Was wollen Sie vom Papa? Nachdrücklich antwortet sie: MICH. Sofort denkt sie daran, wie wütend sie über eine Aufsichtsperson an ihrem Arbeitsplatz ist, die sie daran hindert, rechtzeitig zu ihren Sitzungen bei mir zu kommen, indem sie ihr genau dann Aufträge erteilt, wenn es Zeit ist zum Weggehen. Sie hatte zu große Schuldgefühle empfunden, um sich durchzusetzen, weil die Therapie etwas allzu Selbstgefälliges ist; was sie von mir will, ist verboten. Dadurch werde ich zum „sexuell attraktiven Mann" außerhalb von Mutters Einflußsphäre. Als ich dies als ihre Angst davor fasse, der Mutter gegenüber untreu zu sein, erzählt sie mir, daß sie sich über einen neuerlichen Zwischenfall sorge, bei dem sie sich von einer Kollegin zurückgewiesen und lächerlich gemacht fühlte, von der sie hingerissen ist. Die Frau schien sich tatsächlich über ihre Besorgtheit lustig zu machen, als sie wahrnahm, daß sie in sie vernarrt war. Es erinnerte sie an ein einschneidendes Kindheitserlebnis, als sie ihrem Bruder ein Geschenk gab und er es verschmähte, weil seine Freunde bei ihm waren — „Ich war ja nur ein kleines Mädchen". Nicht nur das Verbot der Mutter versperrt den Weg, sondern auch die Demütigung, vom Vater, vom Bruder und von mir verschmäht zu werden.

Wiederum können wir die wechselnden Positionen von Männern und Frauen feststellen: die Frau, die die Rolle des Bruders spielt; die Analytikerin, die zugleich Vater und Mutter und manchmal auch Bruder sein kann. (Die Analytikerin repräsentiert direkt den Vater und nicht nur die Mutter, die auf eine „transitorische" Weise die Liebe zum Vater verkörpert [Ogden, 1988]).

Wie die Assoziationen deutlich machen, ist die Angst, die im Grunde mit der enttäuschten Identifizierungsliebe verbunden wird, nicht nur die Angst vor der Loslösung oder vor dem Verbot der Mutter, sondern auch die Angst vor der Demütigung durch den geliebten Menschen. Ich glaube, daß diese Demütigung — die narzißtische Kränkung, vom idealisierten Geliebten zurückgewiesen zu werden — ein Schlüssel zu jener Demütigung und zur Strafe ist, die mit dem Neid gegenüber Männern zusammenhängen.

Der idealisierte Phallus des präödipalen Vaters kann auf Mann oder Frau übergehen. Der Analytiker kann diese Position ungeachtet des eigenen Geschlechts leichter einnehmen, weil der Vater der Identifizierungsliebe aus einer Phase stammt, in der das Geschlecht noch nicht als endgültig festgelegt angesehen wird; er ist eine unbeständige Figur. Im vorliegenden Fall nimmt diese Figur viele Verkleidungen an, einschließlich der des Bruders, der idealisierten älteren Frau und des sexuell attraktiven Mannes. Ihnen allen ist die Möglichkeit gemeinsam, das Selbst der Frau widerzuspiegeln und es ihr zu ermöglichen, sich als losgelöst, als unbehindert, als begehrend und als Besitzerin von etwas Eigenem zu erleben. Ebenso wie die Figur, die den Phallus besitzt, verändert sich auch der das Begehren repräsentierende Phallus in seinem Bezug zu ihrer eigenen Sexualität — zuweilen ist er ein Penis, manchmal ihr ganzer Körper und manchmal ihre eigene weibliche Sexualität.

In einem allgemeineren Sinne zeigt dieses Material, auf welche Weise symbolische Identifizierungen wie „Mutter" und „Vater" Fixpunkte auf jener inneren Landkarte festlegen, auf der die Eltern, die Analytikerin und das Selbst sich als bewegliche Sphären vorstellen lassen. Reale Objekte tragen auf dieser Karte ihre Verlaufsbahn durch diese Punkte — und entlang den Achsen der „Männlichkeit" und der „Weiblichkeit" — nicht in geraden Linien ein, sondern in komplexen Mustern. Meines Erachtens ist deshalb die Hoffnung berechtigt, daß auch das Beharren einer Geschlechterordnung eine große Veränderung zuläßt, einschließlich der Möglichkeit, daß Mütter ebenso wie Väter die Position der Repräsentanz des Begehrens einnehmen können.

Außerdem folgt daraus, daß der Phallus, der Vater und im

Grunde jedes Liebesobjekt mehr als nur eine Rolle zu spielen hat. In unserem frühesten Erlebnis des Begehrens, dem der Identifizierungsliebe, scheinen Kräfte, die später unversöhnlich aufeinanderprallen, auf eine magische Art zu harmonieren: Eros und Loslösung, Idealisierung des anderen und Selbständigkeit sind auf einzigartige Weise verschmolzen. Und vielleicht spielt diese Spannung, selbst wenn sie eine heimliche ist, auch bei der Liebe der Erwachsenen, zu der Objektliebe und Identifizierung, Selbständigkeit und Differenz beitragen, eine wichtige Rolle. In jedem Fall ist der Vater der Loslösung auch ein erotischer Vater, und das Verlangen des Kindes, in diesem Vater erkannt und von ihm anerkannt zu werden, ist der Mutter gegenüber nicht bloß defensiv oder feindselig. Ob es nun der Vater allein ist oder, wie wir hoffen, Vater und Mutter zusammen, die das erste Subjekt des Begehrens verkörpern — wer diese Position auch immer einnimmt, verkörpert auch die Liebe des Kindes zur Welt. Uns als Analytikern obliegt es, diese Liebe in all ihren Verkleidungen zu erkennen.

Gesamtbibliographie

Abelin, E. L. (1971): The Role of the Father. In: McDevitt, J. B., Settlage, C. G. (eds.): The Separation-Individuation Process. New York
(Int. Univ. Press), S. 229–252.

Abelin, E. L. (1980): Triangulation, the Role of the Father and the Ori-
gins of Core Gender Identity During the Rapprochement Subphase.
In: R. F. Lax, S. Bach, J. A. Burland (eds.): Rapprochement. New York
(Aronson), S. 151–170.

Abraham, K. (1922): Äußerungsformen des weiblichen Kastrationskomplexes. Int. Z. Psychoanal. 8 (1922), ebenso in: K. Abraham: Psychoanalytische Studien, hg. v. J. Cremerius, Bd. 2, Frankfurt (S. Fischer)
1971, S. 69–99.

Alexander, F. (1922): Kastrationskomplex und Charakter. Int. Z. Psychoanal. VIII (1922).

Atwood, G. E., Stolorow, R. D. (1984): Structures of Subjectivity: Ex-
plorations in Psychoanalytic Phenomenology. Hillsdale, N. J. (The
Analytic Press).

Bachofen, J. J. (1861): Mutterrecht und Urreligion. Stuttgart (Kröner)
1954.

Barnett, M. C. (1966): Vaginal Awareness in the Infancy and the Childhood of Girls. J. Amer. Psa. Assn. 14, 129–141.

Barthes, R. (1957): Mythen des Alltags. Frankfurt (Suhrkamp) 1964.

Beauvoir, S. de (1949): Das andere Geschlecht. Reinbek (Rowohlt) 1968.

Bellak, S., Benedict, P. K. (Hg.) (1958): Schizophrenia: A Review of the
Syndrome. New York (Grune & Stratton) 1966.

Benjamin, J. (1986): Die Entfremdung des Verlangens. Der Masochismus der Frauen und die ideale Liebe. In: J. Alpert (Hg.): Psychoanalyse der Frau jenseits von Freud. Berlin/Heidelberg/New York
(Springer) 1992, S. 123–149.

Benjamin, J. (1988): Die Fesseln der Liebe. Psychoanalyse, Feminismus
und das Problem der Macht. Basel/Frankfurt (Stroemfeld/Roter Stern)
1990.

Bernstein, D. (1979): Female Identity Synthesis. In: A. Roland, B. Harris (ed.): Career and Motherhood. New York (Human Science Press),
S. 104–123.

Bernstein, D. (1983): The Female Superego: A Different Perspective.
Int. J. Psa. 64, 187–201.

Bernstein, D. (1989): The Female Oedipus Complex. In: I. Graham (ed.):

Personal Myth and Theoretical Streaming. New York (Int. Univ. Press).

Besch-Cornelius, J. (1987): Psychoanalyse und Mutterschaft. Gedanken zum Problem der Analytikerin-Mutter und der Mutter als Analytikerin. Göttingen (Vandenhoeck & Ruprecht).

Bibring, G. (1959): Some considerations of the psychological processes in pregnancy. Psychoanal. Study Child, 14, 113–121.

Bibring, G. et al. (1961): A study of the psychological processes in pregnancy and the earliest mother-child relationships. Psychoanal. Study Child, 16, 9–72.

Bion, W. R. (1965): Transformations. In: Seven Servants. Four Works by Wilfred R. Bion. New York (Jason Aronson) 1977.

Blanck, G., Blanck, R. (1974): Angewandte Ichpsychologie. Stuttgart (Klett-Cotta) 1978.

Blanck, G., Blanck, R. (1979): Ich-Psychologie II − Psychoanalytische Entwicklungspsychologie. Stuttgart (Klett-Cotta) 1980.

Bleibtreu-Ehrenberg, G. (1978): Homosexualität. Die Geschichte eines Vorurteils. Frankfurt (Fischer).

Blos, P. (1984): Son and Father. J. Amer. Psa. Assn. 32, 301–324.

Blum, H. P. (1976): Masochism, the Ego Ideal, and the Psychology of Women. In: Ders. (ed.): Female Psychology. Contemporary Psychoanalytic Views. New York (Int. Univ. Press) 1977, S. 157–191.

Braun, Ch. v. (1985): Nicht Ich: Logik, Lüge, Libido. Frankfurt (Neue Kritik).

Brierley, M. (1936): Specific determinants in feminine development. Int. J. Psa., 17, 163–180.

Brinton-Perera, S. (1983): Der Weg zur Göttin der Tiefe. Interlaken (Ansata).

Brooks, G., Lewis, M. (1979): Social Cognition and the Acquisition of the Self. New York/London (Plenum Press).

Campbell, J. (1959): The Masks of God, Bd. I: Primitive Mythology. New York (Viking Press).

Chasseguet-Smirgel, J. (Hg.) (1964): Psychoanalyse der weiblichen Sexualität. Frankfurt (Suhrkamp) 1979.

Chasseguet-Smirgel, J. (1970): Die weiblichen Schuldgefühle. Über einige spezifische Aspekte des weiblichen Ödipuskomplexes. In: J. Chasseguet-Smirgel (Hg.): Psychoanalyse der weiblichen Sexualität. Frankfurt (Suhrkamp) 1974, S. 134–191.

Chasseguet-Smirgel, J. (1975): Das Ich-Ideal. Frankfurt (Suhrkamp) 1981.

Chasseguet-Smirgel (1976): Freud and Female Sexuality. Int. J. Psa., 57, 275–286.

Chehrazi, S. (1986): Zur Psychologie der Weiblichkeit. Ein kritischer Überblick. Psyche 42 (307–327) 1988.

Chodorow, N. (1978): Das Erbe der Mütter. Psychoanalyse und Soziologie der Geschlechter. München (Frauenoffensive) 1985.

Clower, V. L. (1976): Theoretical Implications in Current Views of Masturbation in Latency Girls. J. Amer. Psa. Assn., 24, 109–125; ebenso in: H. Blum (ed.): Female Psychology. New York (Int. Univ. Press), 109–126.

Decter, M. (1973): The New Chastity. London.

Deutsch, H. (o. J.): Psychoanalyse der weiblichen Sexualfunktionen. Neue Arbeiten zur ärztl. PsA., Nr. V.

Deutsch, H. (1925): Die Psychologie des Weibes in den Funktionen der Fortpflanzung. Int. Z. Psychoanal. 11, 40–59.

Deutsch, H. (1930): Der feminine Masochismus und seine Beziehung zur Frigidität. Int. Z. Psychoanal. 16.

Deutsch, H. (1932): Über die weibliche Homosexualität. Int. Z. Psychoanal. 18, 219–241; auch in: H. Deutsch (1944): Psychologie der Frau, Bd. 2, S. 296–321, Bern (Huber).

Deutsch, H. (1944): Die Psychologie der Frau. 2 Bde. Bern (Huber) 1959, 2. Aufl.

Dinnerstein, D. (1976): The Mermaid and the Minotaur. New York (Harper & Row); deutsch: Das Arrangement der Geschlechter. Stuttgart (Deutsche Verlagsanstalt) 1979.

Eisenbud, R. J. (1982): Early and Later Determinants of Lesbian Choice. Psa. Rev. 69, 85–109.

Eisenbud, R. J. (1986): Die lesbische Objektwahl. Übertragungen auf die Theorie. In: J. L. Alpert (Hg.): Psychoanalyse der Frau jenseits von Freud. Berlin/Heidelberg/New York (Springer) 1922, S. 226–246.

Elmendorf, M. (1973): La mujer Maya en el cambio. Mexico (Sepententas).

Elmendorf, M. (1976a): Nine Mayan Women: A Village Faces Change. New York (John Wiley).

Elmendorf, M. (1976b): Dilemmas of Peasent Women: A View from a Village in Yucatán. In: I. Tinker, M. Bo Bramsen (ed.): Women and World Development. Washington.

Erikson, E. (1964): Reflections on Womanhood. Daedalus, 2, 582–606.

Erdheim, M. (1982): Die gesellschaftliche Produktion von Unbewußtheit. Eine Einführung in den ethnopsychoanalytischen Prozeß. Frankfurt (Suhrkamp) 1983, 2. Aufl.

Fast, I. (1984): Von der Einheit zur Differenz. Berlin/Heidelberg/New York (Springer) 1991.

Fenichel, O. (1926): Die Identifizierung. Int. Z. Psychoanal., 12. Auch in: Fenichel, O.: Psychoanalyse und Gesellschaft. Aufsätze. Frankfurt (Roter Druckstock) 1972, 42–58.

Fliegel, Z. O. (1973): Freuds Theorie der psychosexuellen Entwicklung der Frau. Rekonstruktion einer Kontroverse. Psyche 29 (813–834) 1975.

Fliegel, Z. O. (1986): Die Entwicklung der Frau in der psychoanalytischen Theorie: Sechs Jahrzehnte Kontroverse. In: J. L. Alpert (Hg.): Psychoanalyse der Frau jenseits von Freud. Berlin/Heidelberg/New York (Springer) 1992, 11–40.

Fraiberg, S. (1968): Parallel and Divergent Patterns in Blind and Sighted Infants. Psychoanal. Study Child, 23, 264–300.

Freud, A. (1922): Schlagephantasie und Tagtraum. Imago VIII.

Freud, S. (1887–1902): Aus den Anfängen der Psychoanalyse. (Ms. G.) London, 1950.

Freud, S. (1895): Über die Berechtigung, von der Neurasthenie einen bestimmten Symptomenkomplex als „Angstneurose" abzutrennen. GW I, Frankfurt am Main (S. Fischer).

Freud, S. (1900): Die Traumdeutung. GW II/III.

Freud, S. (1905): Drei Abhandlungen zur Sexualtheorie. GW V, 27–145.

Freud, S. (1911): Formulierungen über die zwei Prinzipien des psychischen Geschehens. GW VIII, 229–238.

Freud, S. (1914): Zur Einführung des Narzißmus. GW X, 137–170.

Freud, S. (1917): Vorlesungen zur Einführung in die Psychoanalyse. GW XI.

Freud, S. (1919): „Ein Kind wird geschlagen". GW XII, 195–226.

Freud, S. (1920): Über die Psychogenese eines Falles von weiblicher Homosexualität. GW XII, 269–302.

Freud, S. (1921): Massenpsychologie und Ich-Analyse. GW XIII, 71–161.

Freud, S. (1923): Das Ich und das Es. GW XIII, 235–289.

Freud, S. (1924a): Der Realitätsverlust bei Neurose und Psychose. GW XIII, 361–368.

Freud, S. (1924b): Das ökonomische Problem des Masochismus. GW XIII, 369–383.

Freud, S. (1924c): Der Untergang des Ödipuskomplexes. GW XIII, 393–402.

Freud, S. (1925a): Einige psychische Folgen des anatomischen Geschlechtsunterschieds. GW XIV, 17–30.

Freud, S. (1925b): „Selbstdarstellung". GW XIV, 31–96.

Freud, S. (1926): Hemmung, Symptom und Angst. GW XIV, 111–205.

Freud, S. (1930): Das Unbehagen in der Kultur. GW XIV, 419–506.

Freud, S. (1931): Über die weibliche Sexualität. GW XIV, 515–537.

Freud, S. (1933a): Neue Folge der Vorlesungen zur Einführung in die Psychoanalyse, GW XV.

Freud, S. (1933b): Die Weiblichkeit. In: Neue Folge der Vorlesungen zur Einführung in die Psychoanalyse. GW XV, 119–145.

Freud, S. (1937): Die endliche und die unendliche Analyse. GW XVI, 57–99.

Freud, S. (1940): Das Medusenhaupt. GW XVII, 45–48.

Friday, N. (1973): Die sexuellen Phantasien der Frauen. Hamburg (Rowohlt) 1981.

Frieze, I. H., Parsons, J. E., Johnson, P. B. et al. (1978): Women and Sex Roles. A Social Psychological Perspective. New York, London (W. W. Norton).

Galenson, E. (1986): Early Pathways to Female Sexuality in Advantaged and Disadvantaged Girls. In: T. Bernay, D. W. Cantor (eds.): The Psychology of Today's Woman. New Psychoanalytic Visions. Hillsdale, N. J. (The Analytic Press) 1986, S. 37–51.

Galenson, E., Roiphe, H. (1977): Some Suggested Revisions Concerning Early Female Development. In: H. P. Blum (Hg.): Female Psychology. Contemporary Psychoanalytic Views, New York (Int. Univ. Press) 1977, S. 29–57.

Galenson, E., Roiphe, H. (1982): The Preoedipal Relationship of a Father, Mother, and Daughter. In: S. H. Cath, A. R. Gurwitt, J. M. Ross (eds.): Father and Child. Boston (Little, Brown & Co), S. 151–162.

Gambaroff, M. (1984): Utopie der Treue. Reinbek (Rowohlt).

Gebser, J. (1976): Gesamtausgabe. Bd. 1–5. Schaffhausen (Novalis).

Gillespie, W. (1974): Freuds Ansichten über die weibliche Sexualität. Psyche 29, 789–804, 1975.

Gilligan, C. (1982): Die andere Stimme. Lebenskonflikte und Moral der Frau. München (Piper) 1984.

Glover, L., Mendell, D. (1982): A Suggested Developmental Sequence for a Preoedipal Genital Phase. In: D. Mendell (ed.): Early Female Development: Current Psychoanalytic Views. New York (Spectrum Publications).

Greenacre, Ph. (1950): Special Problems of Early Female Sexual Development. Psa. Study Child, 5; auch in: Dies.: Trauma, Growth, and Personality. New York (Int. Univ. Press) 1969, S. 234–258.

Greenson, R. (1968): Dis-identifiying from Mother: Its Special Importance for the Boy. Int. J. Psa., 49, 370–374.

Grossman, W. I., Stewart, W. A. (1976): Penis Envy: From Childhood

Wish to Developmental Metaphor. J. Amer. Psa. Assn., 24, 193–212; auch in: H. Blum (ed.): Female Psychology. New York (Int. Univ. Press), S. 193–212.

Grunberger, B. (1971): Vom Narzißmus zum Objekt. Frankfurt (Suhrkamp) 1976.

Grunberger, B. (1974): Beitrag zur Untersuchung des Narzißmus in der weiblichen Sexualität; in: Vom Narzißmus zum Objekt. Frankfurt (Suhrkamp).

Grunert, J. (Hg.) (1981): Leiden am Selbst. Zum Phänomen des Masochismus. München (Kindler).

Gunsberg, L. (1982): Selected Critical Review of Psychological Investigations of the Early Father-Infant Relationship. In: S. H. Cath, A. R. Gurwitt, J. M. Ross (eds.): Father and Child. Boston (Little, Brown & Co.), S. 65–82.

Hagemann-White, C. (1978): Die Kontroverse um die Psychoanalyse in der Frauenbewegung. Psyche 32, 732–763.

Hagemann-White, C. (1987): Macht und Ohnmacht der Mutter. In: B. Rommelspacher (Hg.): Weibliche Beziehungsmuster. Psychologie und Therapie von Frauen. Frankfurt (Campus), S. 15–30.

Hall, R. (1928): The Well of Loneliness. London (Virago) 1982.

Harley, M. (1971): Some Reflections on Identity Problems in Prepuberty. In: J. B. McDevitt, C. G. Settlage (eds.): The Separation-Individuation Process. New York (Int. Univ. Press).

Hárnik, J. (1923): Schicksale des Narzißmus bei Mann und Frau. Int. Z. Psychoanal. 9.

Harris, A. (1991): Discussion of Freud's „The psychogenesis of a case of homosexuality in a woman". Psychoanalytical Dialogue, 2.

Hartmann, H. (1939): Ich-Psychologie und Anpassungsproblem. Int. Z. Psychoanal., 24, 62–135, nachgedruckt im Klett-Verlag Stuttgart 1960, 1970.

Horkheimer, M., Adorno, Th. W. (1944): Dialektik der Aufklärung. Frankfurt (Fischer) 1969.

Horney, K. (1923): Zur Genese des weiblichen Kastrationskomplexes. Int. Z. Psychoanal., 9, 12–26, ebenso in: K. Horney (1967): Die Psychologie der Frau. Frankfurt (Fischer) 1984, S. 10–25.

Horney, K. (1926): Flucht aus der Weiblichkeit. Der Männlichkeitskomplex der Frau im Spiegel männlicher und weiblicher Betrachtung. Int. Z. Psychoanal., 12, ebenso in: K. Horney (1967): Die Psychologie der Frau. Frankfurt (Fischer) 1984, S. 26–42.

Horney, K. (1932): Die Angst vor der Frau. Über den spezifischen Unterschied in der männlichen und weiblichen Angst vor dem anderen Geschlecht. Int. Z. Psychoanal., 18, 5–18; ebenso in: K. Horney (1967): Die Psychologie der Frau. Frankfurt (Fischer) 1984, S. 81–95.

Horney, K. (1933a): Die Verleugnung der Vagina. Ein Beitrag zur Frage der spezifisch weiblichen Genitalängste. Int. Z. Psychoanal. 19, 372 bis 384; ebenso in: K. Horney (1967): Die Psychologie der Frau. Frankfurt (Fischer) 1984, S. 96–110.

Horney, K. (1933b): The problem of feminine masochism. In: K. Horney (1967): Feminine Psychologie. New York (Norton) 1967, 214–233; deutsch in: Die Psychologie der Frau. Frankfurt (Fischer) 1984, S. 142 bis 162.

Irigaray, L. (1974): Speculum — Spiegel des anderen Geschlechts. Frankfurt (Suhrkamp) 1980.

Irigaray, L. (1976): Waren, Körper, Sprache, der verrückte Diskurs der Frauen. Berlin (Merve).

Jacobi, J. (1971): Die Psychologie von C. G. Jung. Eine Einführung in das Gesamtwerk. Olten und Freiburg i. Br. (Walter).

Jacobson, E. (1937): Wege der weiblichen Über-Ich-Bildung. Int. Z. Psychoanal. 23, 1937, 402–412.

Jacobson, E. (1964): Das Selbst und die Welt der Objekte. Frankfurt a. M. (Suhrkamp) 1978.

Jones, E. (1927): Die erste Entwicklung der weiblichen Sexualität. Int. Z. Psychoanal., 14, 11–25.

Jones, E. (1933): Die phallische Phase. Int. Z. Psychoanal. 19, 322–357.

Jones, E. (1935): Über die Frühstadien der weiblichen Sexualentwicklung. Int. J. Psa. 21, 331–341.

Jordan, B. (1978): Birth in Four Cultures. A Crosscultural Investigation of Childbirth in Yucatán, Holland, Sweden and the United States. Montreal, Quebec (Eden Press).

Jung, E. (1967): Animus und Anima. Zürich/Stuttgart (Rascher).

Kächele, H. (1985): Was ist psychodynamische Kurztherapie? Prax. Psychother. Psychosom., 30, 119–127.

Kaplan, L. (1978): Die zweite Geburt. Die ersten Lebensjahre des Kindes. München/Zürich (Piper).

Keiser, S. (1953): Body Ego During Orgasm. Yearbook of Psychoanal., 9, 164–157.

Keiser, S. (1958): Disturbances in Abstract Thinking and Body Image Formation. Yearbook of Psychoanal., 6, 628–652.

Kemper, W. (1965): Neue Beiträge aus der Phylogenese zur Bio-Physiologie der Frau. Z. psychosom. Med., 77–82.

Kernberg, O. F. (1975): Borderlinestörungen und pathologischer Narzißmus. Frankfurt (Suhrkamp) 1978.

Kestenberg, J. (1956): Vicissitudes of Femal Sexuality. J. Amer. Psa. Assn., 4, 453–476.

Kestenberg, J. (1968): Outside and inside, male and female. J. Amer. Psa. Assn., 16, 457–520.

Kestenberg, J. (1976): Regression and Reintegration in Pregnancy. J. Amer. Psa. Assn., 24, 213–250.

Kleeman, J. A. (1976): Freud's Early Views. J. Amer. Psa. Assn., 24, 3–27.

Klein, M. (1928): Frühstadien des Ödipuskomplexes. Int. Z. Psychoanal. 14.

Klein, M. (1931): Frühe Angstsituationen im Spiegel künstlerischer Darstellungen. Int. Z. Psychoanal. 17.

Klein, M. (1932): Die Psychoanalyse des Kindes. München (Reinhardt) 1971.

Kohlberg, L. (1966): A Cognitive Developmental Analysis of Children's Sex Role Concepts and Attitudes. In: E. E. Macoby (ed.): The Development of Sex Differences. Stanford (Stanford Univ. Press).

Kohlberg, L. (1969): Stages and Sequence: The Cognitive-Developmental Approach to Socialisation. In: D. A. Goslin (ed.): Handbook of Socialization Theory and Research. Chicago (Rand-McNally).

Kohut, H. (1971): Narzißmus. Eine Theorie der Behandlung narzißtischer Persönlichkeitsstörungen. Frankfurt/M. (Suhrkamp) 1973.

Kohut, H. (1977): Die Heilung des Selbst. Frankfurt (Suhrkamp) 1981.

Krüger, H. et al. (1987): Privatsache Kind – Privatsache Beruf. Zur Lebenssituation von Frauen mit kleinen Kindern in unserer Gesellschaft. Opladen (Leske u. Buderich).

Kuhn, T. S. (1962): Die Struktur wissenschaftlicher Revolutionen. Frankfurt (Suhrkamp) 1976.

Lamb, M. E. (1977): The Development of Parental Preferences in the First Two Years of Life. Sex Roles, 3, 495–497.

Lax, R. (1977): The Role of Internalization in the Development of Certain Aspects of Female Masochism: Ego Psychological Considerations. Int. J. Psa., 58, 289–300.

Le Duc, V. (1964): Die Bastardin. Reinbek (Rowohlt) 1978.

Lederer, W. (1968): The Fear of Women. New York (Grune & Stratton).

Lerman, H. (1968): A Mote in Freud's Eye. From Psychoanalysis to the Psychology of Women. New York (Springer).

Lerner H. E. (1974a): The hysterical personality: A „women's disease". Comprehensive Psychiat., 15, 157–164.

Lerner, H. E. (1974b): Early origins of envy and devaluation of women: Implications for sex role stereotypes. Bull. Menninger Clinic, 38, 538 bis 553.

Lerner, H. (1976): Elterliche Fehlbenennungen der weiblichen Genitalien als Faktor der Erzeugung von „Penisneid" und Lernhemmungen. Psyche, 34, 1980, 1092–1108 (auch Kap. 6 in diesem Band).

Levenson, R. (1984): Intimacy, autonomy, and gender: development differences and their reflection in adult relationships. J. American Academy of Psychoanalysis, 12, 529–544.

Mahler, M. S. (1969): Symbiose und Individuation. Stuttgart (Klett) 1972.

Mahler, M., Pine, F., Bergmann, A. (1975): Die psychische Geburt des Menschen. Symbiose und Individuation. Frankfurt (S. Fischer) 1980.

Masters, W. H., Johnson, V. E. (1966): Die sexuelle Reaktion. Frankfurt/M. (Akad. Verlagsgesellschaft) 1967.

Maturana, H. R., Varela, F. J. (1984): Der Baum der Erkenntnis. Die biologischen Wurzeln des menschlichen Erkennens. Bern/München/ Wien (Scherz) 1987.

Mayer, E. L. (1985): „Everybody must be like me": Observations on Female Castration Anxiety. Int. J. Psa., 66, 331–348.

McDougall, J. (1964): Über die weibliche Homosexualität. In: J. Chasseguet-Smirgel (Hg.): Psychoanalyse der weiblichen Sexualität. Frankfurt (Suhrkamp) 1976.

McDougall, J. (1978): Plädoyer für eine gewisse Anormalität. Frankfurt (Suhrkamp) 1985.

Meillassoux, C. (1976): Die wilden Früchte der Frau. Über häusliche Produktion und kapitalistische Wirtschaft. Frankfurt (Syndikat).

Melito, R. (1983): Cognitive aspects of splitting and libidinal object constancy. J. Amer. Psa. Assn., 31, 515–534.

Mentzos, S. (1971): Die Veränderung der Selbstrepräsentanz in der Hysterie: Eine spezifische Form der regressiven De-Symbolisierung. Psyche, 25, 669–684.

Miller, I. (1972): Patience und Sara. Reinbek (Rowohlt) 1986.

Millett, K. (1974): Fliegen, Flying. Reinbek (Rowohlt) 1983.

Millett, K. (1977): Sita. Reinbek (Rowohlt) 1984.

Mitchell, J. (1974): Psychoanalyse und Feminismus. Freud, Reich, Laing und die Frauenbewegung. Frankfurt (Suhrkamp) 1976.

Mitscherlich-Nielsen, M. (1985): Die friedfertige Frau. Frankfurt (Fischer).

Mohaczy, I. (1968), zit. bei Abelin, E. L.: In: J. B. McDevitt, C. G. Settlage (ed.): The Separation-Individuation Process. New York (Int. Univ. Press).

Money, J., Ehrhardt, J. A. (1972): Man and Woman; Boy and Girl. Baltimore, Md./London (Johns Hopkins Univ. Press).

Montgrain, N. (1983): On the Vicissitudes of Female Sexuality, the Difficult Path from „Anatomical Destiny" to Psychic Representation. Int. J. Psa., 64, 169–187.

Morgenthaler, F. (1984): Homosexualität, Heterosexualität, Perversion. Frankfurt (Fischer) 1987.

Moulton, R. (1973): A Survey and Reevaluation of the Concept of Penis Envy. In: J. B. Miller (ed.): Psychoanalysis and Women. New York (Brunner/Mazel), 207–230.

Mueller, J. (1931): Ein Beitrag zur Frage der Libidoentwicklung des Mädchens der genitalen Phase. Int. Z. Psychoanal., 17, 256–262.

Nadig, M. (1986): Die verborgene Kultur der Frau. Ethnopsychoanalytische Gespräche mit Frauen in Mexiko. Frankfurt (Fischer).

Neumann, E. (1956): Die Große Mutter. Zürich (Walter) 1983.

Niestroj, B. (1985): Moderne Individualität und gesellschaftliche Isolierung von Mutter und Kind. Feministische Studien, 4, Nr. 2, 34–45.

Nïn, A. (1931–34): Die Tagebücher, Bd. 1. München (dtv) 1971.

Nïn, A. (1931–34): Henry, June und Ich. Bern (Scherz) 1987.

Nïn, A. (1959): Leitern ins Feuer. Frankfurt (Fischer) 1982.

Oerter, R., Montada, L. (1987): Entwicklungspsychologie. Ein Lehrbuch. München/Weinheim (Psychologie-Verlags-Union), 2. Aufl.

Offenbach, S. (1980): Sonja – Eine Melancholie für Fortgeschrittene. Frankfurt (Suhrkamp) 1981.

Ogden, T. (1987): The Transitional Oedipal Relationship in Female Development. Int. J. Psa., 68, 485–498.

Olivier, C. (1980): Jokastes Kinder. Die Psyche der Frau im Schatten der Mutter. Düsseldorf (Claassen) 1984.

Ortner, S., Whitehead, H. (1981): Sexual meanings. The Cultural Construction of Gender and Sexuality. Cambridge/London/New York (Cambridge Univ. Press).

Parens, H. et al. (1976): On the Girls's Entry into the Oedipus Complex. J. Amer. Psa. Assn., 24, 79–107.

Paul, L. (1974): The Mastery of Work and the Mystery of Sex in a Guatemala Village. In: M. Rosaldo and L. Lamphere (eds.): Woman, Culture and Society. Stanford (Stanford Univ. Press), 281–300.

Person, E. S., Ovesey, L. (1983): Psychoanalytic Theories of Gender Identity. J. American Academy of Psychoanalysis, 11, 203–226.

Piaget, J., Inhelder, B. (1966): Die Psychologie des Kindes. Frankfurt (Fischer) 1977.

Plath, S. (1975): Letters Home. New York (Aurelia Platz).

Ploss, P., M. Bartels und P. Bartels (1965): Femina Libido Sexualis. New York (The Medical Press).

Pruett, K. (1987): Die neuen Väter. Männer auf dem Weg in die Familie. München 1988.

Radó, S. (1934): Die Kastrationsangst des Weibes. Wien (Int. Psa. Vlg.).

Reich, A. (1940): A contribution to the psycho-analysis of extreme submissiveness in women. Psa. Q., 9, 470–480.

Reich, A. (1954): Early Identifications as Archaic Elements in the Superego. J. Amer. Psa. Assn., 2, 218–238.

Rich, A. (1976): Von Frauen geboren. München (Frauenoffensive) 1978.

Rode-Dachser, Ch. (1979): Das Borderline-Syndrom. Bern/Stuttgart/Wien (Huber) 1983.

Rohde-Dachser, Ch. (1986): Ringen um Empathie. Ein Interpretationsversuch masochistischer Inszenierungen. Forum Psychoanal. 2, 44–58.

Rohde-Dachser, Ch. (1989): Zurück zu den Müttern? Psychoanalyse in der Auseinandersetzung mit Weiblichkeit und Macht. Forum f. Psychoanal., 5, 19–34.

Roiphe, H. und Galenson, E. (1976): Some Suggested Revisions Concerning Early Female Development. J. Amer. Psa. Assn., 24 (Suppl.) 29–57.

Roiphe, H., Galenson, E. (1981): Infantile Origins of Sexual Identity. New York (Int. Univ. Press).

Rosaldo, M. Z., Lamphere, R. (1978): Careers of Midwives in a Mayan Community. In: J. Hoch-Smith, A. Spring, (eds.): Women in Ritual and Symbolic Roles. New York/London 1978 (129–149).

Rule, J. (1986): Outlander. Kurzgeschichten und Essays. Göttingen (Daphne).

Sachs, H. (1928): Über einen Antrieb bei der Bildung des weiblichen Über-Ichs. Int. Z. Psychoanal., 14.

Sandler, J. (1961): Sicherheitsgefühl und Wahrnehmungsvorgang. Psyche, 15, 124–131.

Sandler, J. (1976a): Gegenübertragung und Bereitschaft zur Rollenübernahme. Psyche, 30, 297–305.

Sandler, J. (1976b): Träume, unbewußte Phantasien und „Wahrnehmungsidentität". Psyche, 30, 769–785.

Sandner, D. (1988): Die Erfassung der unbewußten Beziehungsphantasie mit Hilfe der psychoanalytisch-empirischen Hermeneutik. Forum Psychoanal., 4, 333–344.

Sappho (um 600 v. u. Z.): Strophen und Verse. Frankfurt (Insel) 1978.

Schafer, R. (1974): Problems in Freud's Psychology of Women. In: H. P. Blum (ed.): Female Psychology. Contemporary Psychoanalytic Views. New York (Int. Univ. Press) 1977, 331–360.

Schlesier, R. (1981): Konstruktionen der Weiblichkeit bei Sigmund Freud. Zum Problem von Entmythologisierung und Remythologisierung in der psychoanalytischen Theorie. Frankfurt (Europäische Verlagsanstalt).

Schülein, J. A. (1975): Das Gesellschaftsbild der Freudschen Theorie. Frankfurt/New York (Campus).

Shapiro, D. (1965): Neurotic Styles. New York, Basic Books. Deutsch: Neurotische Stile. Göttingen (Vandenhoeck & Ruprecht) 1990.

Sherfey, M. J. (1966/72): Die Potenz der Frau. Wesen und Evolution der weiblichen Sexualität. Köln (Kiepenheuer u. Witsch) 1974.

Siegel, E. (1988): Female Homosexuality: Choice Without Volition. New York (Brunner/Mazel).

Silverman, M. A. (1981): Cognitive Development in Female Psychology. J. Amer. Psa. Assn., 29, 581–605.

Simon, F. B. (1984): Der Prozeß der Individuation. Über den Zusammemhang von Vernunft und Gefühlen. Göttingen (Vandenhoeck & Ruprecht).

Socarides, C. W. (1968): Der offen Homosexuelle. Frankfurt (Suhrkamp) 1971.

Spieler, S. (1984): Preoedipal Girls Need Fathers. Psa. Rev., 71, 63–80.

Spitz, R. (1967): Vom Säugling zum Kleinkind. Stuttgart (Klett).

Stoller, R. J. (1968): Sex and Gender: On the Development of Masculinity and Femininity. New York: Science House.

Stoller, R. J. (1973): Facts and fancies: an examination of Freud's concept of bisexuality. In: J. Strouse (ed.): Women and Analysis. Boston (G. K. Hall) 1985.

Stoller, R. J. (1976): Primary Femininity. J. Amer. Psa. Assn., 24, 59–78.

Tajfel, H. (1981): Gruppenkonflikt und Vorurteil. Entstehung und Funktion sozialer Stereotypen. Bern/Stuttgart/Wien (Huber) 1982.

Taylor, K. (1972): Almost Twelve. Wheaton, III (Tyndale House Publishers).

Thompson, E. P. (1967): Zeit, Arbeitsdisziplin und Industriekapitalismus. In: Ders. (1980): Plebejische Kultur und moralische Ökonomie. Frankfurt/Berlin/Wien (Ullstein), 34–666.

Torok, M. (1964): Die Bedeutung des Penisneides bei der Frau. In: J. Chasseguet-Smirgel (Hg.): Psychoanalyse der weiblichen Sexualität. Frankfurt (Suhrkamp) 1976.

Tyson, P. (1986): Male Gender Identity: Early Development Roots. Psa. Rev., 73, 405–425.

Van Ophuysen (1916/17): Beiträge zum Männlichkeitskomplex der Frau. Int. Z. Psychoanal., 4 (1916/17).

Vogt, R. (1986): Psychoanalyse zwischen Mythos und Aufklärung, oder: Das Rätsel der Sphinx. Frankfurt/New York (Campus).

Watzlawick, P. (1987): Wenn die Lösung das Problem ist. Fernseh-Vortrag im Südwestfunk Baden-Baden.

Weber, M. (1918): Vom Typenwandel der studierten Frau. Die Formkräfte des Geisteslebens. Berlin (W. Moser).

Weiss, E. (1924): Zum psychologischen Verständnis des „arc de cercle". Int. Z. Psychoanal., 10.

Werthmann, V. (1975): Die zwei Dimensionen der psychoanalytischen Interpretation und der „unbewußte Begriff". Psyche, 29, 118–130.

Willi, J. (1975): Die Zweierbeziehung. Reinbek (Rowohlt).

Winnicott, D. W. (1956): Primäre Mütterlichkeit. In: Von der Kinderheilkunde zur Psychoanalyse. München (Kindler) 1956, 153–160.

Winnicott, D. W. (1960a): Die Theorie von der Beziehung zwischen Mutter und Kind. In: Ders. (1965): Reifungsprozesse und fördernde Umwelt. München (Kindler) 1974, 47–71.

Winnicott, D. W. (1960b): Ichverzerrung in Form des wahren und des falschen Selbst. In: Ders. (1965): Reifungsprozesse und fördernde Umwelt. München (Kindler) 1974, 182–199.

Winnicott, D. W. (1969): Kind, Familie und Umwelt. München/Basel (Ernst Reinhardt) 1985.

Winnicott, D. W. (1971): The Use of an Object and Relating Through Identifications. In: Playing and Reality. Harmondsworth, Middlesex (Penguin), 101–111.

Wolff, C. (1971): Psychologie der lesbischen Liebe. Reinbek (Rowohlt) 1973.

Woolf, V. (1927): Die Fahrt zum Leuchtturm. Frankfurt (Fischer) 1985.

Young-Bruehl, E. (1988): Anna Freud. New York (Summit Books).

Quellennachweis

Jeanne Lampl-de Groot (1927): Zur Entwicklungsgeschichte des Ödipuskomplexes der Frau. Psyche 19 (403–416), 1965; Erstveröffentlichung in der Int. Z. Psychoanal. 13 (1927).

Lillian Rotter (1934): Zur Psychologie der weiblichen Sexualität. Vortrag, gehalten in der Ungarischen Psychoanalytischen Vereinigung am 22. April 1932. Zuerst veröffentlicht in der Int. Z. Psychoanal. 20 (367–374); Psyche 42 (365–375), 1988.

Edith Jacobson (1937): Wege der weiblichen Über-Ich-Bildung. Int. Z. Psychoanal. 23 (402–412), 1937; Psyche 32 (764–775), 1978.

Margarete Mitscherlich-Nielsen (1975): Psychoanalyse und weibliche Sexualität. Psyche 29 (769–788), 1975.

Janine Chasseguet-Smirgel (1975): Bemerkungen zu Mutterkonflikt, Weiblichkeit und Realitätszerstörung. Vortrag im Rahmen der Londoner Wochenendtagung der englischsprechenden Mitglieder der Europäischen Vereinigung der I.P.V. am 27. September 1974. Psyche 29 (805–812), 1975.

Harriet E. Lerner (1976): Parental mislabeling of female genitals as a determinant of penis envy and learning inhibitions in women. Journal of the American Psychoanalytic Association, 24/5, (269–283), 1976; Psyche 34 (1092–1104), 1980.

Christa Rohde-Dachser (1989): Unbewußte Phantasie und Mythenbildung in psychoanalytischen Theorien über die Differenz der Geschlechter. Psyche 43 (193–218), 1989.

Louise Schmidt-Honsberg (1989): Gedanken zur weiblichen Homosexualität. Psyche 43 (238–255), 1989.

Maya Nadig (1989): Die gespaltene Frau – Mutterschaft und öffentliche Kultur. Vortrag auf der Tagung „Weiblichkeit – Männlichkeit. Feministische Positionen in der Psychoanalyse" zum 70. Geburtstag von Margarete Mitscherlich am 11. und 12. November 1988 in Frankfurt am Main. Auch veröffentlicht in: K. Brede (Hg.): Was will das Weib in mir? Freiburg (Kore) 1989; Psyche 44 (53–70) 1990.

Doris Bernstein: (1990): Weibliche genitale Ängste und Konflikte und die typischen Formen ihrer Bewältigung. Erstveröffentlichung unter dem Titel „Female genitale anxieties, conflicts and typical mastery modes" in: International Journal of Psycho-Analysis 71, (151–165), 1990; Psyche 47 (530–559) 1993.

Jessica Benjamin (1992): Vater und Tochter: Identifizierung mit Differenz. Vorabdruck aus: Jessica Benjamin (1993): Phantasie und Geschlecht. Psychoanalytische Studien über Idealisierung, Anerkennung und Differenz. Basel/Frankfurt (Stroemfeld/Nexus) 1993; Psyche 46 (821–846) 1992.

Für die freundliche Abdruckgenehmigung danken wir allen Rechteinhabern. In einigen Fällen konnten die Rechteinhaber leider nicht ermittelt werden. Berechtigte Ansprüche werden wir selbstverständlich gerne abgelten.